그람시의 군주론

Antonio Gramsci
Niccolò Machiavelli

그람시의 군주론

그람시, 마키아벨리를 읽다

김종법 지음

바다출판사

인생을 나누는 기준은 여러 가지다. 특정한 사건이나 중대한 전환기 혹은 일정 기간으로 나누기도 한다. 필자 역시 이제는 그러한 기준에 따라 인생을 나누어 돌이켜볼 시기에 서 있는 듯하다. 나의 인생에서 그람시라는 인물의 의미는 더는 변수가 아닌 상수다. 아마도 필자는 그람시를 만난 이후 삶이 완전히 바뀐 사람일 것이다.

그람시라는 인물을 알고 공부한 지 20여 년이 흘렀다. 이탈리아에서 유학 생활을 마치고 귀국한 지도 벌써 10년이 넘었다. 귀국 초기에는 그람시를 빨리 소개하고 싶은 마음에 그람시 전기와 그람시가 쓴 노동운동, 이탈리아 남부문제 등에 관한 글을 번역해 소개했다. 그러나 그것이 그다지 좋은 방법이나 최선의 선택이 아니라는 사실을 깨닫는 데에 그리 오랜 시간이 걸리지는 않았다. 그 방법이 그람시를 공부한 학자로서 나의 사회적 책무이자 의무라고 여겼는데 그러한 거창한(?) 포부가 허상이었다는 사실을 현실에서 명확히 느낀 것이다.

그람시를 한국 사회에 소개하려면 그람시의 대표 저작인 《옥중수고》와 그람시 초기 글들을 번역하는 것이 먼저였다. 비록 단순하고 지루한 작업이지만 가장 솔직하고 적절하게 그람시를 한국 사회에 소개하는 올바른 방법이라 생각했다. 그런데 필자의 역량이 부족해서인지, 아니면 현실적인 문제를 뛰어넘지 못해서인지 그러한 단순한 작업이 좋은 결과물로 이어지지는 못했다.

귀국한 지 10년이라는 시간이 지나면서 필자는 학문적인 한계를 절감했고, 그로 인해 이제는 조금 더 효율적인 방법을 선택하기로 했다. 이 책이 그 방법으로 그람시를 소개하는 첫 책이 될 것이다. 엉뚱하게 마키아벨리라는 핑계거리를 찾기는 했지만, 이탈리아가 낳은 최고 사상가인 그람시와 마키아벨리를 함께 묶는다는 점에서 나름 의미가 있다고 생각한다. 주지하다시피 그람시가 《옥중수고》에서 가장 많이 다룬 인물이 마키아벨리다. 2013년은 마키아벨리가 《군주론》을 집필한 지 500주년이 되는 해였다. 이것도 이 책을 기획하게 된 큰 동기였다.

책머리에 이렇게 길게 잡스러운 듯한 기획의 변을 늘어놓는 이유는 이 책의 의미를 밝히고 이후 출간 작업에 대해서도 알리기 위해서다. 필자는 이 책을 시작으로 그람시의 다양한 관심 주제를 다룬 책들을 계속 한국 사회에 소개할 생각이다. 아울러 《옥중수고》를 비롯한 그람시의 초기 저작들도 계속 번역하려 한다. 민주주의가 파괴되는 한국 사회의 민낯을 보면서 더는 미루어서는 안 된다는 생각에 좇겨서다.

그런 측면에서 이 책은 세 가지 중요한 의도를 가지고 기획, 집필되었다. 첫 번째 의도는 '정치'에 대한 그람시의 구체적인 내용과 사상을 마키아벨리를 통해 전달하는 것이다. 근대 정치학의 시조라고 평가받는 마키아벨리를 통해 그람시의 정치와 정치학은 어떤 것인가를 이야기하고자 했다. 두 번째는 후기마르크스주의자로 평가받는 그람시를 신자유주의 세계화 시대에 맞설, 현대적인 의미를 가진 새로운 정치사 상가이자 실천철학자로 다시 그려 내는 것이다. 이는 박물관이나 낡은 고서에 구세대 유물로 남겨진 마르크스주의자 그람시가 아니라 현대 사회의 여러 문제를 해결하고 앞으로 나아가게 하는 단초로서 그람시를 재생시킬 필요가 있다고 보았기 때문이다. 세 번째, 그람시를 한국 사회에 소개함으로써 한국 사회를 변혁시킬 더 의미 있는 방법을 모색하려는 것이다. 현재의 한국 사회는 그 누가 보더라도 정상적인 민주주의 사회가 아니다. 이제는 원칙과 상식이 통하는 사회가 되어야 한다. 그람시의 사상과 개념들이 하나의 준거점이자 원칙이 될 수 있으리라 기대한다.

이 책이 나오기까지 여러 사람의 도움과 협조를 받았다. 한국 사회에서 그람시 의미를 누구보다 높게 평가하고 필자에게 학자의 책무를 일깨워 준 바다출판사 김인호 대표에게 먼저 고마움을 전한다. 이탈리아 유학 시절부터 지금까지 오랜 기간을 가족이라는 이름으로 믿고 따라와 준 아내와 세 딸 수민, 유민, 가민이에게도 사랑과 감사의 마음 전한다. 오늘의 나를 있게 해 준 양가 부모님들께도 머리 숙여 감사드린다.

이 책이 필자의 학문 세계를 넓히고, 본격적인 그람시 연구의 출발점이 될 수 있기를 고대한다. 그람시를 연구하는 선후배 동료 학자들에게도 학문적인 고마움을 전한다.

차례

一
프롤로그

한국 사회에서 이탈리아나 이탈리아 사람들에 대해 교양이나 인문학 수준에서 일반인들에게 알려지기 시작한 것은 시오노 나나미가 쓴 《로마인 이야기》부터라고 할 수 있다. 단지 세계적인 관광지가 많은 국가에서 인문학적 교양과 문화적 풍부함을 갖춘 문화의 국가로 알려지게 된 것이 같은 동양인의 글에서 시작되었다는 사실에서 문득 한국 사회에서 이탈리아는 어떤 모습일까라는 의구심이 들었다. 그것은 유럽인의 시각에서 이야기하는 이탈리아가 맞는 것인지, 아니면 동양인이 말하는 이탈리아가 더 바람직한 것인지에 대한 고민이었다.

이런 이유로 필자는 좀 더 한국적인 시각에서 이탈리아를 해석해 봐야 하지 않을까라는 생각을 하게 되었다. 그람시를 선택하고 그람시가 다녔던 토리노 대학으로 유학을 간 이유기도 하다. 그러나 그람시를 제대로(?), 아니 그람시만을 공부하겠다는 것이 착각이었음을 깨닫는 데는 그리 오랜 시간이 걸리지 않았다. 그람시를 이해하기 위해서 얼마나 다양하고 많이 이탈리아에 대해 알아야 하는지는 그람시가 썼던 여러 글과 저작 그리고 유작이 된 《옥중수고(Quaderni del carcere)》를 보면 더욱 분명해진다. 《옥중수고》는 로마시대부터 가톨릭의 시대라 할 수 있는 중세와 르네상스, 이탈리아 도시국가 시대와 리소르지멘토(Risorgimento)라고 하는 이탈리아 통일운동기, 그리고 파시즘의 도래에 이르기까지 거의 전 이탈리아 역사를 온전히 이해해야만 알 수 있었다.

그 때문에 7년 유학 기간 동안 필자가 집중해 공부한 것은 이탈리아 역사와 철학이었다. 영미계의 주장이 덜 깔린 좀 더 라틴적이고 이탈리아적인 생각들과 관점을 접하면서 이탈리아에 대한 필자만의 시각과 판단이 축적되었다. 유학 가기 전에 막연하게 생각하던 로마제국과 가톨릭, 중세와 르네상스, 도시국가, 서기 476년 오도아케르라는 게르만 출신 용병대장에 멸망당한 서로마제국 이후 1400여 년 가까이 통일국가를 이루지 못한 이탈리아의 모습이 차츰 그 실체를 드러내던 시기였다. 그렇게 시작된 공부는 주로 철학과 역사 중심으로 이어졌고, 역사 속의 이탈리아인들에 대한 천착이 시작되었다.

이탈리아 역사를 수놓았던 수많은 인물 중에서 유독 눈에 띄었던 이가 바로 마키아벨리였다. 그람시라는 정치사상가를 공부하던 필자에게 근대 정치학의 시조라고 평가받는 마키아벨리에 대한 관심은 어쩌면 당연한 것이었다. 그러나 마키아벨리에 대한 관심은 그런 정치학적 접근이나 관심이 아닌 그람시로부터 출발한 것이었다. 그람시가 부활시킨 마키아벨리는 '목적이 수단을 정당화한다'는 부정적 이미지로 더 잘 알려진 르네상스, 아니 좀 더 정확하게 이야기하면 매너리즘 시대의 이탈리아 정치사상가일 뿐이었다. 그런 그를 20세기에 그람시가 부활시킨 것은 분명 중요한 일이다. 그것도《옥중수고》의 거의 전 노트에 마키아벨리를 언급하고 있다는 점은 마키아벨리가 그람시 사상과 이론의 중요한 출발점이었다는 사실을 어렵지 않게 유추할 수 있다.

그렇다면 그람시에게 마키아벨리는 어떤 의미였고, 그람시가 해석하는 마키아벨리는 어떤 모습이었을까? 이 책은 그람시 사상과 이론의 중심축으로 마키아벨리를 제시할 수 있으리라는 막연한(?) 기대와 현재의 한국 사회에 그람시가 이야기한 마키아벨리의 등장이 필요하리라는 조심스런 진단이 복합적으로 어우러지면서 기획된 것이다.

마키아벨리가 살았던 16세기의 이탈리아는 르네상스가 만개한 피렌체공국이라는 공간이었으며, 메디치로 대표되는 경제적 부와 번영이 절정에 달했던 시기였다. 그 시대 마키아벨리가 고민했던 것이 이탈리아를 통일할 군주의 등장이었고, 금권정치에 의해 움직이는 공화정이 아닌 새로운 공화정 시스템이라는 사실은 여러 가지를 생각하게 한다.

2013년은 마키아벨리가 자신의 대표 저작《군주론》을 집필한 지 500주년이 되는 해였다. 많은 사람이《군주론》이 정치학에 새로운 지평을 열었다고 평가한다. 내용의 탁월함이나 학문적인 깊음 때문만은 결코 아닐 것이다. 마키아벨리가《군주론》을 통해 이야기하고자 했던 정치와 정치지도자상이 현대 정치학 영역에서 다루고 있는 것들과 유사하고, 정치학에서 다루고 있는 구체적인 실천적인 영역을 당대의 시대적 상황에 맞게 정리하고 분류하면서 통찰력 있게 분석하였다는 점에 있을 것이다. 즉 정치에 관한 것들을 가톨릭이라는 종교의 하부 영역이 아닌 독립된 영역으로 분리해 내, 어떤 정치와 어떤 정치지도자가 되어야 할 것인가에 대한 구체적이고 실질적인 답을 구했다는 점에서 의의가 크다.

사회과학적인 엄밀성과 학문적인 체계성을 갖춘 근대 정치학의 교본이 《군주론》이어야 했고, 그 글을 쓴 정치사상가이자 사회과학도인 마키아벨리를 시오노 나나미가 "나의 친구 마키아벨리"라고 자신 있게 이야기했던 것은 어떤 이유에서였을까? 과연 그녀의 말대로 친근하고 다정다감한 친구의 이미지를 마키아벨리는 가졌던 것일까? 아니면 목적을 위해 수단과 방법을 가리지 않는 무자비한 인간의 모습은 아니었을까? 그리고 진취적이고 불굴의 의지를 가진 카리스마 넘치는 마키아벨리가 원래 그의 모습일까? 이탈리아공산당 창립자이자 이탈리아에서 가장 위대한 사회주의 혁명이론가로 평가받는 그람시는 어째서 왜 마키아벨리 《군주론》에서 새로운 현대적인 군주를 끄집어낸 것일까?

그 답은 그람시 사상과 전체 이론의 틀을 이해하고 그람시의 전 저작과 사상 체계를 파악하는 데 매우 중요하다. 어쩌면 그다지 어울리지 않을 것 같은 두 사람 사이의 정치적인 연관성을 찾는 것이 이 책의 가장 중요한 목적일지도 모른다. 그런 의미에서 그람시와 마키아벨리를 연관 지을 수 있는 첫 번째 고리는 그람시가 자신의 개념과 이론의 구체성과 실천성을 부여할 상징적인 인물로 마키아벨리를 선택하였다는 추론이다. 즉 그람시는 자신이 생각했던 '현대정당', '새로운 정치체제', '현대의 정치지도자 모습', '헤게모니', '대항 헤게모니를 위한 방법론적 접근' 등의 이론적 출발을 마키아벨리에게서 찾고자 했던 것이다. 따라서 이 책에서는 이러한 의도를 충분히 살리면서 그람시가 말한 '현대군주' 의미를 현대적으로 재해석해 보고자 한다.

이를 위해 책은 다음과 같이 구성했다. 〈책을 내며〉에서는 집필 동기와 이유를 설명하고, 1부에서는 마키아벨리의 사상과 삶을 통해 마키아벨리가 이야기하고자 했던 군주와 정치가 무엇이었는지 살펴볼 것이다. 2부에서는 그람시의 생애와 사상을 이 책의 집필 의도와 연계하여 정리하고 소개할 것이다. 3부에서는《옥중수고》에 인용된 마키아벨리를 통해 그람시가 전달하고자 했던 개념과 내용을 소개할 것이다. 4부에서는 그람시가 읽은 마키아벨리와 마키아벨리를 그렇게 읽은 그람시를 현대적으로 재해석할 것이다. 그 과정에서 현대에 무엇을 적용할 것인지 간략히 서술하며 책을 마무리하고자 한다. 5부에서는《옥중수고》에서 마키아벨리에 대한 글만 선별하고 번역해 그람시의 시각을 온전하게 전달하고자 한다.

몇백 년의 시차를 뛰어넘어 그람시가 마키아벨리를 통해 이야기하고자 했던 것은 무엇일까? 적어도 '민주주의의 위기' 시대를 살고 있는 대한민국의 현실에서는 충분히 시사하는 바가 있을 것이다. 그것이 무엇이든 우리 사회가 당면한 수많은 문제를 해결하고 풀어 나가는 데 이 책이 조금이라도 도움이 될 수 있기를 바란다. 권위주의적이고 제왕적인 모습의 '군주'나 '지도자'가 아니라 합리적이고 민주적인 자질을 갖춘 강력하고 부드러운 카리스마를 가진 위대한 현대군주를 기대해 본다.

1
마키아벨리의
사상과 삶

이 책은 마키아벨리라는 정치사상가를 통해 그람시를 이야기하는 방식으로 전개되는데, 필자의 기존 논문들과 연구서들을 토대로 했다. 우선 1부의 《《군주론》에 나타난 근대국가 개념》 부분은 필자의 졸고 《《군주론》과 《로마사 논고》에 나타난 마키아벨리의 근대국가 개념의 차이성 및 동질성 연구》(《이탈리아어문학》, 이탈리아어문학회, 2004년 6월)를 수정, 편집한 것이다. 2부 〈그람시가 남긴 유산〉 부분은 이전에 여러 곳에 게재한 글을 수정, 편집한 것이다. 특히 필자의 논문 〈그람시, 그는 여전히 유용한 학문적 지표인가?〉[《마르크수주의연구》(경상대사회과학연구소, 2007)]에 게재한 글을 주로 요약했다. 3부 〈마키아벨리 시대와 그람시의 시대〉에서 파시즘에 관한 부분은 필자의 졸고 《이탈리아 노동운동의 이해》(한국노동사회연구소, 2004) 41-58쪽을 요약한 것이다. 〈마키아벨리를 통해 본 그람시의 생각〉에서 이탈리아 통일운동에 관한 부분은 필자의 졸고 《현대 이탈리아 정치사회》(바오, 2012)의 〈리소르지멘토의 해석과 의미〉 부분을 가져와 다시 편집한 것이다.

근대 정치학의 시작과 마키아벨리

    인류 역사가 시작된 이래 중심적인 논쟁 주제 중 하나가 바로 '국가'
에 대한 것이다. 물론 역사적으로 시대와 지역에 따라 개념은 달랐지
만, 본질적으로 국가의 성립과 발전은 모든 지역과 시대의 중요한 문
제일 수밖에 없었다. 마키아벨리가 통일국가를 꺼내든 것은 국민국가
에 대한 절박함 때문이었다. 이미 주변 국가들에서는 국민국가 시대가
시작되었는데 이탈리아는 후진적인 행태를 보이며 국가 수립이 지체
되었고, 이를 마키아벨리는 충분히 인지하고 있었다. 다시 말해 당대
그 어느 국가보다 먼저 르네상스를 시작했고, 새로운 시대를 향한 새
로운 계층으로서 제3신분인 부르주아가 가장 먼저 형성되었던 이탈리
아에서 절대왕정에 의한 국민국가의 성립이 지체되는 것에 대해 마키
아벨리는 고민했던 것이다. 정치권력의 당위성 문제와 유지 문제는 당
대 모든 정치사상가가 전념하여 해결해야만 하는 중심 문제였다. 그런
이유로 '왕권신수설'과 '주권재민론'의 대립과 논쟁이 치열하게 전개

될 수밖에 없었다.

그런 이유로 역사의 진행에 따라 발전되어 온 '국가' 개념은 어느 정도 연속성을 띠었고, 마키아벨리가 이야기했던 르네상스 시대의 국가뿐만이 아니라 그람시가 이야기했던 국가나 현대의 국가 모두에도 유효하다.

그런 의미에서 본다면 국가론과 국가의 성격을 논의하는 출발점은 역사학이나 정치학의 영역에서 보면 당연히 마키아벨리였다. 마키아벨리의 정치학은 당대 이탈리아의 조건과 상황을 타개해, 르네상스 이후 정체되었던 근대국가로의 발전과 새로운 권력을 추구하면서 등장한 것이었다. 마키아벨리가 정치학이라는 학문을 추상적인 수준에서 구체적인 수준으로 전환시킴과 동시에 정치학의 연구 대상을 철학적 당위의 영역에서 학문적 존재의 영역으로 바꾸었던 획기적인 동인이 바로 '국가' 개념이었다. 특히 마키아벨리에 의해 제기된 근대국가 개념이야말로 근대 정치학의 새로운 장을 연 것으로 평가받고 있다.

이는 인간 관심사가 주로 신의 영역이나 종교 및 철학 등의 관념적 영역에서 종교가 아닌 정치권력을 통해 인간생활의 구체적 영역으로 이동되었다는 것을 의미한다. 이 과정에서 마키아벨리 시대의 이탈리아, 그중에서도 피렌체라는 도시 공화정에서 마키아벨리의 정치적 경험과 이상을 전략과 전술이라는 구체성으로 바꾸어 놓은 것이다. 마키아벨리가 그렇게 단행한 정치철학에서 정치과학으로의 이행이야말로 근대라는 시기와 전환기에서 근대 정치학의 시작을 알리는 신호탄이었다. 그 과정에 등장한 마키아벨리의 국가 개념은 바로 그러한 전환의 중심 주제였다.

마키아벨리가 그렇게 시작한 근대 정치학의 출발은 《군주론(Il

Principe)》으로 구체화된 것이었고, 그 이후의 주요 저작인《티토 리비우스의 최초 10권에 대한 논고(*Discorsi sopra la prima deca di Tito Livio*)》와《전쟁술(*Arte della guerra*)》은 마키아벨리 정치학의 모든 것을 볼 수 있는 결과물이었다. 세 권의 저서를 모두 분석하는 것은 본서의 기획 의도에서 다소 벗어나는 일이다. 그러나 마키아벨리가 직접적으로 자신의 정치학적 사고와 개념들을 발전시켰고, 가장 먼저 정치학 방법론을 다루고 있는《군주론》은 마키아벨리와 그람시를 이어 주는 중요한 가교다. 따라서 이 책은 마키아벨리의《군주론》을 중심으로 그의 다른 주요 저작들까지 연계해 그람시에게로 이어지는 '현대군주'를 다시 불러내고자 한다.

이를 위해 먼저 마키아벨리의 근대국가 개념을《군주론》과《티토 리비우스의 최초 10권에 대한 논고》를 중심으로 알아보고자 한다. 그런데 이 두 책은 사상적으로나 개념적으로 다소 불일치를 보이고 있다고 평가받는다. 많은 이가 그 불일치는《군주론》에서 나타난 마키아벨리의 사상이《티토 리비우스의 최초 10권에 대한 논고》에서 연속적으로 나타나는지 혹은 불연속적으로 전개되는지에 따라 그 성격이 달라진다고 이야기한다.

누군가가 이야기했던 우리의 사랑스런 친구까지는 아니더라도 마키아벨리는 분명 근대인들과 더 가까이 있었던 인물임에는 틀림없다. 좁은 이탈리아 반도를 벗어나 오랫동안 외교사절로 활동했던 전기적인 경력을 굳이 거론하지 않더라도 그의 유럽견문과 행보는 이탈리아, 아니 피렌체의 한계를 누구보다도 빨리 파악하는 계기가 되었을 것이다. 스페인이나 프랑스와 같은 절대왕정 국가를 방문한 마키아벨리의 눈에 피렌체의 공화정은 오히려 비효율적이면서도 개혁해야 할 구태의 체제로 비쳐졌을 것이다.

더군다나 16세기 이탈리아에서는 주변의 절대왕조들과 지역에 기반한 왕조들의 난립으로 인해 통일이나 한 국가로 출발해야 한다는 생각 자체가 받아들여지지 않았다. 그러나 마키아벨리의 생각은 달랐다. 그는 피렌체라는 도시국가의 공간이 그가 꿈꾸어 왔던 '국가'로서는 많이 부족하다고 생각했고, 더군다나 종교에 의해 정치가 좌우되고 돈에 의해 행정과 통치가 좌우되는 도시 상황에 대해 만족할 수도 없었다. 아마도 마키아벨리는 이 지점에서 자신이 그동안 외국에서 보고 겪었던 것들을 통해 피렌체가 중심이 되어 새로운 절대왕정으로서 이탈리아 왕국이 건설될 수 있을 것인가에 대해 진지하게 생각했을 것이다.

마키아벨리의 고민과 사색은 정치권력과 통일왕국의 건설이라는 두 가지 주제를 방법론적으로 결합하면서 구체화되기 시작했다. 다시 말해 이상과 현실의 적절한 조화와 그 방법을 구현하는 과정에서 마키아벨리의 근대성이 탄생한 것이다. 그 때문에 그의 정치학이 오늘날까지도 정치학에서 논의되는 수많은 주제와 영역의 출발점으로 평가받고 있는 것이다.

오늘이라는 시점에서도 여전히 마키아벨리즘은 정치학의 하부 연구 주제로 자리 잡고 있다. 마키아벨리즘이 현실적 제도와 장치를 설명할 수 있는 것도 그 이유일 것이다. 마키아벨리는 이탈리아 정치학의 전통을 확립한 선구자로 평가받기 때문에 이후 전개된 '국가이성(Ragion di Stato)' 논쟁과 절대주의 국가 이론 등에도 막대한 영향을 끼쳤고, 20세기 초에는 새로운 국면과 상황이 필요했던 그람시에게까지 다시 호출되는 일이 발생한 것이다. 그러나 그람시는 마키아벨리를 있는 그대로 불러낸 것이 아니라 '현대군주(Il Principe moderno)'라는 이름으로 사회변혁을 이끌 정치정당과 새로운 모습의 국가 건설을 위한 교두보를 구축하는 상징적인 모습으로 이끌어 내었다. 결국 마키아벨리의 그러한 모습은 현재까지도 다른 정치사상가들이나 문화운동가들과 결합하여 끊임없이 갱생되고 재생되면서 다양한 모습을 지닌 반인반수로 그려지고 있다.

그러나 이 책에서는 그러한 다양한 모습 중에서 그람시와 연계된 마키아벨리에 초점을 맞추어, 국가와 권력의 의미를 설명하고자 한다. 따라서 여기에서는 마키아벨리의 사상을 전반적으로 다루기보다 그의 대표 저서인 《군주론》과 《티토 리비우스의 최초 10권에 대한 논고》를 중심으로 근대국가 개념을 통해 그람시에게 이어지는 부분만 중점적으로 다룰 것이다. 이를 통해 특히 독자들은 현재 벌어지고 있는 한국의 정치 상황이나 최근 유럽에서 전개되고 있는 주권 논쟁 등을 비교하고, 그람시의 헤게모니 개념이나 역사적 블록 개념을 이해할 수 있을 것이다.

마키아벨리 사상의 출발점과 논지들

　정치학을 현실에 근거한 존재의 학문으로 전환시킨 마키아벨리는 사상적 출발점을 고대 그리스 사상가들에게서 구하기보다는 고대 라틴계 사상가들에게서 찾았다. 당시 르네상스 휴머니스트들은 대부분 고대 그리스와 로마 문명에 특별한 차이를 두지 않았고 실용적 학문을 추구했는데 이들에 영향을 받아 마키아벨리 역시 현실적이고 실제적인 측면을 추구했던 것이다. 물론 마키아벨리에게 영향을 끼친 사상가들은 연구자들 관점에 따라 다르게 나타나지만, 마키아벨리의 주요 저작들을 분석한 연구 결과들을 보면, 라틴계 사상가들이 마키아벨리에게 영향을 끼쳤다는 사실은 쉽게 확인할 수 있다.[1]

　마키아벨리가 라틴계 학자들의 영향을 많이 받았다는 사실은 자신의 사상을 전개하는 방법에서 기존 정치사상가들과 다르다는 것을 의미한다. 여기에서 의미하는 방법론적 차이란 엄밀하게 법칙이나 규칙으로 정리된 과학철학 개념은 아니다. 그것은 마키아벨리가 자신의 사상을 전개하는 시각과 세계관 혹은 사물을 어떻게 바라보고 인식하는 지에 대한 접근 방법과 분석 방식을 편리하게 지칭하는 개념이라 할 수 있다. 마키아벨리의 정치사상으로부터 근대 정치학이 출발했다고 평가하는 것이 일반적이지만, 보댕이나 홉스 등과 비교해 보면 마키아 벨리는 어떤 이론적인 일관성이나 체계적인 논리를 펼치지는 않았다. 그렇기에 마키아벨리가 엄밀하게 이야기해서 사회과학적인 규칙성을 갖거나 일관된 방법으로 세상을 바라보았다고 이야기하기에는 다소 애매한 면이 있다. 그렇지만 《군주론》의 다음 글은 어렴풋이 그의 사 상적인 방법론을 짐작할 수 있게 한다.

> 사물의 상상을 논하기보다는 효율적인 구체적 진리를 추구하는 것이 훨씬 뜻있는 일이라고 생각한다. …… 왜냐하면 상상이란 어떻게 사는 가로부터 어떻게 살아야 하는가의 문제와 대단히 거리가 멀기 때문에 무엇을 해야만 하는가의 문제와 너무나 격리된 것이기 때문이다.[2]

이에 더하여 마키아벨리는 자신이 무언가에 대해 판단을 내리거나 평가를 할 경우에는 어떤 초월적인 원리나 기준에 의해 판단하는 것이 아니라 상황과 조건 그리고 그 사물이 존재하고 있는 현실로 판단한다 고 간접적으로 밝히고 있다. "모든 것이 개별적인 상황에 따라 달라지 기 마련이어서 논리를 일반화할 수가 없다(《군주론》 제20장)."는 표현은 플라톤 등이 이야기하는 '선(善)의 이데아'라는 관념적이고 다소 초월 적인 원리에 근거하여 정치 현실을 설명하는 것이 아니라, 정치가 가 지고 있는 내부적인 질서와 통일성에 따른다는 의미다.[3] 다시 말해, 진 리란 바로 자신의 현실 속에 존재한다는 점을 명확하게 밝힘으로써 마키아벨리를 경험에 의해 영위하는 인간의 실제적인 삶을 중시했던 아리스토텔레스의 전통에 속하는 사상가로 평가한다. 마키아벨리를 이와 같이 분류하는 것은 가톨릭이라는 종교와 관념으로부터 벗어나 인간의 세속적인 삶의 영역을 주로 다룬 르네상스의 지적인 전통의 영향이다. 또한 직접적으로는 쓸데없는 사변, 이상, 당위, 초월적 이념 등으로는 자신이 살고 있는 당대 이탈리아의 문제 해결이나 상황 개선에 아무런 도움도 되지 않는다는 현실적 판단에 근거한다. 따라서 마키아벨리의 정치학에는 인간 행동의 기준이 되는 보편타당한 원리도, 분명하게 규정되거나 설명할 수 있는 법칙성도 없다. 오히려 그에게 중요한 것은 그때그때의 정치적인 상황과 조건에 맞는 정치적 행위를 수행할 수 있는 감각과 능력이었다.

그래서 프랑스의 철학자 알튀세르는 마키아벨리의 이러한 특성에 착안하여 그를 우발성의 유물론 계보로 포함시킨다. 알튀세르는 "마키아벨리를 정세에 관한 최초의 이론가 내지 의식적인 최초의 사상가라고 말하는 것이 위험한 모험이라고 생각하지 않는다."[4]고 주장한다. 마키아벨리는 일반적인 원리 원칙에서 출발하는 것이 아니라, 국가공동체의 존속과 유지, 그것을 가능하게 하는 팽창을 위해서 필요한 모든 행위의 유형을 의식적으로 앞으로 끄집어내어 위치시켰다. 그것은 외형적으로 보이는 형이상학적 원리나 윤리적인 보편성으로부터 주어지는 것이 아니라, 특정한 행위에 따라 유용한 결과가 나올 수 있다는 경험적이고, 현실적이며, 실용적인 판단에 근거한 것이었다.

이와 같이 마키아벨리는 이상과 당위를 거부하고 현실과 있는 그대로를 강조함으로써, 중세 봉건적인 종교의 질서 안에서 생명력을 유지해 왔던 초월적 이념과 원칙이 갖는 우월성을 역전시켰다. 인간의 실질적인 삶에 기반을 둔 경험적인 현실에 더욱 관심과 가치의 우위를 두게 되면서 현실을 직시하는 사상가로서 자리매김했다. 그런데 당대의 가혹할 정도로 냉혹했던 강권정치의 현실을 관찰자의 눈으로 적나라하게 기술하고 있다는 점에서 그의 저서들은 단순한 관찰기와 폭로성 주장을 담은 글이라는 비판에 직면하기도 했다. 다시 말해 너무 솔직하게 정치현상을 발가벗겨 버림으로써 한편에서는 감정적이거나 비논리적인 측면이 있다는 평가를 받고, 내용과 방법을 다루는 측면에서는 새로운 근대 정치학의 지평을 연 것으로 평가도 받는 등 이중적이고 상반된 평가를 받는다.

그렇다면 어떤 면에서 마키아벨리를 현실의 정치학자로 평가할 수 있었을까? 일반적으로 사회과학에서 구조와 행위의 관계 설정은 중요한 문제이자 쟁점이다. 마키아벨리 역시 자신의 정치철학과 행위의 근거로 결정적으로 제시하고 있는 개념이 존재한다. 학자들에 따라 다소 논의의 폭이 유동적이기는 하지만, 마키아벨리에게서 나타나는 행위의 기준은 '비르투(virtù)'와 '포르투나(fortuna)'이다.[5] '비르투'에 대한 분석과 해석은 특히 마키아벨리가 이야기하는 국가의 성격을 뒷받침한다는 의미에서 중요하다. 마키아벨리의 비르투는 그 활동 무대가 윤리나 도덕이라는 정신세계가 아닌 약육강식과 국가의 번영과 지속을 가름하는 현실정치세계였던 것이다. 더군다나 당대 이탈리아가 주변 강대국들에 의해 핍박받고 있던 정치적 상황에서 마키아벨리로서는 운명(fortuna)을 극복하는 행위 요소로서 비르투를 더욱 강조할 수밖에 없었다.[6]

따라서 마키아벨리의 비르투는 목적이 아니라 일단의 덕성이 부여하는 최대의 가치를 실현하고 성취하는 데 이르는 수단이자 행동양식이었다. 그러므로 마키아벨리에게 있어 "역사의 객관적 조건이 규정하는 한계는 기껏해야 '운명'의 신비로 치부될 뿐이다. 즉 정치란 장인이 만들어 낼 수 있는 최대의 인간 작품이었다."[7] 물론 오랜 기간 동안 야만족들에 침탈을 받아 온 이탈리아의 역사적인 피억압적 구조가 단지 극복 가능한 운명에 불과하지는 않았겠지만, 마키아벨리는 이탈리아 현실 상황에 대한 처방으로 비르투를 겸비한 군주를 선택했고, 이를 통해 국가의 보전과 유지를 희망했던 것이다.

나는 용의주도하기보다는 오히려 과단성이 좋다고 생각한다. 왜냐하면 운명의 신은 여신이기 때문이다. 따라서 그녀를 정복하려면 난폭하게 다루어야 할 필요가 있다. 운명은 냉정하게 사는 사람보다는 폭력적인 사람에게 더 유순한 것 같다. 그러나 운명은 여성으로서 항상 젊은이들의 친구이다. 왜냐하면 젊은이들은 덜 신중하고, 더 거칠지만, 과단성을 가지고 그녀(운명)를 지배하기 때문이다.[8]

마키아벨리는 "무자비한 미개인들의 잔학성과 횡포로부터 운명의 여신을 구할 수 있는 구세주"로서 로렌초 데 메디치(Rorenzo De Medici)를 상정하고, 이탈리아를 야만족의 지배로부터 벗어나게 해 줄 정의의 전쟁, 신성한 무력의 동원은 만백성의 희망이라고 주장한다.[9] 인간사의 방향이 이미 결정되어 있다는 숙명론적 체념의 운명관이 아니라, 인간의 힘으로 운명 따위는 충분히 극복 가능하다고 피력함으로써 구조에 대한 행위의 우위를 강하게 표방한다. 마키아벨리의 이와 같은 입장은 역사 해석에서도 그대로 재현되는데, 예컨대 로마의 팽창을 해석할 때도 "로마인들이 그 같은 제국을 획득하는 데 행운보다는 그들의 실력이 더 효과적"[10]이었다는 것이다. 구조에 대한 인간 행위의 우위라는 강한 신념은 중세적 속박으로부터 벗어난 이탈리아 르네상스의 인문주의의 조류와도 합치하는 것으로, 마키아벨리의 정치사상은 르네상스적인 세속성을 그대로 보여 주는 것이었다.

이렇게 하여 형성된 마키아벨리의 사상은 흔히 '마키아벨리즘'이라는 후대의 사가들이 명명한 하나의 이론으로 자리 잡게 되었다. '목적을 위해서라면 어떠한 수단도 정당화된다'는 마키아벨리의 대표적 정치적 신념으로 대표되는 문구는 많은 학자에게 마키아벨리가 주장하는 행위 정당성에 대한 근거로 제시되고 있다. 마키아벨리는 필요할 경우에 악(惡)을 인정하는 것을 주저할 필요가 없다는 것을 굳이 감추려 하지 않았으며[11], 어떠한 수단을 사용하든 약하고 부패한 국가를 강력하게 하기 위해 권력을 장악한 자를 존경했고[12], 목적을 달성하기 위해서 무자비함, 배신, 살인 또는 기타 어떤 수단들을 사용하는 것도 공공연하게 승인하였다.[13]

그러나 마키아벨리의 전(全) 저작 곳곳을 보면 앞서 이야기한 '목적을 위해서라면 어떠한 수단도 정당화된다'는 명제가 일반적인 것이 아님을 알 수 있다. 즉, 마키아벨리가 무차별적으로 정치의 비도덕성, 폭력지상주의를 설파한 것이 아니다. 그의 당면한 과제는 이탈리아에 강력한 중앙집권국가를 수립하고[14] 유지, 확장해 나가는 것이었다. 개인의 사적인 이익이나 한 파당의 당파적 이익이 무조건적으로 옹호되는 것이 아니라, 자국의 군대를 갖추고, 야만족들의 침입에 맞서며, 국가의 집단적 비르투를 지키기 위해서 자연스럽게 팽창할 수 있는 국가의 이익을 옹호했던 것이다. 따라서 마키아벨리에게 있어 모든 수단이 옹호되는 유일한 목적은 국가의 수립과 보존, 그리고 건강한 보존 상태를 유지하기 위한 팽창이다.[15] 즉 국가는 필요한 경우에 한해서 비도덕적일 수 있는 것이지, 모든 경우에 항상 비도덕적이어서는 안 되는 것이다.[16]

마키아벨리는 도덕이나 윤리가 초월적인 힘으로 인간의 정치사를 통제하고 제어하고 있다는 신념이나 믿음을 허위의식으로 간주하고 배척하기는 하지만, 국가의 수립과 보존이라는 대의를 위해서 필요하다면 극단적인 폭력뿐만 아니라, 윤리와 도덕 역시 중요하다고 역설하고 있다. 그러나 폭력과 윤리가 동일한 결과를 이끌어 낼 수 있는 경우라면 단연코 윤리적인 수단을 선택하고 사용할 것은 분명하다. 물론 마키아벨리의 냉정한 눈에 비친 현실은 대체적으로 열에 아홉은 윤리보다는 다른 수단을 통할 때 더 이득이 되는, 약육강식의 무대일 뿐이었다. 그런 이유로 마키아벨리가 윤리나 도덕에 극단적 냉소를 보내고 있기는 하지만, 질서가 잡힌 국가와 사회에서의 윤리와 도덕은 폭력이나 힘보다 중요하다고 보았다.

이는 다른 저서들에서 나타나는데, 마키아벨리는 사회질서의 유지를 위한 도덕이나 윤리의 가치들을 보존하고 준수하는 것 역시 중요하다고 표명하고 있다. 바로 이와 같은 역할을 하는 제도로서 마키아벨리가 거론하고 있는 것이 종교와 법률 등이다. 물론 마키아벨리는 종교에 대해서 상당히 비판적이었지만, 그렇다고 해서 종교 자체까지 부정한 것이 아니었다. 당시 이탈리아 중앙집권국가의 수립에 있어서 로마교회는 "이탈리아를 장악할 만큼 강력하지도 못했고 다른 세력이 장악하는 것을 용납할 만큼 허약하지도 않았기 때문에 교회야말로 이 나라가 하나의 우두머리 밑에 통합될 수 없게 만든 장본인"[17]이었다. 강력한 중앙집권국가의 수립을 염원하던 마키아벨리에게 로마교회는 반(反)통일세력이었을 뿐이었고, 반드시 극복해야 할 목적이자 대상이었다. 그러나 이러한 로마교회에 대한 비판이 종교 일반에 대한 부정으로 이어지지는 않는다.[18] 다만 가톨릭에 대한 무조건적인 믿음이라는 중세적 종교관과는 전적으로 분리된 것이라는 점에서, 마키아벨리에게 종교란 국가의 이익에 철저히 종속될 때에만 필요할 뿐만 아니라 필수적인 것이었다.[19]

따라서 마키아벨리에게도 종교는 중요한 사회적 가치 판단과 행위의 기준이었지만, 이전의 사상가들과 달리 종교의 사회적이고 정치적 역할에 더욱 커다란 의미를 부여했다. 그런 의미에서 보자면 종교의 순수성이나 신앙의 기능보다는 정치와 사회에 기여할 수 있는 현실적인 역할에 대해 강조했다는 점이 마키아벨리 종교관의 특징이라 할 것이다. 종교가 정치와 동등한 입장을 취하는 것조차 어려웠던 당시에 마키아벨리는 누구보다도 먼저 종교를 정치적 수단의 하나로 전락시켜 버렸다. 종교 역시 현실정치를 발전시키고 정치를 강화하는 데 기여해야 할, 공공의 이익을 증진시키는 요소의 하나로 축소시켰던 것이다. 바로 이런 이유로 인해 마키아벨리는 로마의 창시자인 로물루스 (Romulus)보다 종교의 창시자인 누마(Numa Pompilius)를 더 칭송하였다. 특히 누마가 창시한 로마의 종교가 로마인들로 하여금 우수한 법률 제도, 위대한 정신, 육체적 강건 등을 누리게 한 것에 주목하였다(《티토 리비우스의 최초 10권에 대한 논고》, 1권 제11장과 제13장).

이와 함께 주요한 사회적 기능을 담당하는 제도로서 마키아벨리가 《티토 리비우스의 최초 10권에 대한 논고》 전반에 걸쳐 제시하고 있는 것이 법률이다. 마키아벨리가 보기에 법률은 종교의 사회적 기능과 마찬가지로 인간이 강제적으로라도 질서를 지키게 하며, 강력한 군대도 제공하는 제도였다. 이는 마키아벨리가 법률을 궁극적으로 개인적인 비르투를 통해 대중에게까지 확산되며 적용할 수 있는 제도로, 그리고 모든 국민에게 정당하게 적용할 수 있는 합리적인 제도로 보았던 이유다.

　이외에도 마키아벨리의 사상은 다양한 형태를 띠고 전개되고 있다. 근대국가의 절대 요소 중 하나인 국민군에 대한 주장이나, 국가 구성 요소로서 사회계급에 근거한 귀족 대 인민이라는 구분법 등은 다시 한 번 다루어야 할 중요한 주제라고 할 수 있다. 결국 마키아벨리의 의도는 당시 이탈리아의 상황을 분석하면서 최선의 현실적 방책과 해결책을 제시하고 이를 실제 정치에 적용시키는 데 있었다. 자신의 저작 속에서 제시한 수많은 개념과 논지는 자신의 논리를 정당화하고 현실적 제도로서 활용하기 위한 시도라고 볼 수 있는 것이다.

《군주론》[20]에 나타난 근대국가 개념

마키아벨리 정치사상의 핵심으로 평가받는《군주론》은 긍정적인 평가와 부정적인 평가를 함께 받고 있다. 긍정적인 평가 중 대표적인 것은 마키아벨리즘이라는 정치학의 신조어가 탄생할 정도로《군주론》이 갖는 학문적 의의는 매우 크다는 점이다.[21] 이 책으로 초기 마키아벨리를 연구할 정도로 마키아벨리 사상을 집약한 대표적인 저서란 점도 있다. 반면 마키아벨리 사상을 제대로 이해시키지 못하는 책이라는 부정적인 평가도 있다. 그럼에도 불구하고《군주론》을 어떤 관점과 목적에서 서술하였는지를 설명하고 이해하는 것은 마키아벨리를 정확히 판단하는 기준이 된다는 점에서 중요하다.

일반적으로《군주론》의 서술 동기는 두 가지로 해석된다. 첫째는 메디치 가문에 헌정하기 위한 연구서였다는 해석이다. 이 해석에 따르면 마키아벨리가 당대 현실에서 독재를 불사한 절대군주정 수립이야말로 메디치가 선택할 수 있는 최선의 정부 형태라고 강조했다고 밝히고 있다. 둘째는 마키아벨리가 공화정을 옹호하는 동시에 새롭게 등장한 메디치가 독재를 반대하기 위해 쓴 풍자적 연구서라는 해석이다.[22] 두 개의 해석 모두 나름대로의 근거를 갖고 있기 때문에 일방적으로 한쪽 편을 들기 어려운 점이 있다.[23]

그러나 여기서는 마키아벨리가 어째서 절대군주를 끄집어내었는가를 그람시와 연결하여 해석하기 위해서 16세기 피렌체라는 공간과 메디치가와 그들에 의한 권력 전환이라는 역사적 배경에 중점을 두어 이야기하겠다. 20세기 초 새로운 시대의 도래를 목도했던 그람시가 필요로 했던 '현대군주' 개념을 당대 이탈리아 상황과 연결하면서 마키아벨리에 대한 논의를 시작할 것이다.

그렇다면 이와 같은 관점에서 볼 때,《군주론》에서 논의하고자 한 것은 다음과 같은 사항들로 정리할 수 있을 것이다. 국가의 종류와 정체의 유형, 군주와 국민의 관계, 국가의 보존과 권력 형성, 이를 뒷받침하는 정치철학과 원리 등이다. 이 주제들의 중심에는 대개 '군주'라는 주체가 자리하고 있는데,《군주론》이 집필되던 시기의 군주란 곧 국가와 동일시되던 개념으로 이해될 수 있다. 결국 마키아벨리가 주장한 군주에 대한 논의는 '국가'에 대한 논의로 볼 수 있는 것이다.

마키아벨리는《군주론》의 전반부(제1장부터 14장까지)에서 다룬 '국가'에 대한 분류와 형태 등에서 고대적이고 중세적인 전통을 그대로 답습하는 것처럼 보임으로써 고대와 중세의 시각에서 벗어나지 못하고 있다. 그러나 후반부부터는 권력의 획득과 유지를 위한 실제적이고 현실적인 방법론 기술과 제안들을 전개함으로써 당대 정치사상가들의 한계를 분명히 뛰어넘었다고 평가할 수 있다.

다시 말해, 기존 중세의 시각에 갇혀 있는 정치서들의 일반적 특징인 국가나 정치권력의 정당성을 논의하거나 그러한 정당성을 입증하려는 의도로 기술하지 않고 있다. 국가의 형성에 필요한 정치권력 자체의 정당성을 인정하고, 이를 획득하고 보전하는 문제를 다루고 있다는 점에서 기존 정치서들과는 상당한 차이를 보이고 있다. 《군주론》에서 제시한 역사적 실례들은 마키아벨리 시대 이전에서 구한 것이었고, 그러한 사례들을 정당화하거나 이론화하지 않았던 마키아벨리의 국가 이론은 충분히 근대적인 성격을 띠었다. 후반부(제15장부터 25장까지) 국가의 통치술(L'arte dello Sato)을 서술하고 있는 부분에서 특히 근대적인 정신이 두드러진다. 마키아벨리는 이 부분에서 군주의 권력 획득과 유지에 국한해 국가를 설명하는 것이 아니라 국가를 인간세계에 적용될 수 있는 정치적이고 철학적이며 보편적인 원칙과 기준으로 제시하고 있다. 국민국가의 등장을 연상시키는 이러한 마키아벨리의 사상은 《군주론》을 통해 충분하게 근대성을 드러내는 것이다.[24]

그렇다면 근대국가 개념과 관련하여 마키아벨리가 《군주론》에서 구체적으로 전개한 논의들은 어떤 것들일까? 먼저 국가의 형태를 선택하는 문제(제1장에서 11장), 군주와 군대의 관계(제12장에서 14장), 군주와 국민의 관계(제9~10장, 제15장에서 23장까지), 군주의 자질과 임무(제14장에서 19장), 국가권력을 유지하고 보존하는 방법과 원칙(제20장에서 25장까지) 등이다.

이와 같은 《군주론》의 구성에서 가장 핵심이 되는 대상은 새로운 군주(Il Signore o Principe nuovo)였다. 마키아벨리는 《군주론》 곳곳에서 '새로운 군주'의 유형을 논하고 있다.[25] 그런데 여기서 한 가지 재미있는 것은 그가 제시한 '신군주'의 유형들이다. 마키아벨리는 이미 존재하던 국가에서 새롭게 등장한 군주나, 밀라노의 스포르자(Sforza)로 대표되는 무력에 의해 국가권력을 찬탈한 군주, 시라쿠사의 아가토클레스(Agathocles)로 대표되는 무자비한 폭군, 용병이나 외국군에 의해 권력을 획득한 군주, 공화국이라는 형태에 의해 등장한 군주 모두 새로운 군주의 유형에 포함시켰다. 이는 마키아벨리에게 '신군주'라는 개념은 단지 군주라는 개인에 국한된 것이 아니라 '새로운 국가(Lo Stato nuovo)'를 의미하며, 여기에는 새로운 국가에 맞는 새로운 질서를 구축하고자 하는 열망이 담겨 있다고 해석할 수 있는 것이다.

새로운 국가의 등장에 따라 필요한 새로운 질서를 유지하고 보존하는 것이야말로 군주의 덕목이었고, 이를 대표하는 것이 바로 '비르투'였다. 《군주론》에서 이 말은 형용사와 부사형을 포함하여 모두 70회에 걸쳐 등장한다. 가장 빈번하게 등장하는 제6장[자신의 무력과 비르투를 통해 획득한 새로운 군주들에 대하여(De' principati nuovi che s'aquistano con l'arme proprie e virtuosamente)]과 제8장[흉악한 행위에 의해 군주가 된 사람들에 대하여(Di quelli che per scelleratezze sono prevenuti al principato)]에서는 더 분명하고 종합적인 의미를 갖는다. 그것은 첫째, 국가를 세우려고 하는 신군주는 군대, 힘, 운명[또는 행운(fortuna)], 악덕과 함께 비르투도 소유해야 한다고 이야기하고 있으며[26], 둘째, 국가를 보존하기 위해서 군대와 함께 소유해야 할 것으로 비르투를 들고 있고[27], 셋째, 운명(또는 행운)이나 외국 군대에 의해 국가권력을 장악한 군주 역시 갖추어야 할 덕목으로 비르투를 들고 있다.[28] 즉, 마키아벨리는 비르투를 정치권력을 획득하여 국가를 수립하고 이를 보전하며 유지하는 데 필수적인 요소를 뜻하는 용어로 해석하고 있는 것이다.

마키아벨리가 신군주 전형으로 제시한 이가 바로 체사레 보르자(Cesare Borgia)이다. 보르자야말로 마키아벨리가 제시한 비르투를 구체적으로 실현한 인물이었다. 당대의 거의 모든 피렌체 사람이 싫어했던 보르자를 마키아벨리가 그토록 숭상하고 찬양했던 동기는 단순하다. 보르자가 모세나 로물루스 또는 고대에 대제국을 건설한 영웅 혹은 특별히 군사적 지략이나 능력이 뛰어난 인물이어서가 아니라, 새로운 군주로서 필요하고 갖추어야 할 실제적인 덕목을 갖춘 인물이었기 때문이었다. 보르자는 위엄이나 술수 또는 비도덕적 행위로 반대세력과 적을 제압하는 능력과 기술이 뛰어났는데, 그것이 곧 비르투의 덕목이라고 마키아벨리는 생각하였다.

또한 보르자가 용병이나 외국군에 의지하지 않고 국민군을 조직해 전쟁에서 승리하였다는 사실에 주목하였다. 근대 시민들의 충성과 민주적 자질을 토대로 근대국가의 주요 기반이었던 국민군 제도를 창설한 보르자에게서 마키아벨리는 새로운 시대에 적합한 신군주의 전형을 보았던 것이다. 특히 보르자는 교황인 아버지를 충분히 활용하여 자신에게 최대하게 유리한 정치적 환경을 조성하는 데에도 탁월한 능력이 있었다. 결국 자신이 소유한 모든 여건과 재능 및 수단을 적절하게 이용하여 세속적인 성공을 거두었던 것이다. 마키아벨리는 이러한 보르자에 비르투를 최대한 적용하면서 자신에게 주어진 포르투나(운명)를 극복한 전형적인 새로운 군주의 모습을 찾아내었다.

결론적으로 마키아벨리의 《군주론》은 근대국가를 열망하고, 새로운 질서의 사회를 만들어 내는 데 필요한 조건과 행동 그리고 그러한 행동을 가능하게 할 혁명가로서 '신군주'를 다루고 있다. 이는 20세기라는 전환기에 새로운 국가-비록 그 국가의 형태가 아래로부터 창출되는 민중이 주도하는 국가일지라도-를 만들어 내기 위해 그람시가 필요로 했던 '현대군주'의 전형일 수밖에 없었다. 따라서 그람시와 마키아벨리는 몇백 년이라는 세월의 시차에도 불구하고 하나의 동일한 개념의 '군주'를 찾았던 것이다.

이러한 출발점은 오늘날에도 그람시에 충분히 학문적이고 실질적인 의미를 부여할 수 있는 근거이다. 정체(polity)의 문제, 국민개병제에 기반을 둔 국방의 문제, 이를 위해 계급 구분을 통한 국민국가의 정당성 부여 문제, 귀족과 민중의 이분법적 계급 대립 구조, 국가 내부의 사회적 제도로서 종교와 법률의 상정 문제 등을 통해 마키아벨리가 추구했던 근대국가 개념이 논리적으로나 이론적으로 시대를 뛰어넘는 생명력을 갖게 된 것이다.

2
그람시의
삶과 사상

그람시의 생애

1891년 그람시는 근대라는 말이 그다지 어울리지 않던 사르데냐의 벽촌 알레스에서 태어났다. 이탈리아의 문제와 어려움을 고스란히 보여 주었던 시기였다. 1861년 근대국가로 통일이 되었지만 여전히 사회는 혼란스럽고 정리도 되어 있지 않아 이탈리아의 국가적인 정체성이나 국민성 확립은 여전히 요원해 보였다. 더군다나 '남부문제'로 명명되는 지역문제는 발전된 북부와 저발전된 남부와의 지역 간 격차를 더 벌리고 있었다. 그람시가 태어난 사르데냐의 알레스는 후진적이고 저발전된 남부의 전형적인 지역으로, 그람시가 자신의 생각과 사상을 발전시키는 출발점이 되었다.

그러나 그람시 스스로가 후진적이거나 가난한 집안에서 태어난 것은 아니었다. 어느 정도 안정적인 집안이었다. 그런데 지역의 정파 싸움에 휘말려 등기소 직원이었던 아버지가 투옥되면서 가난과 불행이 시작되었다. 그런 상황이 척추 이상과 약간의 정신질환에 시달리던 그람시를 더욱 힘들게 했다. 그러나 그람시는 자신의 노력과 부모 형제의 도움으로 칼리아리(Cagliari)의 고등학교까지 다닐 수 있었다. 1908년부터 시작된 고등학교 시절에는 군복무를 마친 형 젠나로(Gennaro)와 하숙을 했는데, 젠나로는 이미 군복무 시절부터 사회주의자가 되어 그람시에게 종종 사회주의 관련 글과 팸플릿을 보여 주곤 하였다.

청소년기 그람시의 지적 형성과 발전에 영향을 미친 것은 두 가지다. 하나는 형 젠나로에게서 받은 사회주의의 향기이고, 또 다른 하나는 1906년 사르데냐를 휩쓸었던 이탈리아 본토와 이탈리아 지배계급을 향한 사회적 저항운동이었다. 섬이었던 사르데냐와 이탈리아 본토 간의 이 갈등과 반목은 본토에서 파견된 군대에 유혈 진압되면서 끝이 났다. 하지만, 적어도 사르데냐라는 지역의 문제와 지역에 근간한 사르데냐주의, 그리고 그 와중에 노출되었던 남부와 북부의 지역 격차 문제는 청소년 그람시에게 많은 영향을 미쳤다. 이는 후일 그람시가 남부문제나 노동문제 등에 접근하게 되는 유용한 경험이 되었다.

어려운 환경에도 그람시는 고등학교를 졸업하고 이탈리아 국왕이 주는 장학금 시험에 합격하여 1911년 토리노 대학에 진학할 수 있는 기회를 얻었다. 그다지 많은 금액이 아니었음에도 겨우 두 명밖에 혜택을 받지 못했던 이 장학금의 다른 수혜자는 그람시의 평생 동료이자 그람시 사후 이탈리아공산당을 이끌었던 팔미로 톨리아티(Palmiro Togliatti)였다. 북부 산업 지대 중심인 토리노에서 대학을 다니면서 그람시의 시각은 확장되었다. 본격적인 지적 형성기였다.

특이하게도 그람시는 언어학과에서 자신의 지적인 호기심을 채우면서 지평을 넓힌다. 그러나 언어학보다는 사회 문제에 더 많은 관심과 지적인 호기심을 갖게 되었으며, 이 시기에 자신의 사상에 영감과 자극을 불러일으킨 많은 선구자를 접하게 된다. 움베르토 코스모(Umberto Cosmo), 아니발레 파스토레(Annivale Pastore), 안토니오 라브리올라(Antonio Labriola), 로돌포 몬돌포(Rodolfo Mondolfo), 베네데토 크로체(Benedetto Croce) 등에게서 많은 영향—그것이 긍정적이든 부정적이든 혹은 자신의 사상을 발전시키는 데 도움이 되었거나 혼란스럽게 하였거나 모든 영향을 통틀어서—을 받았다.

그러나 그람시의 대학 생활은 그리 오래 지속되지 못했다. 병약한 신체나 열악한 주거환경 등도 영향을 미치기는 했겠지만, 학업을 지속할 수 없었던 가장 큰 이유는 사회주의에 경도되면서 본격적으로 사회주의 활동을 시작했기 때문이다. 가에타노 살베미니(Gaetano Salvemini)와 베니토 무솔리니(Benito Mussolini)의 영향을 받으면서 1913년 무렵 사회당에 입당하여 본격적인 사회주의 운동을 시작했다. 특히 토리노의 노동자들과 함께 일하면서 노동자들의 일상과 문화에 관심을 갖게 되었고, 문화평론가와 기자와 논설문 기고가 등으로 계속 활발하게 활동했다.

그람시는 1차 대전의 발발이 갖는 의미를 몸소 체험하면서, 노동자 중심의 사회주의 국가에 대한 열망을 실천에 옮기고 있었다. 1917년 러시아혁명은 그람시에게 그러한 확신을 주었던 일대 사건이었으며, 영원한 동지가 된 톨리아티와 테라치니(Umberto Terracini) 등과 함께 1919년 《신질서(L'Ordine Nuovo)》를 창간한 것도 바로 그러한 이유였다. 그람시는 이미 1913년부터 사회당의 입장과 자신만이 추구하는 사회주의에 대한 분명한 입장을 갖고 있었다고 볼 수 있다. 비록 1914년 《전진(Avanti)》이라는 사회당 기관지에 전쟁 중립에 대한 입장을 밝히는 글을 실어 먼 훗날까지 '전쟁 개입주의자'라는 오명을 뒤집어쓰기는 했어도, 그람시의 사회주의적인 혁명에 대한 열망은 다양한 방식으로 나타났다.

'공장평의회' 운동이나 '신질서' 운동은 그러한 맥락에서 보면 그람시가 오래전부터 사회주의 혁명을 주도하기 위한 때를 기다렸다는 반증이었으며, 실제로 그 시기가 도래했을 때 지체 없이 행동에 나설 수 있게 한 원동력이었다. 러시아혁명을 성공적으로 이끌었던 소비에트의 이탈리아식 조직인 공장평의회는 노동자 중심성을 강화하고 새로운 계급에 기반을 둔 프롤레타리아 국가 건설을 위한 기초 작업의 일환이었다. 특히 그람시는 자신이 주로 활동하였던 피에몬테 주 토리노 지역에 건설된 공장들에 공장평의회를 하부조직으로 조직해 새로운 국가 건설의 전위 조직으로 삼고자 했으며, '신질서' 운동은 그러한 과정의 첫출발이었다.

1917년 러시아혁명의 성공과 곧 이은 1차 대전의 종결로 그람시의 희망과 계획이 실현되는 듯하였다. 1919년과 20년 2년간의 사회주의 혁명이라는 붉은 열풍은 자본주의 체제를 고수하고자 했던 자본가계급이나 정치가들에게는 너무 커다란 위협이자 공포였다. 특히 독일과 이탈리아에서는 사회주의 혁명이 곧 임박한 듯하였다. 더군다나 피에몬테를 중심으로 공장평의회가 자본가계급이 운영하는 공장들을 하나둘씩 접수하면서 자본가계급이나 정치가들은 삼색의 이탈리아 깃발이 내려지고 망치와 낫으로 장식된 사회주의 깃발이 올라가는 것이 아닌가라는 두려움에 휩싸이기 시작했다. 그런데 그람시, 타스카(Angelo Tasca), 톨리아티, 테라치니 등이 주도한 '신질서' 운동이 사회주의 권력의 쟁취로까지 승화되는 순간 이것을 방해하고 저지한 것이 다름 아닌 이탈리아사회당(PSI)이었다.

피에몬테의 상황을 예의 주시하면서 자본가계급과 소지주계급 및 퇴역군인들은 너무나 큰 공포에 떨고 있었다. 그러나 사회주의 혁명의 성공 순간에 그람시를 주축으로 하는 '신질서' 운동 지도자들을 좌절시킨 것은 자본가계급도 소부르주아도 아니었다. 사회당의 지원을 통해 신질서 운동의 파고를 온 이탈리아 반도로 몰고 가려 했던 이들의 시도는 사회주의 분파주의에 의해 결국 실패로 돌아가고 말았다.

신질서 운동의 실패는 그람시에게는 새로운 사회주의에 대한 모색이, 이탈리아의 자본가와 지배계급에게는 사회주의의 공포로부터 자신들의 이익을 지켜 줄 수 있는 새로운 강력한 정치세력의 등장을 원하게 되는 계기가 되었다. 그람시는 이 지점에서 자신의 사상과 이론적 깊이를 더해 갔다고 추정할 수 있다. 이탈리아 내부에서 새로운 지배계급으로 떠오른 파시즘 세력 역시 이러한 상황 변화가 만들어 낸 새로운 정치체이자 정치운동이었다. 결국 파시즘이라는 새로운 정치세력의 등장으로 이탈리아는 혼돈과 암흑—그것이 어느 누구에게는 광명과 영광의 시대였을지 모르겠지만—의 시기로 들어서게 된다. 그람시 인생도 마찬가지였다.

신질서 운동이 실패하면서 그람시는 두 가지를 고민했을 것으로 보인다. 고민의 출발점은 동일했지만 하나는 신질서 운동을 뛰어넘는 새로운 대중조직과 개혁적인 진보정당의 필요성에 대한 것이었고, 다른 하나는 이탈리아보다 후진적인 러시아에서 프롤레타리아 혁명이 성공한 이유와 어째서 조직이나 의식 면에서 더 선진적이라 할 수 있는 이탈리아에서 혁명의 파고를 넘지 못하고 처절하게 실패했는지에 대한 원인과 이유를 헤아리는 것이었다.

결국 그람시는 두 가지 선택을 하게 된다. 하나는 새로운 전위정당이자 진보정당인 이탈리아공산당(PCI) 창당과 이탈리아 사회에 대한 분석과 새로운 구조화에 대한 천착이었다. 1921년 리보르노에서 창당된 이탈리아공산당의 역사는 그렇게 시작되었으며, 이탈리아 사회에 대한 분석과 재구조화 역시 그람시의 활동과 방향에 근본적인 변화를 가져오게 되었다. 그러나 이탈리아 내부 상황은 그리 녹록하지만은 않았다. 특히 가장 시급하게 해결해야 할 문제는 극우 민족주의를 비롯한 다양한 이념에 바탕을 둔 파시즘의 확산과 강화였다.

유럽의 역사가들은 1920년대의 유럽을 '광기의 시대' 혹은 '파시즘의 시대'라고 이야기한다. 그 이유는 두말할 필요 없이 이탈리아 파시즘 때문이었다. 유럽 국가들마다 제각기 역사적인 배경이나 결합된 이념 등이 다소 다르긴 했지만, 이 시기 남부 유럽과 동유럽 그리고 북부 유럽에 이르기까지 유럽 전역을 검정색으로 물들였던 것은 파시즘과 유사 파시즘 체제였다. 그중에서도 이탈리아는 파시즘이 가장 먼저, 또 가장 빨리 합법적으로 정치권력을 잡았던 국가였다.

여기서 장황하게 이탈리아 파시즘에 대해 서술할 수는 없지만, 적어도 파시즘의 확산과 강화가 무엇을 의미하는지에 대하여 그람시는 독특한 자신만의 방식을 통해 분석하고 파악하고 있었다. 파시즘의 출현에 많은 좌파 지식인조차 그 실체를 제대로 파악하지 못해 우왕좌왕하고 있을 때였다. 심지어 사회주의로 가는 과도기로 평가하는 이들도 있었다. 파시즘은 그 틈을 노려 더욱 전국적인 현상이자 실체로 확산되었다. 1919년 밀라노에서 참전용사들과 퇴역군인들을 중심으로 시작된 파시즘이 1922년에 합법적인 정치권력을 잡을 수 있었던 것은 바로 이러한 사회당과 당시 지식인들의 혼란 그리고 사회주의 세력을 억압할 수 있는 좀 더 강력한 정치세력을 원했던 부르주아 계급들의 이해관계 등이 맞물린 결과였다.

그람시는 이탈리아공산당 창당의 주역이었지만 초기에는 보르디가 (Amadeo Bordiga)가 주도하는 극좌파들로 인해 자신만의 정치적인 이념과 사상을 실천하는 데 한계에 부딪혔다. 그람시가 정치적으로나 대중에게 실질적인 중요한 존재로 두각을 나타내기 시작한 것이 바로 공산당 창당에 주도적 역할을 했던 보르디가 파의 한계를 절감했던 시기라고 할 수 있다. 노동자 정당의 확산을 위해 그람시가 자신이 평소 가졌던 생각과 사상들을 실천에 옮기게 된 것도 이 무렵이다. 그람시는 이 시기 당내에서 주류였던 보르디가나 타스카와 권력 투쟁을 하기 위해서뿐만이 아니라 국제적으로 퇴조하고 있던 혁명의 파고에 맞서 자신의 이론과 사상을 다시 한 번 재정립할 필요가 있었다.

그람시 개인에게 불행인지 행운이었는지 정확하게 평가하기는 어렵지만, 이 시기에 그람시는 두 번에 걸쳐 해외에서 체류하게 된다. 첫 번째는 소련 모스크바에서였고(1922년 5-11월), 두 번째는 오스트리아 빈에서(1923년 12월-1924년 5월)였다. 아마도 이 시기에 그람시는 국내적인 시각에서 국제적인 시각을 갖게 되었고, 국제 정치경제의 흐름도 이해하게 되었으며, 소련 사회주의 체제의 실상도 이해했을 것이다. 특히 소련에서의 경험은 후일 그람시가 진지전과 기동전이라는 용어를 통해 소련과 서구 국가들을 비교, 분석할 수 있게 했고, 국가론 분석의 틀과 내용을 심화시키는 데 상당한 영향을 미쳤을 것으로 어렵지 않게 짐작할 수 있다. 모스크바 체류 시절 그람시는 신체적인 장애에도 불구하고 러시아 여인을 만나 법적인 부부는 아니지만 가정을 이루었고, 자식들도 얻었다. 또한 사랑하는 아내 줄리아(Julia)의 언니이자 훗날 옥바라지를 해 준 타티아나(Tatiana)를 알게 된 것도 이 무렵이다.

그러나 이 시기 이탈리아의 국내 상황은 그람시가 상상한 것 이상으로 악화되었다. 1922년 10월 로마로 진군해 합법적으로 정권을 잡은 무솔리니의 파시즘 체제가 공고해지면서 보르디가가 주도하는 이탈리아공산당뿐만 아니라 사회당의 세력도 점점 약화되었다. 이러한 이탈리아 상황을 우려한 인터내셔널에서는 보르디가에게 사회당과 연합하여 혁명의 지평과 기반을 확장하라고 권고하였지만, 보르디가가 비타협주의를 고수하면서 파시즘 체제의 탄압과 압박이 갈수록 심해졌다. 그람시 역시 초기에는 사회당과의 타협에 반대했지만, 갈수록 파시즘 체제가 강화되는 이탈리아를 위해 보르디가에 반대하고 사회주의 혁명의 기반을 확장하기 위해 노력하게 되었다.

　비타협 노선을 고수하던 보르디가가 고립되면서 이탈리아공산당의 새로운 지도자로 그람시가 전면에 나서게 된 것은 어쩌면 당연한 귀결이었는지 모른다. 1924년 5월 빈에서 귀국한 그람시는 코모에서 개최된 이탈리아공산당 협의회에서 중앙 다수파가 되어 이탈리아공산당의 현실적인 대안으로서 전면에 등장하였다. 이탈리아 내부적으로는 사회당의 마테오티(Giacomo Matteotti) 의원이 파시스트에게 살해된 사건(1924년 6월 12일 발생)을 계기로 전면적인 강경 투쟁 노선이 형성되었고, 다시 한 번 비타협 노선이 고개를 들었다. 그러나 1925년 10월 무렵 다시 시작된 파시즘 정권의 야만적인 탄압과 행보는 파시즘에 대한 성격 논의가 더는 무의미해졌음을 알리는 것이었고, 파시즘 체제가 지배계급과 그들의 이익을 위한 과도기적 이행체뿐만이 아니라 결정체라는 것을 깨닫게 했다.

　1925년에는 급기야 톨리아티가 체포되고 테라치니가 연이어 체포되는 등 당 지도부의 와해에 가까운 탄압이 자행되었다. 더군다나 그해

11월에는 사회당과 공산당의 기관지들을 비롯하여 야당의 기관지들이 폐지되거나 발간 금지가 되면서 그야말로 이탈리아에서는 무솔리니 체제하의 파시스트 독재가 본격적으로 시작되었다. 이 시기 그람시는 자신의 프롤레타리아 통합 전략을 새로운 관점에서 짜기 시작했다. 특히 통일 이탈리아가 갖는 사회적인 모순, 다시 말해 북부 노동자계급과 남부 농민계급의 불화와 갈등을 치유하고 진정으로 통합된 이탈리아의 건설을 위해 남부의 농민과 북부의 노동자를 결합시키는 노농연맹을 달성하기 위한 방법과 이론을 동시에 고민하고 이야기하기 시작하였다.

　모든 야당을 비합법적인 정치세력으로 규정하고 탄압하던 파시스트는 1926년 10월 31일 15세 소년의 무솔리니 암살 기도를 빌미로 전면적이고 대대적인 정치적 탄압에 나섰다. 많은 이가 그람시의 스위스 망명을 추진했지만, 그람시는 하원의원이라는 면책특권을 믿었고, 국회의원을 체포하리라고는 생각하지 않았다. 그러나 결국 파시스트 정권에 체포되어 재판을 받게 되었다. 불법적인 재판이었음에도 불구하고 판사가 그람시의 두뇌를 20년간 영원히 못 쓰게 해야 한다고 주장할 만큼 그람시는 파시스트 정권의 문제아였다. 그런 이유로 그람시는 파시스트 정권의 특별법정에서 20년 형을 선고받고, 테라치니와 공산당 동지들과 함께 영어의 몸으로 비합법정당을 이끌어야 하는 처지에 놓이게 되었다.

　이때부터 그람시의 길고 긴 감옥에서의 투쟁이 시작되었다. 선천적인 허약함이나 신체적 결함 등의 문제뿐만이 아니라, 외부와의 차단과 국내외적 상황에 대한 단절이라는 악조건에서 그람시는 《옥중수고》를 집필하기 시작하였다. 1929년 2월부터 시작된 《옥중수고》는 그람시 사상의 결정판이자 어쩌면 외부세계와 단절되어 볼 수 있게 된 그람시의 순수하고 온전한 정치사상서이자 비평서이다.《옥중수고》집필은 그람시가 감옥에서 죽기 전까지 계속되었으며, 다양한 주제와 정치적인 함의들을 담고 있는 저작으로 평가받고 있다.

그람시가《옥중수고》에서 집약하여 전달하고자 했던 사상 체계와 주제는 일관된 것이라고 평가할 수 있다. 비록 후대의 비평가들과 그람시 연구가들이 조금씩 다른 평가와 해석을 하고 있기는 하지만, 그람시가 가졌던 일관된 문제의식은 필자가 보기에 다음과 같은 것이었다. 첫째, 그람시는 이탈리아의 역사 안에서 이탈리아 지배계급의 권력 유지가 가능했던 이유와 원인을 찾고자 했다. 흔히 이야기하듯 국제적인 시각에서 자본주의 체제 전반에 대한 검토와 분석을 한 책이라는 평가는 다소 과장된 측면이 있다. 둘째, 그람시는 지식인의 역할과 지식인들이 추구하고 지배계급이 유지하고자 하는 헤게모니라는 개념의 발전에 주목하였다. 이는 러시아혁명의 성공과 1919년에서 20년 사이 유럽 국가들에서 실패한 사회주의 혁명 간의 차이를 이해하고 사회 구성의 성격에 대한 근본적인 차이점을 제시한 중요한 출발점이었다. 셋째, 이러한 일련의 연구를 통해 현재의 지배계급의 질서를 해체하고 새로운 국가와 사회의 건설을 위해 필요한 전략과 전술을 구체적이고 기존의 마르크스주의자들과는 다른 방식으로 제기하고 있다는 점이다. 다시 말해, 기존의 헤게모니를 대체하기 위한 대항 헤게모니를 구축하기 위해 필요한 노동자와 농민의 동맹, 이를 위해 경제적인 측면의 계급투쟁 문제로 국한시키기보다는 의식과 문화의 형성이라는 측면을 더욱 강조하는 전술의 채택을 주장하였다.

이러한 주장의 뒷받침을 위해 필자는 그람시의 이론 중에서 마키아벨리와 비교될 수 있는 다양한 이론과 개념을 재구성하고자 한다. 그람시의 생애에 대해 지나치게 자세히 소개하지 않았던 이유의 하나는 그의 사상에 대한 잘못된 편견을 심어 주거나 오해를 불러일으킬 소지가 있어 사전에 차단하기 위함이다. 물론 그람시는 삶 자체만으로도 현대인들에게 무한한 감동을 줄 수 있는 인물이다. 그러나 그람시를 이해하는 더 바람직한 방식은 감동적인 삶을 살았던 한 인간이라는 측면보다는 그러한 험난한 시대를 헤쳐 나가면서 가졌던 그의 문제의식과 실천의 방식이며, 그가 후대를 위해 남겼던 유산이라고 할 수 있는 위대한 저작에 대한 현재적인 재구성일 것이다. 이제 그람시가 남긴 사상과 이론 및 다양한 개념이 어떤 의미를 가지고 있는가를 간략하게 살펴보자.

그람시가 선고받은 20년 4개월 5일의 형은 건강의 악화와 국제적인 사면 요구 등으로 끝까지 지속되지는 않았지만, 생명의 소생 가능성이 거의 사라진 뒤에야 파시스트 정권이 그람시를 석방시킨 것은 그가 가진 지적이고 이데올로기적인 능력에 대한 두려움과 공포에서 기인한 것이었다. 결국 그는 47세라는 젊은 나이에 생을 마감했고, 그가 남긴 위대함은 오늘이라는 시간 안에서도 여전히 커다란 여운과 생각할 거리를 주고 있다.

그람시가 남긴 유산

그람시의 유산을 한국적으로 이야기한다는 것 자체가 어쩌면 어울리지 않는 표현일지도 모른다. 그는 자신의 사상과 이론을 이탈리아화하는 데는 성공했을지 몰라도 미국화하거나 세계화하는 수준까지는 나아가지 못했기 때문이다. 그람시가 자신의 이론과 주요 개념을 정리하여 쓴 일차적 저작(전반기의 글들과 후반기의 《옥중수고》를 포함한 전체)은 아직까지도 완전하게 전체 번역되지 않고 있다. 그나마 이탈리아 인접 국가인 프랑스어와 독일어로는 많이 번역되었는데, 영어와 일본어로는 일정 수준 이상을 넘어서지 못하고 있는 실정이다. 주로《옥중수고》와 서간집이나 《옥중수고》 이전 글들을 선별해 번역하는 정도다.

그러나 실제로 그람시가 남긴 글은 A4 용지를 기준으로 대략 8,000에서 9,000쪽에 달한다. 학문적 수준에서 본격적으로 글을 남긴 것은 1914년일 것이라 추정하고 있다. 이후에는 거의 모든 분야에 걸쳐 글을 썼고, 잡다한 수준의 칼럼에서부터 이론적 정교함을 갖춘 체계적인 글까지 단편적이거나 논문 형식으로 수많은 글을 남겼다. 우리에게 비교적 자세하고 빈번하게 소개된《옥중수고》는 파시스트 감옥에서 자신의 마지막 생을 정리하는 과정에서 자신의 사상과 생각을 비교적 체계적으로 정리한 수고집이다.

그의 글은 크게 시기와 종류로 분류해 볼 수 있다. 먼저 시기적으로는 체포되기 전후로 나눌 수 있고, 종류로는 문화평론과 정치평론 및 이론적 글과 수필적 글, 그리고 서간문 등으로 나눌 수 있다. 체포되기 전에 썼던 글은 편지를 모은 1권 분량의 서간집과 에이나우디(Einaudi) 출판사에서 연도별로 정리하여 출간한 5권 분량의 글이 있다. 이 시리즈는 1914년부터 26년 파시스트에 체포되기 전까지 각 시기의 주요 사건을 편집해 놓은 것이다.

이 시리즈를 순서대로 열거하면 다음과 같다.《상징 탑 아래서 (Sotto la Mole)》(1972),《젊은 날의 글(Scritti giovanili)》(1972),《신질서(1919-1920)》(1972),《사회주의와 파시즘-신질서[Socialismo e fascismo-l'Ordine nuovo(1921-1922)]》(1972),《이탈리아공산당 창당[La costruzione del Partito Comunista(1923-1926)]》(1972). 이 5권의 시리즈는 나름대로의 특징이 있다. 특히 그람시 사상과 이론의 점진적 변화를 보여 주는 글로 볼 수 있기 때문에 여기에 수록된 글들은 초기 그람시의 사상적 기반과 이론적 개념들에 대한 동기를 찾아볼 수 있다는 점에서 의미심장하다.

먼저《상징 탑 아래서》는 그람시가 토리노에서 문화평론가로 활동할 때 쓴 글들로 문화와 관련된 수필이나 평론을 모은 책이다. 초기 그람시의 문화적 관점을 잘 알 수 있다. 그람시가 다소 거칠지만 재기 넘치는 은유적 표현을 많이 사용했다는 것도 알 수 있고, 독특한 글체도 많이 발견할 수 있는 책이다.

두 번째 《젊은 날의 글》은 1914년 그람시에게 후일 '전쟁 개입주의 자'라는 불명예를 안긴 〈능동적이고 절대적 중립〉이라는 글이 첫머리에 실린 책으로 1918년까지의 문화평론과 정치평론을 묶어 놓은 것이다. 이 책에서 초기 그람시가 성숙되지 않은 사회주의의 영향을 어떤 식으로 전개해 나가고 있는지를 볼 수 있으며, 그의 사상적이고 개념적인 단초들도 언뜻언뜻 볼 수 있다.

세 번째 《신질서》는 1919년 톨리아티, 타스카, 테라치니 등과 구상했던 새로운 시대의 사회주의 문화지라 평가할 수 있는 《신질서》에 실린 글들을 묶은 것이다. 그람시가 초기 생각했던 사회주의 성격을 그대로 보여 주는 글이 많이 수록되어 있다. 특히 공장평의회 운동을 전개하면서 자신이 생각하던 노동자운동과 조직에 대해 직접적으로 언급한 글들이 담겨 있으며, 초기 프롤레타리아 노동계급과 공산주의 혁명에 대한 사상적 발전 과정도 잘 보여 주는 책이다.

네 번째 《사회주의와 파시즘-신질서》에는 그람시의 초기 공산주의 사상과 국가에 대한 분석 등을 잘 보여 주는 글이 많이 수록되어 있다. 특히 이탈리아적인 것에서 국제적인 것으로 그람시의 시각이 확장되었음을 보여 주는 글들과, 더 확장된 국제공산주의 노동운동과 관련된 글들이 수록되어 있다. 파시즘의 등장과 발전 과정에 대한 예리한 분석은 저개발국가나 아직 자본주의가 정착하지 않은 국가와 사회를 분석하는 모범이 되어 주었다. 그런 점에서 이 책의 의의는 크다.

끝으로 《이탈리아공산당 창당》은 그람시가 이탈리아공산당을 이끌면서 정당 지도자로서 그리고 국회의원으로서 현실정치 속에서 느낀 것들을 가감 없이 전달하고 있다. 권력의 쟁취와 유지라는 측면에서 이론적 공고화를 시도했던 글들도 보인다. 여기에는 헤게모니 개념의 단초로서 남부문제에 대한 그람시의 평론이 실려 있으며, 아울러 이탈리아 국내외 정치적 상황을 정교하게 분석한 글들과 향후 자신이 하나의 이론으로 발전시키려던 개념들을 언급한 글들도 수록되어 있다.

이 책들은 다시 옥중에서 또 다른 형식과 내용으로 모아지게 된다. 수감 기간 동안 썼던 서간문과 《옥중수고》가 그것이다. 특히 주요한 저작인 《옥중수고》는 모두 33권의 노트에 총 2840여 쪽 분량이다. 이 책은 처음 출간되었을 때부터 논란의 여지가 많았다. 당시 편집 책임자였던 톨리아티의 자의적 판단에 따라 가감이 많았기 때문이다. 다시 5개의 주제(Machiavelli, Risorgimento, Passato e presente, Letteratura e vita nazionale, Gli intellettuali e l'organizzazione della cultura)로 분류되어 1960년대에 출판되었고, 이를 다시 보완하여 연대기 순으로 에이나우디 출판사에서 총 4권으로 출간되었다.

이렇듯 그람시는 많은 글을 남겼다. 하지만 여전히 그람시가 어떤 생각과 개념을 진정으로 말하려고 했는지 정확히 모른다고 하는 편이 더 정확할 것이다. 생전에 남긴 글 역시 아직 정확히 평가가 되지 않은 시점에서 이차적 자료나 시각으로 접근해야 하는 우리로서는 그람시가 더더욱 난해한 서양의 사상가이자 더욱이 필요할 때만 자의적으로 인용할 수 있는 그런 사상가로 비칠 따름이다. 그저 우리가 그를 이해하는 데 있어 중요하게 생각해야 할 부분이 있다면 이탈리아의 상황과 역사다.

그람시는 자신이 살았던 격동의 시대만큼이나 이탈리아 상황을 자기 사고의 중심으로 삼았다. 갓 통일한 이탈리아의 여러 사회 문제를 몸소 체험하면서 자신의 사상을 구체화하였다. 통일이 되었다고는 하나 여전히 존재하는 지방 중심적인 사회구조, 북부의 산업과 남부 농업의 불일치에서 오는 지역문제인 '남부문제', 유럽의 열강들에 둘러싸인 이탈리아의 현실, 급속한 자본가계급의 성장 등을 보면서 말이다. 하지만 노동자계급과 농민계급, 대중이 중심이 된 일반 계층은 아무런 대책이나 전략을 세울 수 없었다. 새로운 대중문화가 필요하던 시기에 대항 헤게모니를 창출할 수 없었던 이들의 무기력함은 흔들리는 이탈리아의 내외적 사회구조 속에서 새로운 정치체제의 구축이나 창출이 갖는 역사적인 의미를 축소시켜 버렸다. 이러한 현실을 목도하면서 그람시는 이탈리아 사회의 구조적이고 사회적인 문제까지 근본적으로 고민하고 성찰할 필요성을 재인식하게 되었다.

그의 문제 제기와 고민은 이처럼 이탈리아적인 상황에서 출발했다. 그람시가 전형적인 남부 농촌사회이자 봉건적 사회구조의 사르데냐라는 섬에서 성장하면서 가졌던 '사르데냐주의'를 벗어던질 수 있었던 것은 '남부문제'라는 지역문제에 대한 관심이 계기였다. 협소한 민족주의적인 시각을 벗어 던지고 '남부문제'라는 더 확장된 문제의식으로 전환한 것이다. 그리고 이것을 이탈리아적인 구조와 사회 모순에 대한 연구와 분석의 실마리로 삼았다.

또한 노동자들과 접하면서 노동운동이라는 틀에서 프롤레타리아계급동맹의 문제와 국가 지배 구조를 파악했다. 훗날 그람시의 문제의식이 정치권력의 획득 문제로 발전하게 되는 계기를 부여했다. 지배계급이나 산업자본가들에게 대항하기 위해서 노동자들만의 새로운 문화 필요성을 역설하고, 새로운 문화의 토대가 되는 '실천철학'을 전개하였다. 또한 모스크바 시절부터 국제적인 차원에서 노동운동의 지평을 확장하고 새로운 문화를 조직하는 것을 고민하면서 그람시는 점차 국제적인 노동운동가의 모습을 갖추어 갔다. 이후 국회의원이 되어 현실정치 세계를 경험하면서 더 구체적으로 국가와 국가권력의 문제를 고민하게 되었고, 이것은 자신의 사상 체계를 총체적으로 정리해야 할 필요성으로 연결되었다.

그러한 필요성의 계기는 외부로부터 찾아왔다. 파시즘에 의해 체포되면서 자연스럽게 자신의 생각과 개념들을 정리할 시간을 갖게 된 것이다. 그 결과물이 바로《옥중수고》다. 이 책은 편집 과정과 내용상의 논란에도 불구하고 그람시 사상을 집약한 것으로 평가받고 있다. 비록 미완성 수고이지만 비교적 이론적인 일관성을 보이고 있다. 따라서 이 책의 체계적인 연구와 독해야말로 그람시를 더 총체적으로 해석할 수 있고, 반쪽짜리 그람시를 온전하게 그려 낼 수 있는 방법이다.

《옥중수고》에는 이전부터 그람시가 보여 왔던 관심과 개념들을 더 발전시킨 부분들도 있어서, 전기와 후기 그람시의 연속성을 주장하는 학자들의 근거가 되기도 한다. 그러나 일면 전기의 이론적인 부분과 설명들과 다소 반대적인 내용도 나타나고 있기 때문에 전기 그람시와 후기 그람시를 분절시키는 근거로 활용되기도 하는 학문적인 아이러니도 존재한다. 그렇더라도《옥중수고》는 그람시 사상을 정리한 저서라는 점에서 중요한 의미를 갖는다.

그람시는《옥중수고》를 통해 적어도 다음과 같은 점들을 말하려고 했던 것으로 평가받는다. 이탈리아적인 특수 상황이 구체적이고 현실적인 정치세계나 정치이론에 커다란 동기를 부여할 수 있다고 믿었다. 이는 마치 정치학의 시조로 일컬어지는 마키아벨리가 이탈리아의 당대 현실을 통해 정치학을 당위의 학문으로 정립하고자 했던 것과 유사하다. 마키아벨리는 신학에 지배당함으로써 현실과 격리된 정치를 강하게 비판하고 통일 이탈리아를 꿈꾸면서 현재의 정치를 구현하고자 했다. 그람시는 이런 마키아벨리에게서 단서를 구했다. 정치학이라는 학문을 마르크스주의 안에서 현실의 학문으로, 구체성을 가진 토대의 학문으로 발전시키고자 한 것이다. 이런 그람시의 의지가 반영된 것이 《옥중수고》라는 평가다.

실제로 그람시는 헤게모니 개념 이외에도 자신이 전개하려던 많은 개념을 이탈리아의 역사 속에서 구했다. 지식인 개념, 마키아벨리의 신군주를 원용한 현대군주로서 정당의 역할과 기능, 진지전과 기동전에 대한 전술적 접근 방법, 역사적 블록의 개념, 국민적이고 대중적인 문화, 파시즘을 통한 국가 분석, 사회 지도 원리로서 오랜 역사적 전통을 가진 가톨릭에 대한 비판 등등을 바로 이탈리아 역사 속에서, 또 그 역사를 이끌었던 지식인들을 통해 구하고자 했던 것이다. 이는 그람시 이론이 왜 여전히 살아 있고, 앞으로도 생생하게 적용될 수 있는가에 대한 이유다. 역사의 순환성을 굳이 이론적으로 이야기하지 않더라도 현재 이후 전개될 역사 안에서 반복될 가능성이 충분하기 때문이다.

마치 한국의 이승만 시대부터 이어져 온 정부의 순환성이 이명박 정부에서 구현되었으며, 박정희 시대의 향기가 진하게 묻어나는 박근혜 정부의 탄생 역시 그러한 측면에서 일맥상통한다고 보아야 할 것이다. 그것은 대한민국 정부 수립 이후 지속되어 온 지배계급의 정치적이고 사회문화적인 친일 행위와 수구적인 이데올로기가 지속된다는 사실을 의미한다. 또한 뉴라이트의 등장과 그들에 의한 반공 이데올로기의 재확산, 그리고 개발과 성장이라는 박정희 식 국가 운영 논리는 지배계급 헤게모니의 재생산에 다름 아닌 것이다.

사회주의나 공산주의란 용어를 이미 역사의 박물관에나 전시될 개념으로 치부해 버리는 한국 사회에서 그람시를 현재의 시점에서 어떻게 읽어야 하는가의 문제는 너무나 진부해 보일지 모른다. 그람시가 제시했던 많은 개념과 이론이 21세기 신자유주의를 완벽하게 구현하고 있는 한국에서는 그 어떤 학문적 의미도 갖지 못할 것이기 때문이다. 그러나 찬찬히 살펴보면 그람시가 제기했던 많은 논의와 개념이 우리 사회 곳곳에서 충분히 적용 가능하다는 사실을 분명하게 알 수 있다.

그람시가 가장 먼저 관심을 두었던 '남부문제'는 영호남의 지역문제 외에도 통일 후 남과 북의 지역 격차와 차이성을 극복하는 데 중요한 사례가 될 수 있다. 토리노에서의 노동자운동을 통해 그가 구현하고자 했던 새로운 문화로서 '신질서'는 급변하는 산업사회에서 노동자계급에 적합한 '신사회 운동'의 성격을 갖는다고 볼 수 있다. 더불어 공장평의회라는 노동자 조직은 신자유주의라는 거대한 파고에 맞서서 노동자계급의 연대와 동맹을 국제적인 차원으로 발전시켜야 할 우리 노동운동의 현실에도 적합한 것으로 평가받을 수 있을 것이다.

그람시는 공장평의회를 통한 새로운 정당과 국가 건설의 목표를 달성하는 데 실패한 이후 새로운 대항 헤게모니의 구축이라는 측면에서 문화의 조직화와 국민이라는 개념에 바탕을 둔 대중문화의 형성에 힘을 쏟았다. 정체성이 허약하고 불분명한 한국 문화의 새로운 형성을 위해서도 이런 그람시의 궤적은 충분히 고려할 필요가 있을 것이다.

그람시는 혼란과 위기에 빠진 1920년대 이탈리아의 현실을 직시하고 정치체로서 파시즘의 실체를 가장 먼저 파악하고 이해했던 인물이었다. 자신이 살고 있는 국가 구조를 파악하여 그에 적합한 운동 방식을 창출하고, 다가오는 위기에 대항하려고 노력했다. 이런 그의 노력은 현재 대한민국의 정체성과 관련하여 의미 있는 암시를 하고 있다.

그것은 성장과 발전 이데올로기, 반공 이데올로기의 재생산과 확대, 미국 없는 독자 생존 불가능 등 기존 지배 논리를 그 어느 것 하나 해체시키지 못하고 있는 현실에 맞설, 기존과 전혀 다른 혁신적인 대항 헤게모니가 절실함을 우리에게 일깨우고 있다는 점에서 그렇다. 이를 위해 우리는 역사적 블록, 지식인, 실천철학, 시민사회론 등 그의 주요 개념을 원용할 필요가 있는 것이다.[29]

3
시대를 넘어 마주한
그람시와
마키아벨리

마키아벨리 시대와 그람시의 시대

　마키아벨리(1469-1527년)가 살았던 당시 이탈리아, 특히 피렌체는 르네상스의 절정기를 넘어 퇴락기에 들어서고 있었다. 공화정이라는 정치체 자체의 위기와 사회적인 혼란을 어느 정도 겪고 있었다. 그러한 위기를 극복하기 위해 도미니크 수사회의 사보나롤라와 같은 이들은 극단적인 사회 개혁을 추진하기도 했다. 그러나 사보나롤라의 사회 개혁이 실패하고, 사보나롤라마저 화형에 처해지면서 사회의 혼란은 지속되었다. 이러한 상황에서 마키아벨리는 29세에 제2서기관이라는 한 직으로 관료 생활을 시작했다. 피렌체를 통치하는 시뇨리아(Signoria) 체제의 외교와 국방 행정관의 비서관으로 시작하여, 국방 행정관의 직무를 대신하는 직업적인 외교관으로 일했다.

　이 시기 마키아벨리는 대사 대신에 외교사절의 임무를 띠고 1500년에 약 5개월간 프랑스에 체류하면서 외교관의 역할을 수행한다. 아마 이 시기에 열망하던 군주와 통일제국에 대해 생각하게 된 것이 아닌가

싶다. 이후 피렌체로 돌아온 마키아벨리는 체사레 보르자의 야심으로 피렌체가 위기에 놓이게 된 것을 알았다. 보르자는 중부 이탈리아에 공국을 건국하려는 야심을 가진 인물로 주변 측근들까지도 무자비하게 다루었던 잔악한 군주의 전형이었다. 이런 보르자를 보면서 마키아벨리는 '수단이 목적을 정당화한다'는 명제를 가슴 깊이 새겼을 것이다. 실제로 이 시기의 경험을 〈발렌티노 대공의 비텔로초 처형에 관하여(Descrizione del modo tenuto dal Duca Valentino nello ammazzare Vitellozzo)〉라는 글로 표현하고 있다.

마키아벨리가 보르자라는 인물에 영감을 받아 절대군주 아래 통일된 이탈리아를 꿈꾸게 된 것은 피렌체의 위기를 몸소 경험하면서 느낀 것이 있어서였을 것이다. 그러나 보르자는 교황 알렉산드로 6세의 갑작스런 죽음 이후 후임 교황에 선출되는 데 실패하였다. 반대편 인물이자 보르자의 경쟁자였던 줄리아노 델라 로베레 추기경이 율리우스 2세로 추대되었다. 그 사이 피렌체에서는 소데리니(Soderini)가 종신 최고행정관에 선출되었는데, 소데리니는 마키아벨리의 능력을 높이 샀던 인물이었다.

소데리니의 신임을 얻은 마키아벨리는 피렌체의 여러 제도를 개혁하고자 했다. 가장 먼저 바꾸려던 분야는 국방, 그것도 외국의 용병에 의지하고 있던 군역제도의 개편이었다. 당시 이탈리아의 많은 자치도시(Commune)는 오랫동안 도시의 수비와 안보를 용병들에게 의존하고 있었다. 이에 대해 마키아벨리는 상당히 불만을 느끼고 있었다. 마키아벨리는 지역별로 차출하는 징병제를 고안했던 보르자의 군역제도에 영향을 받아 징병에 의한 국민개병제 형태의 민병대 신설을 추진하였다. 몇 가지 난관과 어려움에도 불구하고 1505년 법률을 만드는 데 성공했으며, 다음 해에는 민병대 통제를 위한 '9인 위원회'가 설치되어 마키아벨리가 위원장에 임명되었다. 이러한 군역제도의 개편을 바탕으로 소기의 성과를 냈고, 교황을 도와 볼로냐를 공격하여 굴복시킴으로써 교황령을 보호하기도 했다.

이후에도 1507년 12월 신성로마제국의 막시밀리안 1세의 이탈리아 침략 계획에 맞서 독일에 대한 정치적인 분석[《독일에 관한 보고서 (Rapporto delle cose della Magna)》(1508)]을 했고, 프랑스와의 동맹 등을 성사시키기 위해 노력도 하였다. 1509년 6월 8일에는 피렌체의 오랜 숙원이었던 이웃 도시국가 피사(Pisa)를 되찾는 눈부신 성과도 보였다.

그러나 마키아벨리에게 커다란 시련과 불운이 시작되었다. 신성로마제국과 프랑스 등이 주도하는 공의회가 피사에서 열리면서 피렌체의 충성심에 대한 교황의 의심이 커져 갔고, 마키아벨리의 노력으로 공의회가 해체되었음에도 교황 율리우스 2세는 피렌체 침공을 결의하고 행동에 옮겼다. 이에 피렌체는 1512년 최고행정관 소데리니를 축출하였고, 피렌체는 다시 메디치 가문이 지배하게 되었다. 이 과정에서 마키아벨리는 메디치 가문으로부터 반역자의 누명을 쓰게 되었고, 1513년 초 기소되어 투옥되었다. 출옥 후에도 상황은 나아지지 않았고, 율리우스 2세가 사망한 뒤 메디치 가문의 조반니 데 메디치가 교황 레오 10세가 되었다. 마키아벨리는 피렌체 시가 내려다보이는 피에솔레(PieSole) 언덕의 사유지에 은둔하면서 1513년의 봄부터 가을 사이에 자신의 대표 저작이자 정치학의 역사를 새로이 시작하게 한《군주론》과《티투스 리비우스의 첫 번째 10권에 관한 논문》을 집필하였다.

간결하고, 기존 정치학 서적들과 다른 방법론으로 서술된《군주론》은 2013년에 집필 500주년을 맞았다. 지극히 현실적인 문제를 정치적으로 탁월하게 해석한 이 책은 근대 정치학을 알리는 기념비적인 책이 되었고, 오늘날 정치학 공부를 시작할 때 가장 먼저 읽어야 할 책이기도 하다. 그렇다면 《군주론》과 《티투스 리비우스의 첫 번째 10권에 관한 논문》은 어째서 500년이 지난 지금까지도 여전히 중요하고 정치학자들의 필독서가 되었을까? 아마 그람시도 이런 질문을 했을 것이다.

마키아벨리는 조국이 주변 열강들로부터 끊임없이 침탈을 당하는 현실에서 이탈리아의 통일과 새로운 통일국가로서 이탈리아를 위한 자신의 고민과 해결책을 두 책에 담고자 했다. 그것은 1920년대 새로운 이탈리아—비록 그것이 프롤레타리아에 기반을 둔 사회주의 국가였을지라도—의 발전과 미래를 위한 그람시의 고뇌와 유사했다고 볼 수 있다.

그러나 마키아벨리의 두 저서는 저서 자체의 탁월함에도 불구하고 변화된 환경과 정치 지형으로 인해 채택되지도 주목받지도 못하였다. 자신에게 반역의 눈초리를 겨누고 있던 메디치 가문에 의해 철저히 배제되고 무시당했다. 그러나 피렌체는 언제나 마키아벨리의 생각이 통하는 곳이었다. 지배계급들에게도 마찬가지였다. 어지럽고 위기에 처한 피렌체, 그리고 나아가 이탈리아를 위해서는 이탈리아를 통합하고 통일을 이룩할 수 있는 위대한 군주—그 군주는 중세의 왕이나 교황과는 다른 계몽적이고 절대적인 권한을 가진 절대군주이어야 했다—가 필요했다.

그러한 시대적 배경에서 마키아벨리가 열망했던 군주의 전형은 시대를 평정하고 대의를 위해 자신의 명예나 사심을 버리는, 민중을 위하고 민중에게 위안을 줄 수 있는 새로운 군주였을 것이다. 그 군주는 비록 냉혹한 정치기술이나 정치수단을 갖고 있는 인간이기는 했지만,

당대의 환경과 국가가 요구하는 권력에 조응할 줄 알면서, 국가권력을 가장 합리적이고 정의로운 대의에 사용할 수 있는 이성적인 군주다. 그런 이유로 마키아벨리는 서양의 근대 지성사에서 국가론의 가장 핵심적인 기반이 되었던 '국가이성' 개념의 창시자라는 평가를 받기도 한다.[30]

그러나 마키아벨리는 정치적인 면에서 그다지 운이 따르는 사람은 아니었다. 로렌초 데 메디치에게 헌정하고자 했던 《군주론》은 로렌초에게 전달되지 않았을 뿐만 아니라, 피렌체가 아닌 로마의 교황들이 마키아벨리를 더 인정하게 되면서, 피렌체를 통해 이루려던 마키아벨리의 꿈은 쉽사리 실현되지 않았다. 1520년 11월부터 마키아벨리는 한동안 피렌체대학교에서 공화국의 사료편찬관으로 임명되어 일했다. 23년에는 마키아벨리에게 관대하고 우호적이었던 피렌체의 줄리오 추기경이 교황 아드리안 6세의 요절로 클레멘스 7세라는 이름으로 새로운 교황이 되었다. 26년 4월에 마키아벨리는 '5인 위원회'의 위원장이 되었다. 27년 5월 신성로마제국의 카알 5세의 스페인군이 로마를 점령하면서 피렌체에서 메디치 가문이 추방되고 다시 공화국 본연의 자유가 도래하기도 하였지만 거기까지였다. 여러 가지 미미한 이유로 마키아벨리의 이상은 희석되고 복직도 거절당했다. 이로부터 1개월이 채 지나기도 전에 마키아벨리는 결국 병사하고 만다.

새로운 시대를 향한 마키아벨리의 열망과 이상은 당대의 환경이나 상황이 허락하기에는 어쩌면 너무나 큰 것이었을지 모른다. 그것은 몇백 년이 지난 뒤에 그람시가 마주했던 시대 상황과도 그다지 다르지 않았다. 이상과 현실의 괴리에서 고민하고 실천하고자 했던 마키아벨리와 1920년대 이탈리아 속 그람시 상황이 그리 크게 다르지 않았던 것은 여러 가지를 생각하게 해 준다.

그람시가 태어났던 19세기 말의 이탈리아는 이제 막 통일을 이룩한 신생 국가였으며, 유럽 민족주의 파고 속에서 부국강병을 위해 기존 강대국들과 치열한 경쟁을 벌여야 했다. 그러나 현실은 좀 더 냉엄하였고, 이탈리아에 비협조적이었다. 피에몬테의 온건자유주의자들에 의해 추진된 국가 발전은 통합된 국가로 나아간 것이 아니라 지역 간의 격차를 더욱 벌어지게 만들면서 외형적인 모습만을 바꾸는 데 지나지 않았다. 그러한 착각으로 인해 결국 이탈리아는 1차 대전에 서둘러 참전하는 우를 범하였다.

연합국 일원으로 늦게 참전한 이탈리아는 오스트리아를 상대하는 임무를 맡았다. 그러나 상처뿐인 영광이라는 결과를 초래하였는데, 전쟁 준비가 되어 있지 않은 이탈리아가 갑자기 전쟁으로 내몰리자 많은 손실이 발생하였다. 많은 이가 전선에서 사라져 갔으며, 군수물자를 위해 국민은 궁핍한 삶을 감수해야 했다. 1917년 10월의 카포레토(Caporetto)전투에서 치욕의 패배를 당하면서 이탈리아는 최대 위기를 맞는다. 이 위기를 타개하고자 당시 수상이던 졸리티(Giolitti)가 물러나고 오를란도(Orlando)가 새 수상에 취임하였다. 전투에서 패배했지만 결국 이탈리아는 승전국이 되었다.

인명 손실이 컸지만, 승전국으로서 이탈리아는 놀랄 만한 경제 성장을 이룩하였다. 군수산업이 성장의 중심이었고, 이것은 곧이어 강력한 이탈리아라는 신화적 허상으로 표출되었다. 민족주의자들이 중심이 되어 고취한 애국심과 국가라는 단어는 당시의 자유주의나 사회주의 같은 이념들을 내몰기에 충분한 영향력을 갖고 있었다. 이런 분위기는 결국 1919년과 20년, '붉은 2년'의 혁명 기간 이후 등장하는 파시즘의 빌미가 되었다.

1917년 러시아혁명의 여파는 너무나 컸다. 사실상 1차 대전은 승자나 패자도 없이 러시아혁명의 파고가 서유럽에 도달하는 것을 막기 위해 서둘러 종결되었다. 그러나 이탈리아에는 너무나 커다란 상처를 입히고 말았다.

전쟁에서 보여 준 이탈리아는 강대국으로 도약하여 유럽의 정치 지형에 등장하기에는 군사적으로나 국가적으로 너무나 부족한 허울뿐인 국가였다. 승전국이라고는 하지만 원하던 영토 회복은 불가능해졌다. 수많은 참전 군인의 불만과 높은 실업률 등은 러시아혁명 전의 혼란스런 모습 그대로였다. 이탈리아가 러시아처럼 사회주의 국가로 전환되는 것이 아니냐라는 우려와 공포감을 자아내기에 충분한 상황이었다.

러시아혁명은 유럽에 커다란 파장을 몰고 왔고, 지식인들과 노동자들은 도래할 혁명을 의심치 않았다. 혁명은 숙명적 사건에 불과할 뿐이라고 거의 모든 이가 믿었다. 이탈리아 노동자들 역시 혁명의 도래를 확신하였고, 혁명적 노조주의자들은 운동의 주도권을 다시 넘겨받았다. 전국 각지에서 파업과 공장 점거 등의 투쟁이 일어났고, 이에 영향을 받아 각 지역에는 자치정부들이 생겨나기 시작하였다. 1919년에는 100만이 넘는 이가 파업에 동참할 정도로 수많은 이가 혁명을 기다리고 있었다. 그러나 혁명은 오지 않았으며, 오히려 반동의 파고가 기다리고 있을 뿐이었다.

파시즘이라는 현상이 갑자기 하나의 정치적 사실로, 이념으로 그리고 실체로 등장하게 된 게 바로 이 시기였다. 혁명 분위기를 우려하던 산업자본가와 우익세력은 이를 저지하기 위해 새로운 세력에게 이탈리아를 맡기려 했고, 이에 합당한 세력이 바로 민족주의 극우세력인 파시스트였다. 상황이 이렇게 된 데에는 러시아에서의 혁명 성공과 서유럽 어느 지역에서도 혁명이 가능하다는 생각이었다. 이탈리아 역시 좌파 성향의 지식인들과 노동자들을 중심으로 혁명을 준비하고 있었다. 그러나 지나치게 혁명을 낙관한 나머지 운동의 방향이 수동적으로 흘렀고, 아무 대책이나 준비 없이 혁명을 기다리고만 있었다. 더군다나 정치적 상황은 노동자들에게 더욱 유리한 방향으로 흐르는 듯했다.

1918년 12월, 모든 성인 남자에게 보통선거권이 주어져 이듬해 11월 선거에서 사회당은 200만 표 이상을 획득, 총 159석을 차지함으로써 제1정당이 되었다. 1913년 설립된 가톨릭인민당 역시 100석을 차지함으로써 자유주의 정부는 붕괴되는 것처럼 보였다. 또한 토리노에서는 피아트를 중심으로 한 공장들의 내부위원회가 강화되었고, 그람시 등이 주도하는 이탈리아의 소비에트 조직인 공장평의회가 급속하게 확산되고 있었다. 그러나 북부에서 노동자 세력의 확대와 정치권력 강화는 전후 불어닥친 경제적 위기와 더불어 좀 더 폭력적인 무장봉기의 형태로 이어졌다. 특히 1919년에 들어서면서 경제위기는 북부와 중부에서 식료품 소동으로 이어졌고, 급기야 상점에 대한 약탈과 방화가 잇따랐다. 지방에 대한 중앙정부의 통제력이 약화되면서 전국 각지에는 자유주의 성향의 자치정부가 들어섰고, 수많은 파업과 투쟁에 100만 명이 넘는 인원이 참가했다. 1919년과 20년에도 이런 상황이 계속되었고, 노동자가 중심이 되는 사회주의 혁명이 일어날 분위기로 이어졌다.

그러나 이 모든 운동은 실패로 돌아간다. 이것은 일련의 운동이 혁명의 파고가 절정에 달했던 순간에 조직적이고 전국적인 차원에서 일어난 것이 아니라, 혁명의 파고가 밀려나고 있던 시점에서 비조직적이고 국지적인 차원에서 일어났다는 것을 의미했다. 특히 노동운동의 비조직화와 정체성 문제가 이 시기에 심각하게 대두되었으며, 노동 조직 재건과 정치 지도력 부재가 이탈리아 노동운동에 새로운 문제로 떠올랐다. 그런데 그러한 문제를 해결하기도 전에 내부 상황이 더욱 심각해진 것이다. 바로 파시즘의 출현과 무솔리니의 집권이었다.

20세기 초까지만 해도 파시즘이란 존재하지 않았다. 파쇼란 명칭의 각종 사회단체는 있었지만 그나마 사회주의 계열의 단체들이 주를 이루었다. 이탈리아어로 파쇼(fascio)란 '연대'를 의미한다. 전체적이고 군국적인 의미를 띠기 시작한 것은 무솔리니가 1919년 밀라노에서 발족한 '전투연대'라는 단체를 이끌면서였다. 19년 선거에서 전투연대는 단 한 명의 당선자도 내지 못했고, 무솔리니도 자신의 고향에서 낙선하는 사태가 벌어졌다. 이후 무솔리니는 다소 사회주의적이었던 성향의 단체를 우익단체로 탈바꿈시켰고, 이때부터 이 단체는 전체주의와 군국주의적 성격을 본격적으로 띠기 시작했다. 그리고 전국적인 규모의 정당조직이자 운동단체로 성장해 갔다.

이런 파쇼가 하나의 사회적 현상 그리고 하나의 주의(主義)로 자리 잡게 된 것은 국가의 묵인과 겉으로 드러나지 않은 자본가들의 지원에 기인한 결과였다. 사회주의를 공공의 적으로 간주하면서 국가와 애국심을 주된 지향점이자 대상으로 삼은 것이다. 사회주의 국가에 대한 두려움에 싸인 지배계급과 승전국임에도 부당한 대우에 지극히 불만을 품고 있던 군인 및 극우 보수주의 성향의 국민에게는 충분한 위력을 발휘하는 전략이었다. 더욱이 승전국인데도 이탈리아는 그토록 원하던 옛 영토를 되찾지 못했다. 파리평화협정에서 이탈리아는 트렌토, 남부 트롤, 이스트라(Istra)를 얻기는 했지만, 그토록 원하던 피우메

(Fiume)와 달마치아(D'Almazia)를 얻는 데는 실패하였다. 이에 단눈치오 (D'Annunzio)[31]라는 우익 성향의 민족주의 문학가가 의용대를 이끌고 피우메를 점령하면서 이탈리아 전역은 애국심과 강대국 이탈리아의 모습에 열광하였다. 이를 고취시킨 것은 단눈치오 같은 민족주의 계열 의 우익 인사들이었지만, 결국 이를 지원했던 것은 당시의 정치가들과 산업자본가들이었다.

이때까지도 파시즘은 여전히 사회주의 색채를 띠고 있었고, 피우메 점령과 같은 사건도 국가가 개입하여 해결한 극우적이고 반동적인 것 으로 여겨졌다. 무솔리니가 변화의 흐름을 감지한 것은 바로 이때였 다. 최초의 파시스트 단체인 전투연대가 1919년 밀라노에서 창설되었 을 때만 해도 상원제 폐지, 농민들을 위한 토지 분배, 유권자 중심 조 직 표방 등 강령 내용이 다분히 사회주의적이었다. 이는 무솔리니가 본래 사회당에서 정치 생활을 시작하였고, 사회당 기관지 《전진》에서 편집장으로 일했던 경력을 고려하면 당연한 것이기도 했다.

무솔리니가 전국적으로 많은 이의 지지와 지원을 받게 된 것은 1919 년 선거가 끝난 뒤였다. 단 한 명의 의원도 당선시키지 못한 정치단체 가 되자 무솔리니는 자본가들의 지원을 얻기 위해서 단눈치오의 예에 서 볼 수 있었듯이 우익으로의 전환이 필요하다고 판단했다. 결국 20 년 강령을 개정해 애국심, 국가, 전쟁 등과 같은 요소를 최우선시하여 우익과 보수의 지원을 구하고자 했다. 더군다나 사회주의 계열의 정당 과 노동조합 등이 국가의 위협 세력으로 인식되고 하루아침에 국가의 적으로 부상하기 시작했다. 공공의 불만과 욕구를 해소할 공격 대상이 되었다. 자본가들과 우익세력이 결집할 수 있는 여건이 마련되었던 것 이다.

파시즘의 부상은 바로 이와 같은 여러 정황과 맞물리면서 갑자기 전국적인 현상으로 퍼져 나갔다. 산업자본가들과 국가의 묵인과 지원은 사회당의 몰락, 그리고 아직 조직이 공고하지 못했던 사회주의 성향의 노동계급의 분열을 촉진시켰다. 파시스트들은 사회주의 계열의 정당과 언론, 그리고 노동자들을 집중 공격하여 그들의 사무실과 본부 및 저택 등을 방화하거나 파괴하였다. 이에 따라 사회주의 세력과 노동자들은 커다란 타격을 입었고, 1920년 20만 명이던 사회당의 당원 수가 22년 10월에는 2만 5000명이 안 될 정도로 급격하게 약화되었다. 더군다나 핵심 하부조직이었던 노동총동맹 역시 조합원 수가 200만 명에서 50만 명으로 줄어들었다.

노동자들에 대한 회유도 뒤따랐다. 파시스트들의 폭력을 목도한 많은 노동자가 위협에서 벗어나기 위해 점점 파시스트에게 협력하게 되었다. 특히 산업자본가들이 은행과 재정 지원 등을 통하여 정부를 장악하면서 노동자들은 체제 순응적인 태도를 보이게 된다. 이를 기회로 파시스트들은 자신들만의 노동조합을 볼로냐에서 창설하였다. 1922년 1월에 창설된 노동조합전국연맹은 노동운동의 파시스트화를 목적으로 삼았고, 정치적으로 노동자 중심인 사회당이나 공산당에 커다란 타격을 주었다.

파시스트의 불법적 폭력은 갈수록 더해 갔다. 파시스트 국민당의 당수인 무솔리니도 이를 통제하지 못할 정도로 파시스트 행동대원들의 폭력성은 전국적으로 확산되었다. 1922년 5월 1일 노동절에 사회주의 계열의 노동자와 정치가 10여 명이 파시스트의 공격을 받아 죽었다. 하지만, 정부는 국가의 안정과 번영이라는 미명하에 파시스트들에 의해 자행되는 폭력을 방관하고 오히려 동조하는 태도를 보였다. 파시스트의 폭력에 맞서 1922년 7월 31일 총파업이 선언되었지만, 노동총동맹 지도자들은 파업을 거부하였다. 때맞추어 파시스트의 역공이 시작되었다. 결국 대중에 의한 마지막 저항이라 할 수 있는 7월의 총파업은 실패로 돌아갔다.

이로써 파시스트에 의한 권력 장악은 기정사실화되었고, 1922년 10월 28일 나폴리에서 개최된 파시스트 전당대회에서 일단의 젊은 파시스트들이 군중에 의한 국가 수립이라는 구호를 외치면서 로마로 진군하여 관공서를 무력 충돌 없이 점령하는 사태가 벌어졌다. 당시 왕은 무장도 안 된 폭도들이었던 이 청년단원들을 진압하라는 명령을 내리지 않았다.[32] '로마 진군(Marcia su Roma)'이라는 이 사건은 이렇게 발생했고, 밀라노에 있던 무솔리니가 10월 30일 로마로 내려와 무혈 입성함으로써 39세 약관의 나이에 수상에 올랐다. 이로써 파시스트에 의한 합법적 지배가 가능할 수 있게 되었다.

권력에 오른 무솔리니는 국가의 번영과 안정을 위한 회유 정책과 입장을 견지하고 보수 세력과 자본가들, 그리고 가톨릭 세력에게 우호적인 태도를 보였다. 또한 파시즘의 철학과 사상적 기반을 위해 젠틸레(Giovanni Gentile)[33]를 앞세워 사상과 이념을 정비하고 크로체(Benedetto Croce)를 비롯한 자유주의자들과 단눈치오 같은 민족주의 계열의 보수적 우익 인사들 그리고 미래파들을 아울러 명실상부한 지배권력 집단으로 부상시켰다. 미래파는 1909년 마리네티(Marinetti)에 의해 선언된 미래주의 운동에 가담한 일련의 예술가들을 가리킨다. 마리네티와 함께 《예수의 생애》를 쓴 파피니(Papini) 등이 주도한 미래주의 운동은 기계에 대한 찬양과 애국심을 고양시키는 예술적 작업을 했으며, 파시즘의 예술적 기반이 되어 주는 것으로 무솔리니에 협력하였다.

불법적 폭력은 이제 국가기관을 동원한 합법적 폭력으로 바뀌었다. 사회주의 계열의 정당과 노동자들은 탄압을 받았고, 1924년 6월 파시즘에 비협조적이던 사회당 의원 마테오티가 파시스트 당원에게 살해되는 사건이 발생하기도 했다. 이 사건에 무솔리니가 연루되었다는 의혹에도 불구하고 파시즘은 더욱 공고해졌다. 무솔리니와 파시스트들은 노동자들의 관심을 다른 곳으로 돌리기 위하여 공장과 지역에 수많은 클럽과 여가 장소를 만들었다. 노동자들에게 안락한 삶을 제공하면서 체제 순응적인 노동자상이 정립된 것도 바로 이 시기였다. 파시즘은 이제 국가 자체였다. 해방의 날은 너무나 멀었고, 이때부터 이탈리아 사회주의 운동과 노동운동은 불법화되어 지하로 숨어들었고, 파시즘에 저항해야 하는 시대로 돌입하였다.

그람시의 고민과 활동은 이러한 시대 변화와 파시즘 지배가 공고화되던 1920년대를 기반으로 전개되었다. 그람시는 자신의 과제와 임무를 몇 가지로 분류해 실천에 옮기게 된다.

첫 번째는 자신이 주도하다 실패한 노동운동의 새로운 방향성과 구체성에 대한 고민이었다. 그람시가 보기에 러시아에서 혁명의 주체가 되었던 소비에트 조직과 유사한 프롤레타리아 조직이 있으면 이탈리아에서도 충분히 성공하리라 생각했다. 그러나 공장평의회 운동이 실패로 돌아가면서 근본적인 회의와 고민을 시작했고, 자본주의 체제의 견고성과 연속성에 대응할 새로운 방향성과 구체성을 모색하게 되었다. 그것이 바로 헤게모니 이론이며, 진지전·기동전 같은 개념들을 만들어 낸 계기였다.

두 번째는 그러한 자신의 과업을 실행하고 행동에 옮길 구체적인 방안으로 바로 '현대군주'라는 개념을 제안한다. 현대군주는 혼란스럽고 불안한 이탈리아 공간에서 절대적으로 안정적이게 국민을 이끌어 줄 새로운 조직체이자 권력이다. 마키아벨리가 15세기 말과 16세기 초 피렌체를 배경으로 꿈꾸었던 이상적인 군주로 제시한 '신군주'와 동일한 발상이었다. 특히 그람시는 기존의 조직이나 정당으로는 기득권을 유지하거나 지배질서 안에서 순응적으로 체제를 유지할 수밖에 없다는 것을 잘 알고 있었다. 그 때문에 새로운 문화와 함께 새로운 가치와 질서를 창출할 현대군주가 필요했고, 이를 정당에 적용하고자 했다.

세 번째는 이탈리아 북부와 남부라는 이질적인 지역과 문화를 통합하기 위한 방향성과 구체성을 국가 통합의 문제로 고심했다는 점이다. 흔히 '남부문제'로 알려진 그람시의 문제 제기는 국가 통합의 시작으로 표출되었는데, 국가 통합 없이는 이탈리아라는 정체성이 형성되거나 유지될 수 없다고 생각했기 때문이다.

네 번째는 파시즘 체제하에서 이탈리아 민주주의 성격과 지배계급에 대해 근본적으로 고민하면서 해결책을 찾고자 했다는 점이다. 그람시는 인간의 자유와 기본적인 권리를 억압하는 전체주의 성격의 파시즘 체제에 대해 그 누구보다 빨리 파악했다. 투옥되기 전까지 이탈리아의 민주주의와 파시즘 체제의 특징에 대해 잘 파악하고 있었다. 그람시는 단순한 체제 분석에 그친 것이 아니라 그 분석을 지향해야 할 민주주의와 국가를 위한 기본 토대로 삼고자 했다. 역사적으로 형성되어 온 지배계급과 자본주의 질서에 대한 근본적인 물음으로 시작해 이탈리아 역사를 이해하고 르네상스를 거치면서 통일국가를 이룩하지 못한 것에 대한 해답을 구하고자 했던 것이다. 이 지점에서 그람시가 왜 마키아벨리를 끄집어내었는지, 어째서 그를 자신의 연구와 저작에서 중심인물로, 또 왜 그의 신군주를 현대군주라는 개념으로 부활시켰는가를 이해할 수 있는 것이다.

  그람시는 국회의원이어서 면책특권이 있었음에도 파시즘에 의해 투옥되어 20년 형을 받았다. 그러나 지금 시각에서 보면 그것이 그람시 사상과 이론을 온전하게 보존시키고, 그람시가 당대 속류 마르크스주의자들과 다른 길을 걸을 수 있었던 결정적인 요인이자 이유였다. 그람시가 당대 파시즘을 분석하면서 자본주의 체제의 속성을 밝히고자 했던 수많은 글은 현대 민주주의와 자본주의 사회를 이해하는 중요한 출발점과 계기가 되고 있다. 특히 《옥중수고》는 민주주의와 자본주의 체제를 이해할 수 있는 핵심적인 내용을 담고 있다. 다음 장에서는 그람시의 생생한 언어로 마키아벨리에 접근해 볼 것이다. 위대한 사상가이자 실천적인 두 지식인은 과연 어떤 생각을 공유하고 있었을지 이제 길을 떠나 보자.

마키아벨리를 통해 본 그람시의 생각

그람시가 남긴 글은 앞에서도 말했듯이 전기와 후기로 대별된다. 문화평론가와 노동조직가로 활동하던 토리노 시절의 글들은 주로 현장의 활동을 남긴 문화평론과 사회비평 성격이 강하다. 이에 비해 옥중에서 쓴 글들에는 자신의 경험과 고민들을 체계적으로 정리하고자 했던 열망이 고스란히 담겨 있다고 볼 수 있다. 특히 《옥중수고》는 비록 검열의 위험을 피하기 위해 은유와 수사 등이 사용되기는 했지만 전기 글들에 비하면 훨씬 체계적이다. 그람시가 11년이라는 오랜 시간 동안 온갖 병고에 시달리면서도 불굴의 의지로 남긴 주제들은 아주 다양하다.

그람시가 남긴 유산과 현대적 재구성

《옥중수고》는 마키아벨리와 직접적인 연관성이 있고, 또한 나름대로 체계성과 연속성을 가지고 있다는 측면에서 필자 역시 《옥중수고》를 집중적으로 분석의 대상으로 삼고자 한다. 《옥중수고》는 노트 33권 분량에 마르크스주의부터 이탈리아의 대중문화까지 너무나 다양한 주제를 다루고 있다. 그중 마키아벨리와의 연관성에 초점을 맞춘다면 6-7개 주제로 추려 집중하여 이야기할 수 있을 것이다.

그람시도 밝히고 있듯이 그람시가 가장 먼저 관심을 가졌던 영역은 이탈리아라는 국가에서 자본주의 체제가 어떻게 유지되고, 이 과정에서 지식인들은 어떤 역할과 기능을 하며, 지배계급 유지의 핵심적인 개념과 이론은 무엇인가였다. 그것은 당대에 경험하였던 러시아혁명과 같은 사회주의 혁명의 도래를 믿어 의심치 않았고, 1919년과 20년 사이의 혁명의 파고가 서유럽을 휩쓸고 있다고 확신하였던 인터내셔널 소속의 마르크스주의자들에게는 도저히 설명하기 힘든 주제이자 난제였다. 특히 이탈리아의 경우 파시즘이라는 정체가 불분명하고 모호한 과도적 정치권력의 등장으로 마르크스주의자들과 사회주의자들 그리고 일반 대중까지도 설득시켜야 하는 어려운 과제였던 것이다.

옥중에서 그람시는 이런 자신의 생각과 연구를 체계화하려는 열의에 불탔다. 그러나 건강 상태와 정신적인 피로감은 의지를 실현하는 데 상당한 걸림돌이 되었다. 실제 수형 기간(11년 정도) 동안 온전하게 집필에 집중할 수 있었던 시간은 어림잡아 4, 5년에 불과했다. 게다가 감옥이라는 환경 탓에 충분한 자료나 참고문헌 확보가 너무나 어려웠다. 상상하기 힘든 열악한 상황에도 그는 33권의 노트를 남겼다. 이탈리아 역사를 통해 자본주의 체제의 안정성과 유지에 대한 원인, 지배계급의 헤게모니 유지의 기제, 당대 마르크스주의자들과는 다른 정치와 문화에 대한 이론과 방법, 자본주의 체제를 구성하는 다양한 속성과 요소에 대한 연구 등을 수고에 기록하였다.

이러한 그람시의 연구와 수고의 내용을 정리하면 5개 주제로 정리할 수 있다. 첫 번째는 서유럽 자본주의 체제의 안정적인 유지 원인과 기제였고, 두 번째는 이를 통해 제시하고 있는 헤게모니 개념과 이론, 세 번째는 이 과정에서 등장하는 지배계급과 지배계급의 공급원이자 연결고리인 지식인의 역할과 기능, 네 번째는 이러한 과정에서 형성되는 다양한 대중문화의 요소와 속성, 다섯 번째는 마르크스주의에 대한 비판적 수정과 자신만의 철학 등이다.《옥중수고》이전에 썼던 글에서는 '남부문제'나 '문화비평' 그리고 '교육과 문화의 조직화 문제' 등을 주요 주제로 설정할 수 있을 것이다.

5개 주제에 대해선 주제별로 핵심적인 개념과 이론들을 제시하고 있다. 먼저 서유럽 자본주의 체제의 안정적인 유지 원인과 기제에 대해서는 다음의 개념들과 소주제들이 연관되어 있다. 마르크스주의 안에서의 정치와 정치학의 중요성, 헤게모니의 역할과 기능, 이를 유지하고 역사적으로 형성되고 있다고 보는 역사적 블록 개념, 그렇게 형성되어 발전된 국가 안에서 구분되는 시민사회와 정치사회, 이 과정에서 등장하는 유기적 지식인의 역할, 또한 결정적인 계기와 국면에서 국가별로 편차를 보이는 혁명 과정을 설명하기 위한 진지전과 기동전 전술 등이다.

두 번째 주제인 헤게모니 개념과 이론에서는 헤게모니를 형성하는 방식으로서의 강제와 동의의 방식, 그러한 동의와 강제를 형성하는 과정과 제도로서 교육과 문화의 중요성, 기존의 헤게모니를 해체하고 재구성하기 위해 필요한 대항 헤게모니의 필요성과 재구성의 방식, 이 과정에서 논의할 수 있는 사회조직과 구성체의 해체와 재해석의 문제 등을 다루고 있다.

세 번째 주제인 지배계급과 지배계급의 공급원이자 연결고리인 지식인의 역할과 기능에서는 이탈리아 역사를 통해 전통적으로 형성되어 온 지식인의 역할과 특징들을 분석하고 이들 전통적 지식인과 유기적 지식인이 형성되는 과정과 지식인의 역할 및 기능은 어떤 차이를 갖는가에 대해 다양한 현상과 시대를 통해 분석하고 있다. 또한 전통적인 지식인의 유형과 유기적 지식인의 유형 등을 분류하면서 이탈리아 역사 속에서 형성되어 왔던 가톨릭과 코스모폴리턴적인 경향과 집단에 대한 분석도 하고 있다.

네 번째 주제인 이러한 과정에서 형성되는 다양한 대중문화의 요소와 속성에서는 가톨릭과 파시즘 체제의 기반과 속성들, 대중문화의 주요 속성으로서 종교와 민속, 그리고 상식에 대한 논의, 자본주의 체제의 생산방식에 대한 역사적 사례로서 포드주의에 대한 성찰과 비판, 또한 대중문화 형성에 결정적인 영향을 미치는 사회적이고 국가적인 제도로서 교육과 그 제도적인 특징과 내용 등을 서술하고 있다.

다섯 번째 주제인 마르크스주의에 대한 비판적 수정과 자신만의 철학은 이 책 주제와의 상관성에 비추어 볼 때 적절하지 않기에 언급하지 않을 것이다. 다만 그람시가 당대 속류 마르크스주의자들과는 분명 달랐다는 점은 밝힐 필요가 있다. 그람시는 비결정주의적 역사관을 지향하면서 역사와 사회의 변화가 객관적으로 존재하는 법칙성에 따라 결정되는 것이 아니라, 인간의 의지와 참여 등으로 결정될 수 있다고 주장했다. 이런 점들 때문에 그람시는 비판을 받았다. 그러나 교도소라는 고립된 환경 덕에 오히려 자신의 생각을 고수하고 그 생각이 합리적인 생명력도 가질 수 있었다고 본다.

이와 같은 주제들 중에서 마키아벨리와의 연관성을 고려할 때 언급될 수 있는 것은 '국가론', '정당', '지도자와 리더십', '민주주의와 체제의 문제', '정치적인 것과 정치의 본질' 등이다. 그람시가 생각하는 정치의 중요성과 그것이 전개되는 공간으로서의 국가와 사회, 그리고 그것을 움직이는 주체로서 정치지도자와 리더십 및 대중정당이 작동하는 기제로서의 민주주의의 문제에 대한 논의는 한국이라는 정치적 공간과 사회에서 여전히 의미 있다.

물론 그람시와 마키아벨리가 살았던 시대 환경과 조건이 너무나 달랐기 때문에 이를 일반적인 개념과 이론으로 비교하는 것이 적절한 것인가에 대한 물음은 제기될 수 있을 것이다.

한국에서 마키아벨리와 그람시 두 사람에 대한 비교는 그람시 연구에 새로운 지평을 열어 줄 것임에는 틀림없다. 이러한 점을 고려하면서 여기서는 마키아벨리가 언급하고 있는 '신군주', 국가론, 정치지도자의 자질, 정치와 정치학 등의 몇몇 관련된 주제만을 다루려 한다. 그것이 그람시나 마키아벨리의 사상과 학문의 폭을 좁히거나 한정하려는 의도가 아니라는 사실은 이해할 필요가 있다.

《옥중수고》에 나타난 마키아벨리와 "신군주"의 현대적 해석

《옥중수고》에서 마키아벨리는 모두 100여 곳에서 언급된다. 그람시는 왜 그토록 간절하게 마키아벨리를 불러내고 있는 것일까? 실제로 그람시가 당대에든 과거에든 가장 많이 언급한 이가 마키아벨리다. 충분히 흥미를 불러일으킬 만한 현상이다.

그렇다면 그람시는 어떤 마키아벨리를 그렸던 것일까? 그람시에게 마키아벨리는 하나의 현상이었을까? 이런 질문들에 대한 답이야말로 마키아벨리가 말한 신군주의 참된 의미일 것이다. 보통 정치학에서 마키아벨리는 근대 정치학의 시조로 평가된다. 정치학의 일반적인 내용을 구체화하고 정치학의 모든 요소를 자신의 저서에서 실질적으로 논의하고 있기 때문이다.

그람시는 마키아벨리의 신군주를 원했다. 비록 둘 사이에 시차는 존재했지만, 그람시가 살던 20세기 초의 이탈리아는 구체제의 불완전성과 새로운 시대를 향한 강력한 열망이 혼재되어 있었다. 그람시에게는 새 시대에 대한 열망을 실현할 구심점과 새로운 질서를 창조할 수 있는 강력한 동인이 필요했다. 그것은 단순히 초인이나 정치지도자들을 의미하는 것이 아니었다.

이러한 그람시의 의도는 1922년 감옥에서 코스모(Cosmo)에게 쓴 편지의 한 구절에서 가장 분명히 드러난다. "… 나는 이미 마키아벨리와 마키아벨리즘에 대하여 1917년부터 연구를 시작하였는데, 내가 마키아벨리에 대하여 연구해야만 한다고 생각했다." 그런데 여기서의 마키아벨리는 마르크스와 레닌에 대한 작업들을 의미한다. 그람시는 마키아벨리에게서 사회주의 운동의 역사에서 볼 수 있는 전위적인 선구자이자 실천적인 운동가를 그려 보고자 했던 것이다. 이러한 생각이 구체화된 것이 《옥중수고》였지만, 그람시는 이미 오래전부터 하나의 고정된 연구 영역이자 분야로 마키아벨리를 연구하고 있었다.

이보다 먼저인 1917년 3월에 이미 그람시는 사회당 기관지였던 《전진》에 마키아벨리에 관한 글을 실었다. 이탈리아 시인 지우스티(Giusti)의 시에 언급된 마키아벨리를 간접 인용하면서 마키아벨리에 대한 시인의 단상을 비판한 글이었다. 그람시가 이 글에서 강조하고자 했던 것은 생산적이고 사실에 근거한 행동주의자로서의 마키아벨리였다.

이후 1923년에 다시 〈마키아벨리 서설(Preludio a Machiavelli)〉이라는 글에서 마키아벨리의 《군주론》과 《티토 리비우스의 최초 10권에 대한 논고》를 분석하였다. 이 글에서 그람시는 국가론자로서의 마키아벨리를 분석, 비평하고 있다. 구체적으로 그람시는 마키아벨리가 주장하는 부르주아 국가 이성 문제를 비판하고, 마키아벨리가 제시한 도덕적인 규범의 정치적 행동의 자율성, 현실주의와 결정주의에 대한 평가와 생각을 적고 있다.

앞서 언급한 1922년 편지에서 밝힌 바와 같이 그람시가 이야기한 마키아벨리가 마르크스나 레닌을 의미할 수도 있겠지만, 그것은 당대의 상황에서 기인한 정치적인 의미일 뿐이며, 그것을 현재까지 그대로 적용할 필요는 없을 것이다. 오히려 그람시가 주목했던 마키아벨리의 의미 자체는 다변적일 수 있다. 그것은 현대라는 시간과 자본주의 체제라는 공간 속에서 그람시가 추구하고자 했던 다양한 이론과 개념의 시작점을 근대 정치학의 시조이자 정치학 영역의 구체적인 세분화를 시도하였던 마키아벨리에게서 찾아 현대적으로 다시 제기한 것이다. 이러한 의도에 대해서는 1927년 처형 타티아나에게 쓴 글에 《옥중수고》 집필 계획을 밝히면서 마키아벨리에 대해 가장 먼저 언급하지 않고 생략한 이유를 자세하게 밝히고 있다. 그람시는 여기에서 마키아벨리가 갖는 현대적 의미에 대한 자신의 고민과 분석 틀을 좀 더 자세하게 구상하고 있었다는 사실을 분명하게 언급하고 있다.

이에 대한 대답은 《옥중수고》 제4권(1930-32) 〈철학소고(Appunti della filosofia)〉 중에서 '마르크스와 마키아벨리(Marx e Machiavelli)'라는 제목으로 쓰인 곳에서 밝히고 있다. 여기서 그람시는 마키아벨리에 대한 해석 작업이 왜 중요한지 두 가지 측면에서 밝히고 있다. 하나는 현실의 여러 세력에 대한 연구를 위해 필요하며, 다른 하나는 국가를 형성하기 위한 정치정당에 대한 연구를 위해 필요하다고 서술하고 있다. 즉 파시즘 체제하에서 새로운 국가 건설의 당위성을 마키아벨리로부터 찾는 한편, 이를 위한 기초 연구로 파시즘 체제와 유사한 사회의 사회세력들 간의 관계를 규명하려던 것이다. 이는 결국 이탈리아공산당의 창당과 이를 통한 사회주의 국가 건설이라는 그람시의 의도와 목적을 충분하게 증명하고 있다.

이러한 해석은 1970년대까지 많은 이에 의해서 주장되었던 것이다. 다시 말해 그람시의 의도는 당대 노동자운동과 사회주의 혁명을 위해 필요한 전위정당 창설과 노동자계급의 헤게모니 아래 지도되는 혁명 정당을 토대로 건설되는 사회주의 국가 수립이라는 것이다. 그렇다고 해서 이런 해석을 21세기인 지금도 동일하게 받아들일 필요는 없을 듯하다. 지금 중요한 것은 《옥중수고》에서 마키아벨리에 대한 글들이 갖는 현재적인 의미이다.

실제로 그람시가 차례로 번호를 매긴 《옥중수고》 노트 중에서 마키아벨리에 대해 집중적으로 다루고 있는 노트는 13권이지만, 다른 거의 모든 노트에서도 마키아벨리를 언급하고 있다. 그러나 앞부분의 노트에서는 마키아벨리를 본격적으로 논하기보다는 마키아벨리에 관련된 책을 참고서적으로 언급하고 있다. 이는 수고의 구성을 구상할 때 마키아벨리를 어떻게 활용할 것인가에 대한 확신이 서지 않았기 때문인 것으로 보인다. 마키아벨리가 수고의 구성에서 중요한 위치를 차지하게 된 것은 이탈리아 역사에 대한 재구성과 지식인 문제를 본격적으로 논의하게 되면서부터였다.

1권과 5권에서는 마키아벨리 연구의 필요성을 서서히 드러내고 8, 9, 10권에서는 그람시가 마키아벨리를 통해 논의하고 제시하고자 한 개념과 이론 및 분석 대상에 대해 서술한다. 그람시가 어째서 마키아벨리를 선택했고, 이탈리아라는 국가 형성에서 마키아벨리가 필요했던 상황과 조건 그리고 국가 형성 과정에서 정치의 역할과 기능은 무엇인지에 대해 대답하고 있다. 14, 15권 등에서는 마키아벨리를 불러낸 이유를 구체적으로 적시하고 있다.

그람시가 《옥중수고》에서 마키아벨리와 관련된 특정 주제들과 마키아벨리를 통한 자신의 구상을 밝힌 데에는 두 가지 의미가 있다. 하나는 옥중이라는 감시와 통제의 공간에서 검열을 피하기 위해 의도적으로 더욱 마키아벨리에 의존했을 가능성이 많다는 점이다. 둘째는 20세기 초의 토리노와 이탈리아 상황을 메디치 가문의 지배를 받던 피렌체 공화국의 부정부패한 금권정치 상황과 비교하기 위한 것이었다. 이를 통해 허약한 자유주의 정부나 금권정치에 의해 좌우되는 공화정의 문제를 제기하면서 새로운 국가 건설의 필요성을 역사적 경험을 통해 제시하고자 했던 것이다. 이것이 마키아벨리의 신군주가 현대적으로 해석될 수 있는 근거이기도 하다. 이러한 그람시의 의도나 서술 내용을 단지 전위적인 혁명정당이라는 협소한 틀에 맞춘다면 그람시를 구시대의 인물로 낙인찍고 퇴보시키는 우를 범할지도 모른다. 그보다는 오히려 21세기에 맞게 그람시의 현대군주를 재조명하는 것이 필요할 듯하다. 비록 그람시가 당대에 절대적으로 필요했던 노동계급에 기반을 둔 혁명정당의 필요성을 마키아벨리의 신군주 개념을 통해 이끌어 냈을지라도, 그것은 20세기 초 사회주의 혁명의 파고와 이탈리아의 파시즘이라는 상황과 조건에서 논의될 수 있는 것이다. 신자유주의 세계화 체제가 공고화된 시기를 지나 글로벌 수준에서의 경제위기 국면 조짐까지 보이고 있는 이 시기에 그람시의 현대군주 의미를 그대로 적용하는 것은 타당하지도 또 적절한 해석이라고도 볼 수 없을 것이다.

그람시에게 마키아벨리는 여러 개념과 이론의 출발점이라는 점에서 의미가 있다. 그람시는 마키아벨리를 통해 정치정당과 의회 문제 및 민주주의의 작동 원리까지 끄집어내고 있으며, 마키아벨리를 역사·정치·경제·사회·문화 분야 문제를 해결할 출발점으로도 삼고 있다.

이 책에서 시도하는 그람시에 대한 현대적 해석은 21세기 이후 제기될 수 있는 새로운 모습의 그람시에 초점을 맞출 것이다. 그리고 그 작업은 《옥중수고》 노트 곳곳에서 언급되거나 서술되고 있는 마키아벨리에 대한 글을 소개하면서 진행될 것이다. 때로는 순차적으로, 때로는 주제와 의미의 연계성에 따라 재구성하고자 한다. 《옥중수고》 100여 곳에서 마키아벨리를 언급하고 있지만, 이 책에서는 그중 핵심적인 20여 곳의 내용만을 재구성하여 그람시와 마키아벨리의 상호 관련성을 보려 한다.

그람시 국가론에 대한 현대적 해석

그람시의 국가론에 대해서는 이미 영미권을 비롯한 많은 국가와 학자들에 의해 논의되었다. 그람시가 만들고자 했던 국가는 프롤레타리아계급에 기반을 둔, 농민과 모든 국민이 동맹하여 건설한 피지배계급의 국가였다. 물론 최근에는 그람시 이론의 자유주의적이고 관념론적인 측면을 근거로 자유민주주의 국가 이론으로 발전시키는 이들도 더러 있지만, 그것은 해석의 문제일 것이고, 보통 그람시가 그린 국가는 사회주의 체제의 민주주의 국가로 본다. 그러나 이미 사회주의의 실패를 경험하고, 자본주의 체제의 체제적인 우월성을 부인하지 못하는 21세기에 다시 한 번 사회주의 체제를 지향하거나 건설해야 한다는 주장은 허무맹랑하게 보인다. 그람시를 1920년대로 복고하는 것이나 다름없다.

그람시가 지향한 국가는 《옥중수고》에 남긴 마키아벨리에 관한 글을 통해 현대적으로 재구성할 수 있을 것이다. 특히 그람시가 이야기한 민주주의를 통해 현대적인 의미의 국가를 형상화할 수 있을 것이다. 그래서 21세기 신자유주의 체제에 적합한 자유민주주의 국가의 모습을 한국의 상황을 고려하면서 펼쳐 보고자 한다. 마키아벨리와 그람시의 주장들을 통해 국가의 진정한 역할과 기능은 민주주의의 강화임을 확인하고자 한다.

기존의 마르크스주의자들은 그람시의 국가주의는 일반적으로 마르크스주의라는 철학적 기반과 정치학적 인식 및 교육에서의 실천이라는 세 가지의 영역이 결합된 것으로 평가하고 있다.(Gramsci 1975, 868) 따라서 생산관계가 반영된 계급에 기반을 둔 국가에서 노동자 중심성을 강화하기 위한 교육과 문화의 구축이 중요하다고 보았다. 그람시는 궁극적으로 국가를 시민사회와 동일한 수준에서 보았으며(Gramsci, 1590), 마키아벨리 역시 통일 이후 이탈리아를 공화주의로 통치할 것과 성숙한 시민계급과 종교의 필요성을 강조하였다는 점은 눈여겨볼 필요가 있다. 특히《로마사 논고》에서 공화주의 체제 완성을 위해 법과 종교의 역할을 강조한 것은 정치권력에 의한 강제보다는 동의를 중시하는 시민사회를 지향했음을 나타낸 것이다.

이러한 측면은 그람시가 국가를 절대시하지 않았음을 보여 준 것으로 봐야 할 것이다. 다시 말해 단순한 권력 행사나 경제적 기반에 의해 세워진 마르크스주의의 국가론과도 차이가 있으며, 경제적 기반보다는 정치와 헤게모니의 작동에 의해 문화와 의식이 결정되는 정치체로서 국가를 중요시했다는 점을 상기할 필요가 있다. 이는 마키아벨리가 통치 기술을 하나의 정치 원리로 설명하고자 했던 것과 유사하며, 통일국가 수립이 목적이 아니라 조화로운 통치술이 작동하는 국가를 목적으로 한 것과 동일한 방식이자 개념인 것이다. 그런 의미에서 그람시는 "국가는 시민사회를 경제적 토대에 적응시키고자 만든 일종의 도구에 불과하다."(Gramsci, 1253f)고 이야기했을 것이다.

이러한 점들은 정치학과 정치기술에 대한 기초적 서술이라는, 그람시의 개념화 정의를 보면 더욱 분명해진다.

> 특정한 역사 시대나 시기에 활동하였던 세력들을 분석하고 세력들 간의 상호관계를 규명하기 위해서라도 토대와 상부구조의 관계는 정확하게 제시되어 해결되어야 한다. 이는 다음의 두 가지 원칙 아래 움직여야 함을 의미한다. 첫째, 그 어떤 사회에서도 스스로 앞서 언급한 그러한 과업을 먼저 제시하지 않는다는 것이다. (중략) 둘째, 그 어떠한 사회도 토대와 상부구조 간의 관계 안에 움직이는 총체적인 생활양식이 시간의 경과 속에서 외부로부터 영향을 받지 않는 상태

에서는 사회가 스스로 해체되거나 대체되지 않는다는 점이다.

(Gramsci, 1578f)

결국 결정된 역사에서 숙명적으로 기다리기보다는 역사적인 상황과 조건을 만들어 가야 한다는 것이다. 그람시의 이러한 사고는 마키아벨리에 의해 제기된 자기결정론적 군주의 행동과 실천의 정치를 그대로 계승하고 있다.

그러면서 그람시는 마키아벨리를 통해 국가의 이중적인 측면을 드러낸다. 자본주의 사회뿐만이 아니라 당대의 파시즘 체제에서 나타났던 국가의 두 가지 기제인 강제와 동의라는 이중성을 마키아벨리의 군주에 투영시킨 것이다. 인간에 공존하는 잔혹함과 인자함, 강제와 동의, 권위와 헤게모니, 폭력과 문명, 개별적 계기와 보편적 계기 등 다소 상충적이고 이항 대립적인 개념 쌍을 사용하여 국가의 성격을 논의하고 있다(Gramsci, 1570). 또한 폭력과 동의, 강제와 설득, 국가와 교회, 정치사회와 시민사회 등을 대비함으로써 근대국가의 이중성을 정확하게 보여 주었다(Gramsci, 762f).

그람시가 사회를 바라보는 관점과 방식이었던 정치학의 문제는 바로 마키아벨리가 당대 이탈리아를 바라보는 관점 및 접근 방식과 유사하다. 그람시가 이야기하는 정치학은 사회학의 모든 근본 문제를 포함한다고 생각한다.

정치학이 국가에 대한 것을 다루는 학문이라면, 그리고 국가가 지배계급 자신의 지배에 대한 정당화와 지속성을 유지시킬 뿐만 아니라 피지배계급의 실질적인 동의를 획득할 수 있는 실천적이고 이론적인 활동의 총체적인 복합체라고 가정한다면, 정치학의 문제라는 것은 사회학의 모든 근본 문제와 동일하다는 사실은 분명할 것이다. (Gramsci, 1765)

이러한 접근 방식과 규정을 통해 그람시가 궁극적으로 이야기하려던 것은 새로운 국가로서 이탈리아의 성격과 미래를 어떻게 규정하고 만들어 갈 것인가에 대한 마르크스주의적인 사고와 방법이다. 그러나 앞서 말했듯이 이를 현대의 국가에 그대로 적용할 수는 없다. 사회주의와 자본주의라는 냉전 체제가 무의미해졌고 글로벌 신자유주의 체제—비록 현재의 상황이 새로운 시대를 위한 위기의 순간인지 아니면 그람시의 표현대로 변형주의적인 시기인지는 좀 더 고민해 볼 필요가 있음에도 불구하고—하에서 마르크스주의에 기반을 둔 국가를 지향하거나 그런 국가로 재구성하려는 것 자체가 난센스일 것이다.

오히려 자본주의 체제 안에서 형성되어 유지되고 있는 다양한 자본주의 국가 유형을 구분하고, 그 유형에 적합하게 접근하는 것이 더 현실적이다. 또한 국가의 지배 원리와 작동 방식에서 일부 소수가 권력과 부를 독점하는 체제가 아니라 국민과 대중에 의해 민주주의 원칙과 원리가 얼마나 잘 유지되고 있는지 아닌지를 두고 설명하는 것이 더 합당할 것이다. 특히 한국의 경우 최근 민주주의와 대한민국의 정체성에 대한 논쟁이 이전과는 다른 방향에서 전개되고 있다고 볼 수 있으며, 그에 합당한 더 정교하고 적절한 설명과 논의가 필요한 상황이라고 생각된다. 그러므로 한국의 국가 성격을 다른 나라들과 비교하여 그람시 시각에서 설명하는 방법이 오히려 그람시를 현대적으로 재구성하고 재해석하는 데 훨씬 유용할 수 있다고 믿는다. 더군다나 마키아벨리라는 근대 정치학의 아버지라고 명명되는 선구자와 자신의 시대보다는 현대 후기 산업자본주의 사회 분석에 유용한 그람시를 함께 이야기함으로써 봉건적인 질서와 현대성이 혼합되어 있는 한국이라는 정치적 공간에 대해 다양하게 논의할 계기를 마련할 수 있으리라 믿는다. 따라서 이 책에서는 마키아벨리와 그람시를 놓고 그람시의 국가론이 갖는 현대적 의미를 민주주의라는 관점에서 논의하고자 한다.

먼저 그람시를 해석하는 데 있어 후기마르크스주의자들이 주목했던 국가의 성격과 유형은 어느 정도까지 현대의 많은 국가 유형화에 도움이 되었다. 특히 시민사회의 강력한 지형 위에 구성주의적인 거버넌스 체계를 유지하는 것이 일반적인 선진국의 통치 구조와 형태라는 측면에서 보자면, 그람시가 제시한 시민사회 안에서의 동의와 헤게모니의 작동 원리는 여전히 유지되고 있다고 볼 수 있다. 문제는 그 헤게모니의 영향력과 그러한 헤게모니 작동 기제의 복잡함이나 제도가 국가별로 역사적인 조건과 환경에 따라 다르다는 것이다. 이는 1920년대 제2인터내셔널을 중심으로 한 당대의 속류 마르크스주의자들의 기계적인 결정론에 반대했던 그람시의 생각이 오늘날에도 충분히 의미가 있는 이유다.

그람시는 파시즘 체제하에서 벌어지는 국가의 폭력과 강제 그리고 동의가 어떤 기제로 작동하고 있는지를 생생하게 경험하였다. 국가의 폭력성이 존재할 뿐만 아니라 그 폭력이 민주주의와 개인의 자유에 반하는 현상임에도 거기에 동의하고 묵인하며 동조하는 이들은 어떻게 만들어지고 움직이는지에 관심을 가졌다. 특히 그러한 관심과 연구는 부르주아 지배체제가 생명력을 유지하는 원인과 조건 등에 대한 분석으로 점점 확대되었다. 이런 관점에서 그람시는 국가의 성격을 통합국가라는 이름으로 규정하고 있다.

국가상을 그려 가는 과정에서 그람시가 주목했던 것이 앞서 이야기한 헤게모니의 생성과 유지 그리고 확산 및 공고화였다. 이 지점에서 그람시는 다양한 역사적 경험과 사건에 대해 분석하기 시작하였다. 특히 프랑스혁명과 그 이후 상황 그리고 1917년 러시아혁명의 성공 및 서구에서 사회주의 혁명의 실패 등을 연관 지어 1차 대전 이후의 반혁명과 반동의 물결을 분석하였다. 진지전과 기동전의 차이와 선택의 문제, 지배계급이 활용하고 있는 통치의 기제와 교육제도, 또한 그것을 유지할 수 있는 힘과 작동원리 등에 대해서도 충분한 관심을 가지고 연구했다. 이러한 내용을 통해 본다면 그람시의 국가는 새로운 헤게모니(혹은 대항 헤게모니)를 창출하는, 아래로부터 형성되는 민주주의 국가였다. 그것은 도시의 노동자, 농민, 제3차 서비스업에 종사하는 개인까지도 모두 포괄하는 국민국가이자 민중에 의해 형성된 국가이다. 여기서 의미하는 국민과 민중 계층은 그 범위와 지위 또는 개념 면에서 더 이론적인 뒷받침이 있어야 하겠지만, 오늘날 우리가 사회학이나 정치학에서 일반적으로 이야기하는 국민이나 네그리(Negri)가 이야기하는 다중(多衆)과도 다소 차이가 있는 그런 개념으로 볼 수 있다. 여기서 그람시가 제기한 국민-민중(nazionale-popolare) 개념에 대한 견해를 주목할 필요가 있다.

한국에 소개된 그람시 연구서나 저서들에서 이 개념은 논란의 여지가 매우 많다. 대부분의 책에 민족-대중 혹은 민족-인민 또는 민족-민중으로 번역되어 있는데, 이는 한국적인 풍토에서 민족이라는 의미가 서양, 특히 유럽에서의 민족과는 다소 의미가 다르기 때문일 것이다. 벨라미(Bellamy)와 셰흐터(Schecter) 같은 학자들은 크로체의 역사주의와 이탈리아 통일국가 형성 과정(Risorgimento)에서 지식인의 역할 등을 통해 그람시가 제시한 국민-민중 개념을 민족과 민중의 개념에 가깝다고 보고 있으며, 한국에서 출간된 번역서 역시《그람시와 민족국가》라는 제목으로 알려져 있다(벨라미 & 셰흐터 1996). 그러나 이는 그람시를 민족주의 사상가나 관념론자로 규정하지 않고서는 쉽게 이야기할 수 없는 논의이다. 이에 대한 수많은 논의나 반론을 이 책에서 전개하는 것은 적절하지 않기에 그에 대한 상세한 설명은 하지 않겠다. 하지만 적어도 nazionale 개념을 민족으로 번역할 수 없다는 점에서 그람시의 nazionale-popolare 개념을 통해 그람시가 추구하고자 했던 통일 이탈리아와 민주주의 국가의 성격에 대한 논의를 전개하고자 한다.

주지하다시피 그람시는《옥중수고》의 많은 곳에서 이탈리아 통일운동에 대해 서술하고 있다. 흔히 리소르지멘토라 부르는 이탈리아 통일운동은 476년 게르만의 용병대장 오도아케르에게 멸망당한 서로마제국 이후 통일국가를 형성하지 못했던 이탈리아의 근본적인 원인과 이유를 밝히고자 했다. 그런 이유로 그람시가 주목했던 것이 바로 이탈리아 역사였다. 역사의 발전 과정에서 지배계급의 정치적 지도력과 지배의 헤게모니가 지속적으로 유지될 수 있었던 요인들은 무엇이었으며, 이 과정에서 지식인들을 비롯한 사회구성체들의 역할과 행태는 어떠했는가에 대한 근본적인 질문을 던진 것이다. 따라서 그람시에게는 이탈리아의 역사 과정에서 지배계급의 헤게모니 지속성 가능 구조와 그 안에서 지식인의 형성과 안정화의 구조와 틀을 해체하고 깨트리는 데 필요한 획기적인 선구자 모델이 필요했고, 그런 관점에서 보자면 마키아벨리는 위대한 선구자였던 것이다.

그런 점에서 이탈리아의 정치적 상황과 통일 과정은 매우 의미 있는 것이다. 리소르지멘토에 대한 이해는 그람시가 원하던 국가를 이해하는 출발점이다. 국민의 여망과 다른 결과가 나오게 되었을 때 국가의 성격이나 내용이 변형될 수밖에 없다는 사실을 증명하는 것이기에 이탈리아 통일운동에 대한 쟁점들을 짚어 보고자 한다. 특히 리소르지멘토 과정은 대한민국의 출발 과정에 나타난 여러 문제를 들여다볼 수 있는 기회도 된다. 그러므로 봉건과 근대가 혼재돼 있는, 민주주의 국가체제가 지체되고 있는 국가들에는 의미 있는 설명이 될 것이다.

이탈리아 통일운동 출발을 어느 시점부터 보아야 하느냐 하는 것은 그리 간단하고 쉬운 문제가 아니다. 그러나 많은 역사학자가 이탈리아의 근대는 이미 오래전부터 시작되었지만 구심점을 갖고 국민적인 열망으로 조직화된 것은 18세기 말 등장하여 유럽을 하나로 통합시킨 나폴레옹 시대부터라고 이야기하고 있다. 따라서 19세기 유럽의 역사뿐만이 아니라 이탈리아 역사를 이야기할 때 그 출발점으로 삼을 수 있는 것은 1789년의 프랑스혁명과 뒤이은 나폴레옹 시대라는 두 사건일 것이다. 이에 이 책에서는 리소르지멘토 역시 이 시기를 기점으로 보고 시작하고자 한다.[34]

프랑스혁명 이전의 이탈리아에는 계몽주의 사상이 전파되면서 지식인들이 늘고 사회 전반에 새로운 사상적 기운이 싹트기 시작하였다. 이는 평등사상과 공상주의적 사회주의 사상[35]에 의해 촉발된 것으로 대중이라든가 인민이라는 새로운 개념이 등장하면서 더욱 구체화되었다. 이탈리아 지식인들은 군주와 종교라는 기존의 절대적 믿음의 대상으로부터 탈피하면서 학문적 연구 대상을 국가라든가 국민 또는 새로운 학문이나 사상 및 정치적 제도 등으로 확대시켰다.

인민에게 권리가 있다는 '천부인권'이나 '국민국가'의 개념이 등장한 것도 이 무렵이다. 계몽주의로부터 촉발된 이와 같은 새로운 사상은 '이탈리아'라는 지리적이고 정치적인 단위를 자각하게 했다. 계몽주의 사조는 여전히 코스모폴리탄적인 성격을 유지하고 있었지만, 그래도 서서히 변화해 이전과는 의미가 달라졌다. 다시 말해 르네상스 시기의 이탈리아와 18세기의 이탈리아는 정치적 의미에서 전혀 성격이 달랐다. 르네상스 시기에는 '군주'나 '절대왕정' 개념의 이탈리아였다면, 이 시기는 지리적으로 이탈리아 반도에 국한된 인민이나 국민에 기반을 둔 국가의 개념이 부여된 이탈리아였다는 점에서 다르다.[36]

이러한 때에 일어난 프랑스혁명은 대부분의 지식인에게 큰 자극을 주었다. 하지만 곧 지식인들은 혁명의 과격함에 놀라고 실망했다. 지식인과 군주들은 소요와 사회 불안에 따른 두려움으로 새로운 시대로 전진하기보다는 보수주의와 절대주의로 회귀하는 경향을 보였다. 검열의 강화, 자유 결사체들에 대한 탄압 강화, 소요에 대한 폭력적 진압 등으로 대표되는 낡은 관습으로 후퇴하였다. 반도의 각 지역정부들 역시 국민의 지지를 받거나 새로운 시대를 향한 개혁적 모습을 보이지 못했으며, 단지 자신들의 기득권 유지에만 골몰했다.

나폴레옹이 이탈리아 반도를 지배하기 시작한 것이 이 무렵이었다. 1796년 봄에 나폴레옹은 알프스를 넘어 이탈리아를 공격했다. 1772년부터 병합하였던 피에몬테에 이어 롬바르디아로부터 오스트리아군을 격퇴해 베네토 지역으로 몰아내었고, 볼로냐와 로마냐를 군주국으로부터 해방시켰다. 나폴레옹은 북부에 치스파다나(Cispadana)[37]와 치살피나(Cisalpina)라는 지역정부를 세웠고, 1797년 10월에 오스트리아와 캄포포르미오(Campo Formio) 조약[38]을 맺어 베네치아를 오스트리아에 넘겨주고 대(對)오스트리아 전쟁을 마친 뒤 11월에 이탈리아에서 물러난다. 이후 나폴레옹은 자연적 국경에 머물지 않고 전 유럽을 향한 정복과 전쟁을 시작하였다.

1년 반이라는 짧은 기간이었지만 나폴레옹의 이탈리아 지배는 많은 흔적을 남겼다. 적어도 외형적으로 이탈리아 북부에서는 나폴레옹에 의해 해방된 여러 자치도시가 등장하였고, 이들 자치도시는 절대군주 체제가 아닌 혁명적이고 자유로운 체제로 통치되었다. 또한 이 자치도시들은 치열한 외교전을 펼쳐 자신들의 영토를 확장하려 노력하였으며, 이익 확대를 위해서도 열을 올렸다. 이와 같은 분열은 프랑스혁명의 이상과 희망을 퇴색시켰고, 실제로 아무런 정치적 결과도 낳지 못했다.

1799년 초 탄생한 나폴리 공화국[파르테노페아(Partenopea) 공화국[39]]에서 보여 준 전형적인 반동적 행태는 인민들과 농민들의 공화국 체제에 대한 혐오를 불러일으켰고 불신을 샀다. 남부에서는 가톨릭 단체들이 연이어 반혁명 활동을 시작하였는데, 무거운 세금 부과가 여전히 자행되고 있었기 때문이다. 결국 나폴리 공화국은 파브리치오 루포(Fabrizio Ruffo)가 이끄는 농민군에 전복되고 말았다.

그런데 이듬해 나폴레옹이 다시 이탈리아를 침공했다. 이후 50년간 이탈리아 반도에서는 수없이 국가가 만들어졌다 사라졌다. 이탈리아라는 국가 정체성이 사라지게 된 원인이다. 실제로 피에몬테는 리구리아, 움브리아, 라치오 등과 함께 프랑스에 합병되었고, 토스카나는 에트루리아(Etruria) 왕국[40]이 되었으며, 1805년 북부에는 밀라노를 수도로 이탈리아 왕국이 세워져 재건된 치살피나 공화국과 합쳐졌으며, 1806년 나폴레옹은 나폴리를 정복하여 이복형제인 조아생 뮈라

(Joachim Murat)에게 왕위를 계승시켰다.

반도의 상황에 비해 사르데냐와 시칠리아는 영국의 영향권 아래 들어서게 되었다. 나폴레옹이 시칠리아 정복에 실패한 뒤 1806년 영국은 시칠리아 보호라는 명분으로 부르봉가의 왕이 도피해 있던 시칠리아를 정복한다. 또한 사르데냐에 일부 군대를 주둔시켜 사르데냐 왕국을 프랑스로부터 지켜 내었다. 그러나 이와 같은 일련의 사태 역시 영국의 이익에 부합해 발생된 것이었는데, 시칠리아의 경우 값비싼 유황과 지중해 상권에 대한 이익을 얻을 수 있는 곳이었고, 사르데냐 점령은 프랑스가 지중해로 세력을 확장하는 것을 막기 위한 것이었다.

이와 같은 일련의 사태에서 중요한 것은 어느 순간에도 이탈리아 일반 국민의 생각이나 의사가 반영되지 못했다는 점이다. 이는 나폴레옹이 정복 후 시행했던 혁신적인 제도나 법령의 이식 과정이나 확립 과정에서 아무런 결실도 맺을 수 없었던 근본 원인이다. 실제로 나폴레옹은 점령지에서 수많은 제도와 법을 시행하였다. 중앙집권제에 의한 도량형 통일, 교육제도 개혁, 세제 정비, 형사법·민사법·상법 등을 시행하였다. 그럼에도 불구하고 이탈리아는 변한 것이 없었다. 구 귀족제도나 관습은 여전히 유지되었고, 오히려 나폴레옹의 지배는 통치자와 지방의 귀족들을 연결하여 구 귀족이나 호족들의 인민에 대한 통치를 묵인해 주는 정치적이고 역사적인 계기가 되었다.

따라서 자유와 평등이라는 가장 커다란 프랑스혁명의 이념이 이탈리아에서는 전혀 받아들여지지 않았으며, 오히려 구 귀족들의 이익을 확고하게 지켜 주었을 뿐이다. 프랑스의 경우 혁명으로 인해 부르주아라는 신흥 계급을 비롯한 평민계급의 정치, 사회적 지위가 높아져 구 제도를 몰락시켰지만, 이탈리아에서는 이와 같은 혁명 과정이 거의 진행되지 않았고, 나폴레옹이 제도를 개혁했는데도 부를 재분배하지 못하였으며, 오히려 구 귀족의 영향력을 증가시키는 계기가 되었던 것이다. 특히 남부의 경우 새롭게 등장한 지주계급이나 귀족들의 영향력이 커져 갔다.

토지제도 개혁이라는 명분으로 실시된 토지 몰수와 재분배는 신흥 귀족들의 등장을 촉진시키기도 하였다. 다시 말해 몰수된 땅이 소작농이나 빈농들에게 분배된 것이 아니라 새로운 지방귀족들이나 신흥 부르주아 가문에게 분배된 것이다. 그로 인해 경제적 개혁을 통한 새로운 국가의 형성이나 등장이 이루어지지 않았던 것이다. 이처럼 몰수된 땅의 소유자가 또 다른 귀족이나 신흥 가문이었다는 점은 오히려 귀족에 토지를 집중시키는 부작용을 낳았다. 이때 새롭게 등장한 유력한 가문들이 이탈리아 통일의 주역인 카부르나 다젤리오(D'Agellio) 등이다.

나폴레옹의 이탈리아 지배는 별다른 변화를 이끌어 내지 못했지만, 봉건적이던 이탈리아 사회에 새로운 공기를 불어넣었고, 일반 국민이 자유와 평등이라는 사상적 흐름에 눈뜨게 했다는 점은 부인할 수 없는 사실이었다. 흔히 '문화적 국민주의'라는 이름으로 시작된 이런 흐름은 15세기에 예술가들과 문인들 사이에 있었던 조류와 유사해 보이지만, 그보다는 더 정치적이었다. 이미 유럽 전역에서 영향을 받은 낭만주의 사조로부터 출발한 이 흐름을 주도한 것은 이전과 마찬가지로 시인과 작가들이었다.

포스콜로(Foscolo)의 《무덤들(*Dei Sepolcri*)》(1807), 만초니(Manzoni)의 《약혼자들(*I promessi sposi*)》(1827 초판), 다젤리오(D'Agellio)의 《에토레 피에라모스카(*Ettore Fieramosca*)》(1833) 같은 작품이 대표적이다. 이탈리아

국민주의 문학이 발흥한 것도 바로 이 시기라 볼 수 있다. 이러한 국민주의 문학은 로마시대를 비롯해 이탈리아의 번영했던 과거를 부활시키고 찬양함으로써 새로운 국가의 건설을 꿈꾸게 하였다. 외세에 시달리던 이탈리아를 통일시켜 새로운 국민국가로 태어나게 하려던 문화적 흐름으로 해석할 수 있다. 이와 같은 문화적 각성에 대한 국민적 관심은 경제적 이해라는 단계로까지 발전하였다. 특히 이탈리아에 불리했던 관세 장벽의 철폐를 주장하거나, 새로운 시대에 맞는 상법과 무역법규 등을 개선해 통과무역 분야에서 이익이 발생할 수 있도록 하였다. 이러한 노력으로 인해 이탈리아는 르네상스 이후 다소 잠잠하던 유럽과의 무역에서 자신들의 경제, 문화적 교량 역할을 새롭게 인식하는 등 오랜 봉건적 질서를 깨 나갈 계기를 얻었다. 그러나 여전히 자국의 성격과 정체성 문제 등을 해결하지 못한 채 유럽의 정치적 상황에 휘둘리게 된다.

빈(Wein) 회의로 나폴레옹을 무너뜨린 뒤 복귀한 구체제는 유럽 전역에 '혁명 이전 상태로'의 복귀를 알리는 신호탄이었다. 이탈리아 역시 1814년 나폴레옹 통치가 종식되면서 구체제로 복귀하였다. 그러나 나폴레옹의 반대세력들과 구세력들은 어떤 새로운 이념이나 체제를 원했던 것이 아니라 나폴레옹 지배의 몰락이라는 막연한 정치적 목적을 가지고 있었을 뿐이었다. 피에몬테의 그리스도교 친목 단체와, 칼라브리아와 폴리아의 칼데라리(Calderari) 등의 종교단체 및 과거 자유주의 자코뱅들로 구성된 비밀단체인 카르보나리(Carbonari)가 대표적이었다. 이들은 독일과 달리 민족주의라는 이념으로 결합된 것이 아니었으며, 그저 나폴레옹의 몰락에 따른 반사이익을 누리려 했을 뿐이다.

이러한 와중에 이탈리아의 지배권은 결국 1815년 승리를 거둔 오스트리아로 돌아갔다. 뒤이어 이탈리아 반도 전역이 구체제로 돌아가기 시작했다. 비토리오 에마누엘레(Vittorio Emmanuele) 1세는 토리노로, 페르디난도(Ferdinando) 3세는 피렌체로, 교황은 로마로 귀환했다. 1815년 빈 회의는 오스트리아의 이탈리아 반도 지배권을 확인시켜 준 외교적 기도였을 뿐이었다. 소수의 롬바르디아 지역 자유주의자들을 제외하면 반도의 오스트리아 지배는 별다른 저항이나 이견 없이 진행되었다. 이는 왕정복고 이후의 정부들이 나폴레옹 시대의 체제를 수용하고 있었을 뿐만 아니라 지배계급의 이익에 별다른 손실을 발생시키지 않았기 때문이었다.

그러나 피에몬테 정부는 구체제로 복귀한 이후에도 프랑스와 오스트리아의 외교적 입장 때문에 비교적 자유로웠다. 그렇지만 복귀한 에마누엘레 1세는 노골적으로 구체제로 돌아가려 기도하였다. 로마법의 재(再)채택, 교육 주체로서 예수회의 재등장, 새로운 관세제도 도입이 실현되었다. 왕정복고는 진보를 거부하고 전통과 권위 및 종교가 허용하는 계급제도의 우월성을 다시금 주장함을 뜻했다. 다시 말해 현재의 체제 유지가 최대 목표였던 것이다.

왕정복고는 이탈리아 반도의 경제적이고 상업적인 이익에는 부합하지 않았다. 이 점이 오스트리아 지배를 달갑지 않게 여긴 주요한 이유였다. 특히 대부분을 농업에 의지했던 이탈리아는 경제적 침체와 함께 많은 타격을 받았다. 농촌은 황폐화되었고, 빈곤은 이제 일반적 사회 현상이 되었다. 많은 농민이 일용노동자가 되어 노동 인구가 급증하는 현상이 일어났다. 그러나 역설적이게도 이는 교육의 확대와 자유주의 사상의 전파라는 이율배반적 상황을 초래하기도 하였다. 이로 인해 자유주의 사상과 중간계급의 지식인들은 지하로 숨어들었다.

가장 잘 알려진 통일운동 단체로는 북부의 경우 필리포 부오나로티 (Pilippo Buonaroti)가 창설한 SPM이 있었고, 남부에는 카르보나리가 있었다. 이 조직들은 엉성했을 뿐만 아니라 목표나 통일성 등에서 상당한 문제점을 안고 있었다. 먼저 조직 면에서 보면 상층부의 지도자 대부분이 군인 출신이거나 귀족들이었다. 이는 당시 군이 갖는 혁명적 성격을 십분 이해한다 하더라도 일반 대중과 전 계층이 골고루 참여하는 자발적이고 능동적인 결사체의 특징을 가지지 못했다는 것을 의미한다. 특히 상명하달 식의 조직 특성은 전체 대중의 자발적 행동을 이끌어 내는 데 커다란 걸림돌이 되었다.

이념 면에서 보면 조직을 지탱하고 있는 이념에 여러 상충적인 이념이 혼재되어 있었다. 어떤 지역에서는 봉건적 질서를 여전히 기본으로 하는 절대왕정을 선호하고, 다른 지역에서는 공화주의를 신봉하였으며, 또 어떤 지역에서는 프랑스와 같은 급진적이고 혁명적인 이념이 조직의 행동 강령으로 제시되었던 것이다. 이는 결국 조직 전체의 통일성이나 정체성 확립 등에 커다란 걸림돌로 작용하게 되었다. 실제로 남부에서 이야기하는 혁명, 독립 등의 의미와 북부에서 말하는 것은 상당히 달랐다. 남부에서 혁명은 진정한 의미에서의 통일보다는 개혁적인 입헌군주제의 확립을 의미하는 편이었고, 북부에서 통일이란 북부 지역의 통일로, 당시 북부를 지배하고 있던 오스트리아 세력과의 전쟁을 의미했다.

이와 같은 조직상의 엉성함과 이념적인 부조화는 1820년에 나폴리와 시칠리아에서 기획된 두 번의 혁명 기도가 실패로 돌아간 원인이기도 했다. 1820년의 나폴리와 시칠리아에서의 혁명은 내, 외부적 요인에 의해 촉발되었다. 당시 유럽의 혁명적 분위기와 카르보나리 단체가 전 유럽적 조직이었다는 사실 등이 외부적 요인이었다면, 내부적 요인은 이탈리아 남부의 요구였다. 그것은 변화되고 있는 국제적 정치 환경에 적합한 새로운 입헌군주제의 정착과 개혁이었다. 어떻게 보면 이전부터 축적되어 왔던 독립과 통일의 열망들이 본격적으로 분출되는 시발점이 될 수도 있었다. 그러나 앞서 이야기한 문제점들로 인해 정치적인 미숙함이 다시 확인되었고, 혁명 시도는 결국 실패로 끝나고 말았다. 그러나 여기서 끝난 것이 아니라 또다시 외세의 적극적 개입을 초래했다는 점에서 통일 세력의 미성숙과 의지의 결여 등을 확인시켜 준 사건으로 평가할 수 있다.

피에몬테는 다소 사정이 달랐다. 피에몬테 왕국에서 이야기하는 '독립'이나 '통일'은 곧 오스트리아와의 전쟁을 의미했다. 그럼에도 불구하고 1921년에 들어서면서 알렉산드리아에서는 혁명위원회가 결성되었고, 북부를 중심으로 이탈리아 왕국 건설이라는 목표 아래 오스트리아와의 전쟁도 불사한다는 방침을 세웠다. 그러나 피에몬테 지식인들은 전반적으로 중도적인 자유주의자들이었다. 특히 체사레 발보(Cesare Balbo)나 다젤리오 같은 이들로 대표되는 중도적 온건주의를 표방하는 일단의 자유주의자들이 다수를 차지하고 있었다. 1821년 3월 기병장교 산토레 디 산타로사(Santorre di Santarosa)가 민주주의 분파의 도움으로 새로운 국가를 건설하기 위해 쿠데타를 일으켰지만, 온건주의자들이 참여를 주저하여 실패로 돌아갔다.

여러 동기와 요인으로 인해 이러한 시도가 가능할 수 있었는데, 무엇보다 당대의 대표적인 산업도시인 남부의 나폴리와 북부의 토리노에 기존의 지배계급과는 다른 자유주의 지식인들과 노동자들이 많았던 게 큰 동기였다. 나폴리는 19세기 이전부터 이탈리아 반도에서 산업적으로 중요한 위치를 차지하고 있었는데 1820년대에는 나폴레옹 전쟁의 후유증으로 심각한 재정 위기를 겪고 있었다. 그러나 새롭게 재무부 재상에 오른 루이지 데 메디치(Luigi De Medici)는 곡물가격과 관세를 낮추고 국내 산업을 부흥시키기 위한 의욕적인 정책들을 펼쳤으며 해외자본도 유치하기 위해 노력했다. 그 결과 1818년 이탈리아에서는 최초로 증기선이 운항되었고, 39년에도 철도도 건설되었다. 한동안 나폴리는 이탈리아 반도의 산업혁명과 경제부흥을 주도하였다. 피에몬테 왕국 수도였던 토리노 역시 당시 다른 도시들과는 달리 일찍부터 유럽의 선진 문물과 산업을 받아들여 산업적 기반을 구축함으로써 산업도시의 역할을 충실히 수행하고 있었다.

그러나 허약한 산업적 기반과 농업의 부진, 교회의 압력과 정부의 비협조, 밀의 이익을 둘러싼 지주들과의 반목, 협소한 시장 등의 요인으로 인해 루이지 데 메디치의 산업 진흥 정책은 실패했다. 이후 경제적으로나 산업적으로 쇠퇴하였고, 자연히 정치적 무대에서의 영향력도 감소하였다. 반면 토리노를 중심으로 한 북부의 주요 도시는 남부에 대해 여전히 산업적으로 우위를 점하는 데 성공하였고, 경제적인 역량도 축적할 수 있었다. 향후 이탈리아 통일운동이 북부를 중심으로 펼쳐질 수밖에 없었던 이유다.

일련의 혁명적 시도와 봉기들은 당시 정치적으로나 경제적으로 사각지대였던 중부 지방에서도 일어났다. 1830년 파리의 7월혁명에 고무되어 31년 중부 지역에서 반란이 일어났다. 하지만 지도자들이 분열돼 기회를 잃고 만다. 33년 다시 혁명이 시도되었으나 결국 무산된다. 봉기는 자유주의적이고 다소 민족주의적인 강령을 기치로 내걸고 마치니적 전통에 의거해 일어났는데, 카를로 알베르토(Carlo Alberto) 국왕은 이 봉기를 적대적으로 바라보아 진압하였다. 진압 뒤에는 오스트리아와 동맹을 체결하는 등 더 보수적이고 반동적인 입장을 취했다. 이는 1830년에서 33년 사이에 그나마 존속하던 몇몇 보수적 혁명정부가 인민 대중의 지지를 얻지 못한 데 원인이 있다. 이들 혁명정부의 존속 기간 역시 매우 짧았다. 더군다나 당시 봉기의 협력 세력이어야 할 각 지역정부들은 서로를 외국인으로 취급하였고, 이런 상황에서 통일이나 통합은 더는 진전될 수 없었다. 오히려 분열을 영속화하는 데 기여했을 뿐이다. 당시 볼로냐와 모데나, 파르마 등에 있던 지역정부들은 자신들의 자주성과 독자성을 고집하면서 중부 이탈리아의 정치적 상황을 더욱 복잡하게 만들었다.

이후 피오(Pio) 9세가 사면령을 공포한 1846년부터 61년까지 약 15년 간은 리소르지멘토를 지배하던 주요 사상과 흐름이 이론적으로나 현실적으로 다듬어지고 풍성해지던 시기였다. 이 시기를 리소르지멘토의 준비 기간이라 할 수 있다. 이 기간 중 두드러진 사상적 흐름은 크게 세 가지로 나눌 수 있다. 가장 먼저 대중적 차원에서 하나의 주의로 자리 잡은 것이 마치니주의다. 마치니주의는 마치니의 사상을 집약하여 하나의 정치적 흐름을 형성하였던 정치사상으로 공화주의 이념을 기반으로 하며 정신적이고 도덕적인 측면이 강조되었다. 두 번째는 급진적 자유주의였다. 급진적 자유주의는 당시 발전하고 있던 과학, 기술과 연관이 깊은 정치사상이었다. 특히 사상적 기반이 실증적이고 합리적이었으며, 정치와 사회적인 측면에서 이탈리아 사회의 해방을 주장했다. 세 번째는 온건적 자유주의였다. 이 흐름은 가장 나중에 나타났지만, 결국 리소르지멘토를 완성했던 사상 분파로, 입헌왕정과 외국 지배의 종식 등이 주요 정치적 목표였다.

이 세 사상적 흐름은 서로 교차, 대립하면서 리소르지멘토를 완성시키고 지속될 수 있게 하였다. 그러나 이들 사상적 흐름은 지역과 지역 정부의 상황과 얽히면서 양상이 더욱 복잡해졌다. 이전의 혁명적 열기가 사상적 논쟁으로 옮겨 갔다. 더군다나 그렇지 않아도 대중적 참여를 이끌어 내지 못하던 운동의 흐름이 지식인 중심의 사상 논쟁이라는 소모전 양상을 띠기도 하였다. 그럼에도 불구하고 결국 이 세 사상적 흐름은 종합적으로 완성되어 1848, 49년 혁명으로 재현되었다.

복잡한 국내 상황만큼이나 유럽의 국제정치 상황 역시 급변하고 있었다. 1830년대 이후 유럽은 혁명의 소용돌이 속에서 프랑스와 오스트리아, 영국과 러시아 등이 서로에게 외교적 술수와 책략을 부리던 시기였다. 유럽 정세는 한 치 앞도 예상하기 힘들었다. 특히 프랑스는 예상을 깨고 그동안 적대적이었던 오스트리아와 우호적 관계를 맺었는데, 이에 이탈리아의 자유주의자들은 크게 실망했다. 오스트리아라는 외세로부터 독립해 통일을 이루는 데 프랑스의 도움을 받을 수 있으리라 기대를 걸고 있었기 때문이다. 이런 정세였기 때문에 영국은 이탈리아와 좀 더 가까워지려고 하였고, 반도 내에서 오스트리아와 프랑스의 영향력을 감소시키려고 노력하였다. 그리고 이탈리아 자유주의 운동을 지원하는 정책을 펼쳤다.

이러한 상황에서 이탈리아 내부에서는 오스트리아에 반대하는 기운이 확산되고 팽배해졌다. 이는 특히 교황과 오스트리아와의 대립을 통해 더욱 구체화되었다. 여기에 1848년 2월에 일어난 프랑스 2월혁명이 독일과 오스트리아에까지 확산되면서 전 유럽적인 혁명으로 번져 갔다. 오스트리아의 정치적 상황과 직접적인 관계에 있던 이탈리아에서는 특히 반향이 컸다. 오스트리아에서 혁명이 발발하자 롬바르디아와 베네토 지방은 어쩔 수 없이 이탈리아 경계 안으로 편입되었다. 다소 이질적이었던 두 지역이 이탈리아로 편입된 것은 통일이니 독립이니 하는 문제로까지 발전되지는 않았더라도, 이탈리아 반도 내의 한 국가의 영토로 편입되었다는 사실만으로도 중요한 의미를 띠었다. 영토 문제를 제외하고 통일이나 독립을 논의한다는 것이 사실상 불가능해졌다는 것을 뜻했다. 이런 이유로 이후에 이들 지역에 대해 피에몬테 왕국은 언제든지 즉각적으로 쉽게 개입할 수 있는 명분을 갖게 되었다.

결국 이 상황에서 밀라노에서 발생한 5일간의 치열한 전투는 피에몬테가 군사적으로 개입하게 하였다. 일단의 보수적 성향의 자유주의 귀족들의 요청을 빌미로 해방된 밀라노에 카를로 알베르토 국왕이 입성하였고, 다시 후퇴하는 오스트리아군을 공격하였다. 그 배경에는 알베르토의 영토 확장 야심과 밀라노의 자유주의자들이 주창하는 공화주의 연방제에 대한 두려움 등이 있었다. 따라서 알베르토가 피에몬테 왕국이 밀라노의 독립을 방해하고 롬바르디아가 피에몬테의 영토로 편입되기를 원했던 것은 당연했다.

결국 논쟁 끝에 피에몬테로의 합병이 주민투표 형식을 거쳐 승인되었다. 이는 리소르지멘토 과정에서 가장 결정적인 사건이라 평가할 수 있다. 정치적으로 보면 왕정 연방주의나 공화주의 연방제에 대한 피에몬테 중심의 왕정주의의 승리이고, 문화적으로는 피에몬테 중심의 편협한 지역주의 문화가 전통적인 이탈리아 문화를 누른 승리였다. 또한 리소르지멘토 측면에서 보면 이후 통일운동 방향이 국민적이거나 대중적인 성격에서 피에몬테 중심으로 절대적으로 흐르게 되었다는 사실을 의미하였다. 그럼에도 피에몬테는 충분한 군사적 준비를 하지 못했고, 이후 베네토를 두고 오스트리아와 벌인 전투에서 패배하면서 군사적으로 실패하였다. 이후 영국과 프랑스가 중재하여 오스트리아와 협상하였고, 밀라노 역시 다시 함락되어, 결국 피에몬테는 롬바르디아에서 철군하였다.

　더 대중적이고 국민적 성격을 지녔던 1848년의 혁명이 실패로 끝나자 이탈리아 반도에는 다시 한 번 수구와 복고의 기운이 감돌았다. 나폴리, 피렌체에서 특히 그러했고 교황청과 교황을 비롯한 가톨릭 세력이 그러했다. 부르봉가를 지지하면서 왕위에 복귀한 페르디난도 2세는 자유주의를 탄압하고 개혁적이던 헌법의 효력을 정지시키면서 반동적 태도를 취했다. 피렌체 역시 지도자들과 지배세력의 무능과 혼란이 겹치면서 걷잡을 수 없는 수렁으로 빠져들었다. 이는 결국 피렌체 대공이 도피하는 사태로까지 치달았으며, 독자적인 자치 능력을 키우지 못하고 외세의 개입 여지를 조장하는 단계로까지 상황을 악화시켰다. 이에 반해 교황과 교황청은 재차 자신들의 세속 권력을 강화하고 가톨릭 영향력을 유지하려는 신교황파적 입장을 고수하였다. 이를 위해 교황 피오 9세는 외국 군대의 개입을 통해 자신의 목적을 달성하려는 더러운 야망을 숨기지 않기도 했다.

　피에몬테에서 이런 분위기가 덜했지만, 정치적 위기 상황이 있었다. 정치체제에 대한 논쟁이 다시 불붙은 것이다. 사회주의 사상이 전파되면서 온건파들과 민주파들이 대립했다. 이는 다시 한 번 피에몬테를 정치적 교착 상태로 빠트릴 만한 상황이었다. 하지만 롬바르디아가 다시 오스트리아의 수중으로 넘어감으로써 상황이 반전되었다. 특히 카부르(Cavour)는 전쟁을 통하여 이러한 내부적 위기를 넘기려 했다. '독립'이라는 명분과 국면 전환이라는 실리를 취하고자 했던 것이다. 비록 노바라(Novara)에서 오스트리아군에 패배하여 알베르토 국왕이 유배당해야 했고 그 여파로 피에몬테가 위축되었지만, 유럽이 다시 한 번 이탈리아 문제에 관심을 가지도록 하였으며, 대내적으로는 통일과 독립의 필요성과 그 주체세력이 피에몬테일 수밖에 없다는 인식을 심어 주는 효과를 거두었다.

또한 1849년 6월에 끝난 로마의 방어나 베네치아의 방어는 어째서 이탈리아가 통일을 이루어야 하는가에 대한 당위성과 그것이 대중의 자발적이고 적극적인 의지 없이는 불가능하다는 사실을 확인시켜 주었다. 리소르지멘토의 성격을 결정지었던 여러 계기가 작용하였던 시기였다. 리소르지멘토 자체가 국민적인 수준에서 좀 더 민족주의 경향의 운동으로 흘러갈 수도 있었다는 사실을 보여 주는 것이었다. 그러나 1848-49년 혁명이 실패로 돌아가면서 이탈리아의 운명은 피에몬테와 그 궤를 같이하게 되었다. 결국 피에몬테의 정치적 우선권을 강화하고 피에몬테 중심의 리소르지멘토로 전개되는 계기가 되었다.

그러나 1848년 혁명이 실패함으로써 이탈리아의 운명은 그다지 자생적이지도 않고 바람직하지도 않은 방향에서 결정되었다. 이후 사회적으로 태생적 한계를 안게 되었고, 결국 여러 사회 문제를 촉발시키는 잠재적 원인으로 작용하였다고 볼 수 있다. 혁명의 실패 원인에 대한 특히 살바토렐리(Salvatorelli)의 관점은 매우 의미심장한 것이다. 그는 실패 원인을 두 가지로 집약하여 설명한다. 첫째 요인은 자유주의와 사회주의의 충돌이었고, 둘째 요인은 자유주의와 국민주의의 대립과 반목이라는 것이다(살바토렐리, 195). 이는 결국 각 국가의 정치적 상황과 여건에 따라 다양한 형태로 현실정치에서 나타나게 되었고, 이의 경중에 따라 통일과 독립의 형태가 결정되기도 하였다.

이런 사상적 대립 과정에서 가장 중요한 영향력을 끼친 이는 당연히 마치니였다. 마치니와, 마치니와 대립적이던 카부르 그리고 마치니와 서로 보완하면서도 상극이었던 가리발디 이 세 사람은 당시의 사상적 흐름에서 정점에 있었다. 이 중 마치니를 이해하는 것이야말로 리소르 지멘토를 더 정확히 이해하는 밑거름이 될 것이다. 그의 사상적 기조 는 계몽주의적이라기보다는 낭만주의적이었으며, 철학적 사유의 바탕 은 종교성 그 자체였다. 가톨릭이라는 종교적 직관을 통하여 그는, 신 이 국가가 인류의 기본적 단위라고 규정했다고 생각하였다. 따라서 궁 극적으로 그의 사상은 자유주의에 바탕을 둔 계몽주의자나 프랑스혁 명에 영향을 받은 민주주의자들과는 융합하기 어려웠다. 마치니와 항 상 대립적이던 카부르는 신생 귀족을 대표하던 가문의 인물로, 다젤리 오와 함께 피에몬테 왕국의 새로운 지배계층을 구성하였다. 젊은 시절 이미 영국과 프랑스 등의 유럽 선진 국가를 돌아보고 자유주의 사상을 오래전부터 다져 왔던 인물이었다. 사보이아 왕국에서 농업상을 비롯 하여 여러 번 장관직을 수행하다 수상에 올라 단기간에 사보이아 왕국 을 신흥 열강의 하나로 끌어올리기도 했다. 그러나 처음에 그는 이탈 리아나 이탈리아적인 것이 무엇인지 잘 몰랐으며, 통일에 대한 이상이 나 희망을 가져 본 적도 없었다. 그에게 중요한 것은 자신의 조국 피에 몬테를 유럽의 열강으로 성장시키는 것이었다. 결국 그러한 구상 속에 서 영토 확장과 전쟁 등의 필요성을 느낀 것뿐이었다.

실제로 그는 이탈리아어를 잘 못했다. 그에게 이탈리아란 피에몬테 를 중심으로 하는 반도의 북부만을 의미했고, 통일 역시 그러한 관점 에서 접근하였다. 통일 이후 북부 산업 발전을 위해 남부를 희생시키 는 정책을 입안한 것도 이런 관점이 작용해서였다. 그런데도 그는 외 교적 수완이나 현실적 정치력이 뛰어나 피에몬테 왕국을 단시간에 신

흥 강국으로 발전시키는 데 중요한 가교 역할을 하였으며, 왕과 지배
계급을 움직여 통일을 이룬다.

1848년과 49년의 혁명 이후 이탈리아 반도에서는 오스트리아적인
중앙집권제와 절대주의 행정체계가 부활되었다. 그러나 피에몬테는
카부르의 지도 아래 1848년 헌법을 고수하고 영토 확장과 부국강병을
위한 준비에 힘을 썼다. 카부르는 왕과 의회의 적절한 협력이나 의회
와 행정부 간의 조화에 역점을 두면서, 유럽의 정치 상황을 외교적으
로 적절하게 활용하여 자신의 입지를 구축하고 온건적 중도파를 연합
하여 1851년부터 수상에 취임하였다. 수상에 취임한 뒤 피에몬테의 산
업 발전을 도모하기 위한 재정 및 금융정책을 마련하고, 유럽 국가들
과 자유무역협정을 체결하고 자유무역관세제도도 도입했다. 이를 바
탕으로 외교를 통한 위상 강화에도 힘써 1853년 일어난 크림전쟁에 참
전하게도 했다.

이후 크림전쟁의 결과 고립된 오스트리아에 대항하고, 북부 중심의
이탈리아 통일을 구상하기 시작하였다. 이를 위해 프랑스를 끌어들이
려고 했지만, 나폴레옹 3세가 이탈리아 통일 자체를 반대하였고, 지중
해 연안에 새로운 강대국이 등장하는 것을 원치 않았기 때문에 교황
중심의 봉건적 구조의 이탈리아 분할을 획책했다. 이는 1858년 7월의
비밀회담으로 이어졌다. 카부르와 나폴레옹 3세가 대표로 참석한 이
회담에서 교황 지배하의 4개 지역으로 분할된 연방국가 수립이 합의
되었다. 그러나 협정 조인이 실패로 돌아가면서 이탈리아의 대(對)오
스트리아 전쟁 역시 일어나지 않았다.

그러나 우연하게도 전쟁의 발발은 이탈리아가 아닌 오스트리아에
의해 일어났다. 1859년 4월 오스트리아는 롬바르디아를 넘어 피에몬

테로 진격하였고, 나폴레옹 3세는 즉시 개입하였다. 그러나 마젠타(Magenta)와 솔페리노(Solferino)에서 승리를 거두었음에도 나폴레옹은 카부르의 야심과 음모에 의혹을 품고, 오스트리아와 휴전협정을 맺었다. 전쟁은 카부르의 의지와는 전혀 다른 방향에서 진행되었지만, 이 전쟁을 통하여 피에몬테는 다시 한 번 영토를 확장하였다. 카부르는 중부 이탈리아 자치도시들과의 합병을 추진하면서 나폴레옹과 독단적으로 밀약을 맺어 나폴레옹에게 니스와 사보이를 넘겨주는 대가로 중부 이탈리아 자치도시들과의 합병을 인정받았다.

이런 북부 상황과 달리 남부, 특히 시칠리아의 상황은 더욱 복잡하고 혼란스러워졌다. 여전히 봉건적이고 중세적 전통이 남아 있던 지주와 농민들의 관계는 급기야 여러 차례의 봉기로 이어졌다. 이 중에서도 1859년 4월에 억압적이고 착취적인 지주들에 대항해 일어난 농민 봉기는 시칠리아뿐만 아니라 이탈리아 통일에 주요한 전환점이 되었다. 봉기가 일어난 뒤 시칠리아 일군의 지식인은 농민봉기를 정치적 혁명으로 이끌 필요성을 느끼고 이를 가리발디에게 요청하였다. 마침 런던에서 돌아온 마치니와 그 일파들은 이를 실행시키기 위해 계획을 세우고 준비도 했다. 가리발디는 밀레(Mlille)라고 불리는 의용군 1000명을 이끌고 시칠리아에 상륙하여 성공을 거두었다.

이는 가리발디와 크리스피(Crispi)를 비롯한 지도자들의 군사적, 외교적 역량과 당시 시칠리아의 정치적 상황이 적절하게 도움이 되는 방향으로 작용한 덕분이었다. 이렇게 가리발디는 시칠리아를 평정한 뒤 다시 본토까지 진격하여 10월 초에는 나폴리에 입성하였고, 남부 전역을 회복하여 교황령과 대치하는 상황을 만들어 냈다. 이에 당황한 카부르는 남부와의 합병에 대한 국민투표를 실시하였고, 결국 압도적인 표 차이로 합병 안이 통과되었다. 또한 카부르는 가리발디보다 먼저 교황령을 점령하기 위해 나폴레옹의 양해를 구하고 에마누엘레 2세를 동원하여 나폴리 북부에 있는 테아노(Teano)까지 진격하였다.

여기에서 가리발디를 만나 설득하는 데 성공함으로써 가리발디가 점령했던 남부를 합쳐 로마를 제외한 통일을 이룩하였다. 일단 통일의 기초를 다지자 이후의 이탈리아 국가는 피에몬테 왕국의 연장선 안에 서만 논의되었다. 즉, 모든 지방의 제도와 법령, 행정 및 세금은 피에몬 테의 그것으로 대체되었다. 이는 지배왕권의 교체에 지나지 않는 것이 었다. 이것이 지배계층과 통일운동 주류로, 카부르가 내세웠던 중간계 급 중심의 중도온건주의만이 존재하게 된 이유다.

1861년 이후에는 오히려 이탈리아 내부의 지배계급과 귀족들의 경 제적, 정치적인 이익을 공고히 하기 위해 신흥 상공업 중간계급들을 끌어들이는 시기였다. 따라서 마치니주의나 지방적 차이를 인정한 정 치적 연방주의 중심의 통일운동과 급진자유주의는 사라지게 되었다. 지배계급의 정치적 이념이 단순화되고 영토 통일이라는 국가적 목표 가 완성되었지만, 상황은 정리되거나 단순하게 전개되는 것이 아니라 상당히 복잡한 문제를 드러낼 뿐이었다.

외부적으로는 유럽 주요 국가들이 새로운 국가 이탈리아에 우호적 이지 않았으며, 오히려 피에몬테 왕국이 아닌 이탈리아 왕국의 출현 에 우려하는 입장이었다. 내부적으로는 영토만 확장된 지리적 통합 이 외의 사상적이고 정신적이며 문화적인 통합과 통일은 오히려 서로의 다른 점을 더욱 두드러지게 할 따름이었다. 이로 인한 여러 사회 문제, 예를 들면 국가와 가톨릭의 관계 설정 문제, 남부에 대한 차별 문제, 자유주의적 이념을 기반으로 했지만 이것이 경제적인 자유주의나 부의 확산이 아니라 오히려 자본주의 체제의 불완전성과 허약성을 드러냄으로써 이후 등장한 파시즘의 성장 토양이 되었다는 점 등이 부각되었다.

그람시는 유년 시절에는 고향인 사르데냐라는 섬에서, 청년 시절에는 노동자들의 도시인 토리노에서 이런 국가 성격을 직접 목도하고 경험하게 된 것이다. 이탈리아 통일의 불안정성과 사회 문제를 해결하기 위해 그람시는 근본적인 변화와 새로운 시작을 원했다. 그것이 비록 사회주의적인 것이었을망정 피지배계급이 국민적 동맹체를 구성하게 하고, 그에 합당한 대항 헤게모니를 만들어 내며, 교육과 문화를 조직화하여 국민과 대중의 문화 체계로 전환시키고자 했다. 이를 위해 전위정당, 건전하고 노동자 친화적인 시민사회가 필요하다고 보았으며, 중단 없이 목표를 향해 나아갈 새로운 리더를 원했던 것이다.

이러한 생각에 확신을 준 것이 파시즘의 출현이었을 것이다. 당시 많은 정치가, 노동운동 지도자, 사회주의자가 파시즘에 대해 혼란스러워하고, 심지어 오판하는 모습도 보였다. 하지만 그람시는 지배계급의 성격과 혼란한 위기 상황에서 나타날 수 있는 전체주의적인 독재 상황을 예의 주시하였다. 그것은 어느 시대, 어느 국가에서나 민주주의 발전 과정에서 흔히 볼 수 있는 것이었고, 이는 그람시가 이야기한 지배계급 유지에 가장 중요한 헤게모니의 폭력적인 변형과 강제의 강화라는 측면으로 논의할 수 있는 것이다. 특히 경제적인 위기 상황에서 '부'와 '경제적 이익'을 가져다준다고 홍보하는 정치지도자들의 사탕발림은 국민과 대중이 암묵적으로 동의하게 하는 기제라고 볼 수 있는 것이다.

그렇다면 우리가 이 지점에서 다시 한 번 눈여겨볼 것은 새로운 체제와 사상으로서의 파시즘이다. 파시즘은 현대 거의 모든 국가에서도 여전히 유용한 기제일 수 있다. 그것은 수많은 국가의 민주주의 발달 경험을 통해서도 알 수 있다. 아프리카의 신생민주주의 국가들만이 아니라 대한민국과 같은 중견 국가들 역시 그러한 지적이나 분석에서 피해 가기 어렵다. 이러한 측면에서 그람시가 자신의 시대를 중심으로 이전의 리소르지멘토에서 이후의 파시즘으로 이어지는 것을 어떻게 생각했을지 충분히 유추할 수 있다. 국가의 기반이 안정되고 지배계급 중심의 수동혁명에 의해 건설된 국가에는 위기의 순간에 다시 한 번 독재나 파시즘 같은 유사체제가 등장할 수 있다는 걸 몸소 느꼈을 것이기 때문이다.

그런 의미에서 이탈리아 파시즘의 형성과 발전에 대한 간략한 설명은 그람시를 이해하고 그람시가 주장하는 국가 유형을 파악하는 데 유용한 정보가 될 것이다. 파시즘이 출현하는 원인은 여러 각도에서 살펴볼 수 있다. 파시즘은 발생하는 시기나 장소에 따라 동기와 원인들이 다소 다르게 나타날 수 있다. 또 복합적으로 나타나기도 한다. 그중 파시즘이 출현하는 역사적이고 사회적인 원인으로 이야기하는 것이 대기업의 출현과 거대한 자본의 등장이다. 이 경우 중간계급은 실직이나 도태라는 위기의식을 느끼고, 일반 소시민들은 기술의 진보나 물질문명의 발달, 과학기술의 잇따른 발명 및 발견으로 공포를 느낀다. 이에 대처하는 방법은 국가에 따라 다소 다르다. 인종적으로 대응하는 국가도 있고, 식민지 건설이나 이전의 지배지에 대한 욕구를 선전 등으로 국민적 공감대를 형성해 전쟁으로 해결하기도 하며, 정치제도의 불안정에서 오는 체제 불안의 심리 등을 경제적인 이익의 환급이라는 달콤함으로 유혹하는 국가도 있다.

이탈리아에서 파시즘은 국제적이고 경제적이며 정치적인 거의 모든 요인이 복합적으로 결합하여 등장하였다고 볼 수 있다. 이탈리아는 유럽의 다른 나라들에 비해 비교적 늦게 통일되었다. 외교 역량이 영국이나 프랑스, 독일에 비하여 상당히 떨어졌다. 실제로 1차 대전에서 승전국이었는데도 외교적인 성과나 영토에 대한 가시적 성과가 두드러지지 않았다. 이는 국민적 불만을 유발했고, 이를 촉발시킨 것이 바로 단눈치오의 피우메 점령사건이다.

앞서 언급했듯이 피우메는 이탈리아 동북쪽의 항구도시다. 현재는 슬로베니아의 도시지만, 1차 대전 이전에는 이탈리아 영토였다. 이탈리아가 1차 대전에 참전한 가장 큰 동기도 종전이 되면 피우메를 비롯한 미수복지를 이탈리아에 할양한다는 연합국의 약속 때문이었다. 그러나 종전이 되어 파리평화협정이 체결되었지만, 연합국은 피우메를 이탈리아에 넘겨주지 않았다. 그러자 평소 민족주의를 주창하면서 이를 바탕으로 강력한 국가 건설을 표방하던 문학가 단눈치오는 일단의 의용군을 이끌고 1919년 피우메를 무력으로 점령했다. 단눈치오는 이 도시를 15개월간 통치하였다. 피우메는 1920년 라팔로 조약으로 자유도시가 되었다가 1924년에 다시 이탈리아로 귀속되었다. 그러나 2차 대전이 종전되면서 다시 유고슬로비아에 귀속되어 현재에 이르고 있다.

이 사건에 이탈리아의 국민은 단눈치오와 의용군들의 행동에 박수를 보내며 환호했다. 특히 보수적 성향의 지배계급들, 현역 및 퇴역군인들, 그리고 혁명적 노조주의자(생디칼리스트)들이 지지를 보냈다. 미수복 영토를 무력으로 점거하는 데 일정 부분 국민적 지지와 동의를 획득하는 데도 성공한 셈이었다. 이후 국가의 정책 방향이 군국주의 증강과 해외 식민지 확대로 향했음은 두말할 필요가 없을 것이다.

국내적으로는 사회적인 혼란과 경제적 침체가 파시즘 탄생과 발전에 커다란 동기를 부여했다. 통일은 되었지만, 이탈리아에는 새로운 사회 문제들이 나타났다. 남부문제, 이민문제, 농업문제, 사회주의나 무정부주의 전파에 따른 이념적 혼란, 극우적 경향의 단체들과 사상들의 난무 등으로 사회는 불안정해졌다. 이 때문에 참전 여부를 놓고 첨예하게 대립하였고, 이런 갈등은 종전 이후 많은 퇴역군인과 노동자들의 시위와 파업 등으로 표출되었다. 더군다나 1917년 러시아혁명의 성공으로 인해 전 유럽은 사회주의 혁명의 도래를 믿어 의심치 않는 분위기였다. 이에 지배계급들은 혁명의 기도를 무력화하고 날로 확장되는 노동자 세력을 제지할 수 있는 새로운 세력의 출현을 고대하게 되었다.

바로 이 시기에 파시즘이 지배계급의 지원과 국가의 묵인 아래 커다란 대안세력으로 부상했다. 이런 배경에서 태동한 파시즘 세력은 마르크스주의나 계급에 기반을 둔 사회주의 및 혁명을 꿈꾸는 프롤레타리아계급을 탄압하였다.

1차 대전은 극심한 인플레를 수반하였고, 퇴역군인들의 실업 문제, 갈수록 심화되는 빈부 격차, 노동자들의 실질임금 하락 등의 현상을 낳았다. 또한 전시체제에는 국민의 실생활과 직접 관련이 없는 중공업 발전에 매진하였고, 식민지 확장을 위한 대외전쟁을 위해 국민의 가정 경제를 희생하는 방향으로 흘렀다.

이에 따른 계급적이고 계층적 불만은 여러 형태로 표출되었다. 지배계급은 지배계급 나름대로 자신들의 이익을 지켜 줄 강력한 정치세력의 등장을 원했고, 당시의 허약한 정부나 졸리티로 대표되는 노동자 지향적 정부는 커다란 걸림돌이라고 생각하였다. 또한 중간계급 역시 무산자 폭동이나 프롤레타리아 혁명을 두려워하여, 자신들이 전면에 나서지 않더라도 이를 해결할 수 있는 새로운 세력의 출현을 지원했다. 소시민이나 농민 역시 자신들의 사회적, 경제적 불만을 해결할 수 있는 강력한 정치제도의 출현을 기다리고 있었다. 아래의 글은 그람시의 혜안을 보여 준다.[41]

전투적 파쇼(Fasci di combattimento)는 전쟁 직후에 출현했는데 그 시기에 등장한 다양한 참전용사 단체와 동일한 프티부르주아적 성격을 지니고 있었다. 사회주의 운동에 대한 그 결연한 적대—부분적으로는 전쟁 기간 동안 사회당과 참전주의 단체들 사이에서 발생한 갈등의 유산—로 인해 파쇼는 자본가들과 정부 당국의 지지를 받았다. 파시즘 세력의 출현은, 성장하는 노동자 조직의 세력과 싸우기 위해 백색 테러단을 구성하려던 지주 측의 요구와 우연히 맞아떨어졌다. 이로 인해 대지주들에 의해 만들어져 무기까지 지급받은 무장 패거리들 조직도 파쇼란 이름을 얻게 되었다. 그리고 이들 패거리가 점점 더 힘을 얻어 가면서 프롤레타리아계급 조직에 맞서 싸우도록 길들여진 자본주의의 백색 테러단을 지칭하는 이름으로 굳어져 갔다. 파시즘은 이러한 애초의 결점에서 결코 탈피해 본 적이 없다. 최근까지 현저히 의회적이고 협조주의적인 도시의 소부르주아 중핵들과, 주로 농민들과 농민조직들에 대한 투쟁에 관심 있는 대·중 지주와 농장주 자신들에 의해서 조직된 농촌 중핵들 사이의 균열은 폭력적인 무력 사용을 통한 대대적인 공격에 매달리는 방향과 전술에 의해 다소 잠잠해졌다. 특히 대·중 지주와 농장주에 의해 조직된 농촌의 조직들은 완고하게 반노조적이고, 반동적이며, 국가의 권위와 의회주의의 효능보다는 직접적인 무장력에 더 신뢰를 보내는 경향이 있다.

파시즘은 농업 지역들(에밀리아, 토스카나, 베네토, 움브리아)에서 크게 확산되었다. 자본가들의 재정적 지원과 국가의 민간 및 군사 기관들의 보호를 받으며 무제한의 권력을 확보했다. 그러나 프롤레타리아 계급에 의해 만들어진 조직들에 대한 난폭한 공격 행위들이 자본가들—그들은 1년여에 걸쳐 사회주의 노조의 전체 투쟁 기구가 산산이 부서지고 변화되는 것을 목격했다—에게 이득을 주었지만, 한편으로는 그 행위가 더욱 극악해져 중산층 및 민중 사이에서 파시즘에 대한 광범한 혐오감을 유발시키는 역효과도 불러왔다. 이로 인해 파시즘이 결국 종식되고 만 것을 부인할 수 없다.

사르자나(Sarzana), 트레비소(Treviso), 비테르보(Viterbo), 로카스트라다(Roccastrada)에서 벌어진 사건들은 무솔리니에 의해 상징되는 도시 파시스트 중핵들에게 깊은 충격을 주었다. 이들은 농촌 지역들에서 파쇼에 의해 추구되는 명백히 부정적인 전략들에서 위험성을 발견하기 시작했다. 하지만, 다른 한편으로 파시스트들은 사회당이 농촌과 의회에서 자신들과 기꺼이 그리고 유연하게 협력할 수 있도록 입장을 바꾸게 끌어냈고, 이는 훌륭한 결실을 맺기 시작했다.

이 국면에서 잠재했던 균열이 참으로 심각하게 그 모습을 드러내기 시작했다. 도시의 협조주의적 중핵들은 자신들이 설정했던 목적을 성취한 것으로 평가했다. 사회당이 계급적 비타협의 입장을 포기하도록 만든 것. 그들은 자신들의 승리를 평화조약으로 문서화하길 원했다. 반면에 농업자본가들은 파업과 노동조직으로부터의 어떠한 교란도 없이 농민계급들을 자유롭게 착취할 수 있도록 보장해 주는 그 유일한 전술을 단념할 수 없었다. 파시스트 진영을 휘저어 놓으며 평화조약의 지지자들과 반대자들 사이에서 벌어진 총체적인 논쟁의 뿌리는 이러한 기본적 불일치에 있었다. 불일치의 원인은 바로 파시스트 운동의 기원에서 찾아야 한다.

사회주의자들이 자신들의 노련한 타협 기술을 통해 파시스트 운동 내부의 분열을 조장했다고 주장하는 것은 사회주의자 자신들이 파시스트라는 참주를 통해 정치하고 있다는 사실을 선전하는 심원한 증거일 뿐이다. 실제로 파시스트의 위기는 전혀 새로운 것이 아니며, 언제나 존재했던 것이다. 반프롤레타리아적 층들을 결집시켰던 우발적 요인들이 일단 작동을 멈추자 필연적으로 당내의 균열이 더 분명하게 돌출되었다. 따라서 위기는 이전부터 존재했던 실제 상황을 명백히 한 것 이외에 아무것도 더 보탠 것이 없다.

파시즘은 둘로 분열되어 이 상황에서 벗어날 것이다. 중간계급들(화이트칼라, 소상점주인들, 소공장주들)의 지지에 의존하는, 무솔리니가 이끄는 의회 내의 분파는 자신들의 지지자들을 정치적으로 조직화했고, 필연적으로 사회당원 및 인민당원들과 협조하는 방향으로 기울어질 것이다. 농업자본가의 이해를 지키기 위해 프롤레타리아에게 무력과 폭력 사용을 주장하는 당내 비타협주의 부분은 그들의 특징인 반프롤레타리아 행동을 계속할 것이다. 후자의 경우에—노동계급이 연관되어 있어서 가장 중요한 부분인데—사회주의자들이 스스로 하나의 승리라고 자랑스러워하는 '평화합의'는 궁극적으로 아무런 가치도 지니지 못한다. '위기'의 유일한 현실적 성과는 파시즘을 전반적인 정치적 '당' 프로그램을 통해 정당화하려고 헛되이 시도했던 프티부르주아 지지자들의 분파가 파쇼로부터 떠나는 정도에 그칠 것이다.

그러나 에밀리아, 토스카나, 베네토의 농민들과 노동자들이 지난 2년 간의 백색테러(저자 주: 1920-21년 이들 지역에서 발생했던 파시스트 대원들의 무차별적인 테러와 방화 사건들을 가리킨다)란 고통스런 경험을 통해 통찰한 진정한 파시즘은 그 이름을 바꾸는 한이 있어도 계속될 것이다.[42]

그람시는 파시즘을 일시적이거나 과도기적 현상으로 보지 않았다. 지속적으로 등장할 수 있는 체제이자, 영속적인 하나의 이념으로 보았던 것이다. 특히 피지배계급의 힘이 약하거나 대항 헤게모니 생성이 어려운 지역—이탈리아와 같은 국가—에서는 파시즘이 언제든 반복될 수 있는 것으로 파악하고 있다. 이는 파시즘이라는 현상과 이념이 일시적이고 당대 유행하던 하나의 사조로 등장한 것이라기보다는 위에서 언급한 과정과 상황을 통해 이탈리아에 등장하여 커다란 하나의 새로운 대안세력으로 성장할 수 있었던 결정적 원인이라고 말할 수 있다. 파시즘은 국가의 묵인과 산업자본가들의 지원 그리고 중간계급과 소시민들의 절대적 지지를 바탕으로 국내외적으로 이탈리아의 불만을 잠재우고 강력한 국가를 원했던 이탈리아 국민에게 새로운 동기를 부여했다. 그 정점에 무솔리니를 올려 현대 정치사의 오점을 대표하는 체제와 이념으로서 파시즘이 등장할 수 있었다.

파시즘 체제를 규정하는 데 혼란스러워 하던 이탈리아 지식인들 중에서도 몇몇 정치가, 사상가는 그나마 비교적 정확한 판단을 하고 있었다. 이러한 관점에서 위에 있는 그람시의 글은 어째서 현대에도 전체주의나 유사 파시즘 체제가 지속되는가에 대한 의미 있는 설명과 분석을 담고 있다. 물론 파시즘에 관한 그람시의 글들은 1922년 파시즘이 정권을 획득하기 전에 쓰였던 것이 많고, 체제 전반에 대한 본격적인 분석으로까지는 이어지지 않고 있다. 하지만, 그람시가 제기한 파시즘 체제의 성격과 특징에 대한 글들은 지금도 유용하다.

이와 같은 파시즘 체제와 부르주아 국가 성격이라는 두 가지 주제에 대한 그람시 분석을 종합하여 본다면, 기존 논의와는 다른 점들이 존재한다. 그것은 그람시 국가론에 대한 기존 논의나 주장과는 차이가 있는 그람시의 주장들이 존재한다는 점이다. 기존 연구들이나 국가 유형의 일반적인 분류 형태는 보통 두 가지로 정리할 수 있다. 하나는 통합국가나 변형국가 혹은 폭력국가 등으로 구분하면서 정치사회와 시민사회의 헤게모니 크기나 영향력의 지속성 정도에 따라 구분하고 있는 유형이다. 두 번째는 경제적-조합적인 단계의 국가와 크로체에 의해 제기된 윤리적 단계의 국가로 구분하는 유형이다. 그러나 이러한 두 가지 유형 모두—부치 글룩스만이나 페미아, 앤더슨, 벨라미, 케비어, 봅비오 등의 초기 그람시 연구자들이 제기하고 있는 유형—현대 사회를 분명하고 정확하게 설명해 주고 있지는 못하다. 통합국가, 변형국가, 조절국가 등의 개념 유형화나 경제적-조합적 단계의 국가나 윤리적 국가의 특징이 현대 사회에 존재하는 국가의 특정화 사례로서는 유용할 수 있지만 일반화하기에는 다소 부족하기 때문이다.

이런 이유로 인해 그람시의 국가론은 한국 사회에서 논의되었던 1990년대 수준에 머물러 있다고 볼 수 있다. 시민사회와 국가 간의 관계를 중심으로 그람시 사상의 마르크스적인 방향성에 대한 재해석이 여전히 논쟁적으로 지속되고 있다. 그런 점에서 신자유주의 세계화 시대의 국가를 이해하는 데 다소 한계가 존재한다고 보는 것이다. 따라서 이제는 이러한 그람시 국가론 논의를 민주주의와 자본주의 체제의 유형으로 적극적으로 전환할 필요가 있다고 본다. 특히 그람시 논쟁은 서구보다는 신흥개발도상국가나 소련 체제 이후의 러시아나 중국과 같은 자본주의 경제체제의 기반을 가진 사회주의 국가나 한국 등과 같은 중진국에 대한 분석에 더욱 유용할 수 있기 때문이다.

다시 말해 내적인 환경보다는 외적인 환경에 영향을 많이 받는 국가들과 국가의 출발 자체가 내재적으로 변혁과 혁명의 과정을 겪었던 국가가 아닌 변형주의 국가 형태를 겪었던 국가들에서는 그람시의 논의가 충분한 함의를 여전히 갖고 있다는 것이다. 한국의 경우 이러한 의미에서 본다면 더욱 그람시 논의나 주장에 대한 더 긴밀하고 적절한 연구와 분석이 필요한 국가일 것이다. 특히 오랫동안 유지되었던 봉건 왕조의 유지와 해체 과정에서 등장한 새로운 지배계급의 성격이 혁명에 준할 정도로 전면적으로 교체된 지배세력이라고 보기에는 미흡한 측면이 있고, 오히려 그 지배세력이 더 외세 지향적이고 반민족적인 성향을 띠었다는 점에서 한국은 서구에서 이야기하는 수동혁명의 경험도 존재하지 않는 국가이기 때문이다.

한국에서 그람시 이론의 적용 가능성을 논의하기 위해서는 좀 더 정교한 이론적 틀과 사례 연구가 필요할 것이다. 다만 여기에서는 그람시 이론의 적용 가능성에 부합하는 한국이라는 국가의 특징을 몇 가지만 서술하는 것으로 대체하겠다. 첫 번째 한국 사회는 봉건적 사회질서의 특징과 구조를 갖고 있으며 이는 이탈리아와 매우 유사하다. 다시 말해 이탈리아 역시 오랜 봉건 질서(기원전 476 게르만족 출신의 용병대장 오도아케르에 의해 서로마가 멸망한 뒤 1861년 통일) 속에서 통일된 근대국가를 이룩하는 데 성공했지만, 근대국가로서 질서와 자리를 잡는 데에는 여전히 부족한 측면이 있다. 한국 역시 조선 왕조가 멸망한 뒤 들어선 국가가 자주적인 통일국가가 아니었고, 일제 식민지로부터 근대가 출발했으며 그나마 시작한 1948년 대한민국 역시 자체의 노력이나 국가의 내부적 혁신에 의해 건국된 것이 아니다. 두 번째 한국 지배계급은 외세 지향적일뿐만 아니라 일반 국민이나 대중과는 격리된 채로 살아 위로부터의 개혁이나 민주주의 정치체를 위한 수동혁명의 역사가 전무하다는 점이다. 이탈리아 역시 지배계급이 형성되고 유지되는 동안 지식인을 비롯한 사회 상층계급은 몇 번에 걸친 국가 개조의 기회가 있었음에도 프랑스와 같은 수동혁명을 성공시키지 못하였고, 18세기 말에 이르러서야 피에몬테 왕국에서 형성된 온건자유주의자들에 의한 개혁 사례 정도가 있을 뿐이다. 이는 결국 민주주의의 결핍으로 설명되는 남부문제와 같은 지역주의나 후견인주의와 같은 엽관주의 및 부정부패한 사회질서 등의 현상으로 나타나고 있는 것이다. 한국 역시 민주주의 결핍 현상이 여전히 유지되고 있으며, 영호남의 지역 문제나 반공주의 혹은 지연이나 학연 등에 의존하는 사회질서 및 부정부패한 사회구조로 설명될 수 있다. 세 번째 민주주의의 정착과 안정화라는 측면에서 한국은 제도적인 민주화에는 성공했을지는 몰라도 의식과 문화의 민주화는 여전히 부족한 측면이 많다. 한국 지배계급의 헤게모니가 다양한 방식으로 유지될 수 있는 것은 지배계급이 제시하는 이데올로기나 방향성에 대항할 수 있는 국민적인 수준 혹은 대중적인 수준의 진정한 의미에서의 민주주의적인 대항 헤게모니가 존재하지 않기 때문이다. 결국 경제적인 관점에서의 이해득실이라는 천박한 자본주의적인 특성을 드러내는 것은 바로 그런 이유인 것이다. 이러한 점들로 인해 한국 사회에서 그람시를 적용한다는 것은 결국 그람시가 제기한 민주주의적인 특징과 성격을 바탕으로 그람시가 제시한 많은 개념과 이론에 대한 한국적인 의미를 찾아내 적용해야 한다는 점이다.

　이와 연관하여 그람시의 민주주의적인 특징을 이야기하기 위해서는 몇 가지 중요한 내용이 우선 제시되어야 한다. 이러한 점은 다음 장에서 논의하게 될 마키아벨리에 대한 평가와 논쟁에서 더 자세하게 설명하겠지만, 적어도 다음과 같은 이론적 논의와 내용이 그 출발점과 핵심적인 내용을 구성하게 될 것이다. 그람시가 제기한 가장 기본적인 논점은 자본주의 체제를 유지하는 국가가 갖는 지속성과 내구성이다. 이를 위해 역사적으로 지배계급이 어떻게 형성—이를 그람시는 역사적 블록이라 명명한다—되어 왔는지 그 과정에 주목하면서 헤게모니를 유지하는 국가의 통치 방식과 작동 원리를 정치사회와 시민사회의 역할과 기능 및 역학관계 등을 통해 분류하고 있다. 이 과정에서 전위적이고 핵심적인 역할을 하는 지식인과 정당의 역할 및 기능에 주목하였다. 그런데 그람시가 제기한 문제의 중심에, 단순한 혁명정당의 제시나 그러한 조직을 통해 사회주의 국가를 건설하겠다는 의도나 의미만이 존재하는 것은 아니다. 그람시가 말한 전위정당은 단순히 정치권력의 획득을 위해 철저하게 프롤레타리아 의식과 사회주의 정신으로 철저하게 무장된 엘리트 운동가들이 만든 정당조직이 아니라, 새로운 의식과 문화를 광범위하게 확산시켜 새롭게 형성된 국민이 조직한 전위정당을 의미한다. 유산자와 무산자로 단순하게 이분하지 않고, 사회구조의 다양성을 반영한 여러 직군과 직위 및 계층의 동맹을 통해 형성된 전위정당이다. 다시 말해 이 정당이 대항 헤게모니 형성의 중심적인 기구로서 역할을 해야 한다고 보았다.

　따라서 그람시의 이러한 논의를 충분히 살려 국민정당이나 대중정당의 지형을 만들어 가야 할 것인가였다. 현재의 자본주의 체제하에서는 지배계급의 질서를 전복하거나 혁명과 같은 방식의 아래로부터의 국가권력 쟁취가 불가능하다고 보기 때문이다. 단순히 의회와 같은 대의제의 확장이나 시민사회의 정치적 역량 강화와 같은 방식을 주장하는 것은 아니지만, 적어도 한국과 같은 국가나 여전히 어떤 국가를 만들 것인가에 대한 고민과 논쟁이 한창인 신흥개발도상국가들의 경우 (부족한 시민사회의 역량을 강화하고 대항 헤게모니를 개발하기 위한) 시민정당이나 국민정당의 활동 기반의 강화는 필수적이라 할 수 있을 것이다.

그러나 한국의 정치적 지형을 조금만 자세히 들여다본다면 그러한 기본적인 민주주의의 토대 구축 작업이 얼마나 지난하고 쉽지 않은지 어렵지 않게 이해할 수 있다. 한국의 정치적 지형은 오랫동안 기득권을 유지하고 있는 친일과 친미라는 외세 지향적인 역사적 블록 위에, 자본주의 체제를 유지하는 재벌이라고 하는 독특한 형태의 대기업과 기득 정당들, 이러한 기득 정당들에 끊임없이 정치지도자들을 공급하는 검찰과 군인 및 경찰 등의 정치사회 구성원들, 그리고 전문가집단이라는 관료나 교수 등 기회주의적인 유기적 지식인들로 구성되어 있는 것이 현실이다.

단순히 외형적으로 새로운 정당이나 전위정당을 만든다고 이러한 정치 지형과 사회 환경을 바꿀 수 있는 건 아니다. 또다시 실패를 반복할 게 명약관화하다. 결국 선택은 두 가지 중의 하나가 되어야 한다. 첫 번째는 그람시가 마키아벨리를 끌어들인 것처럼 기존 정당이나 지배계급의 질서를 바꾸기 위한 위로부터의 엘리트적인 전위정당을 만드는 과업일 것이다. 지배계급의 강력한 힘을 서서히 약화시키면서 역사 청산과 정의로운 사회 실현을 위한 혁신적인 역할을 할 수 있는 정당과 정치지도자에 기대하는 방법이다. 두 번째는 아래로부터 형성된 대항 헤게모니를 통해 기반이 튼튼한 국민정당을 건설해 정치적인 지형과 사회적인 환경을 서서히 바꾸어 가는 진지전의 방법이다.

그러나 유감스럽게도 두 방법 모두 현재의 한국이라는 정치적 공간과 사회적 조건에서는 불가능하거나 실현 가능성이 그리 크지 않다. 첫 번째 방법의 경우 이러한 과업을 이끌어 가거나 담당할 만한 정당이나 정치지도자가 출현할 수 있는 기반이 거의 없고 그럴 만한 조건이 거의 불가능하다는 점에서 어렵다. 결국 두 번째 방법을 선택할 수밖에 없게 된다. 두 번째 방식이라고 해서 실현 가능성이 크다고 볼 수 없다. 특히 서구의 민주주의 사상을 제대로 이해하고 민주주의를 경험하지 못한 한국 국민에게 민주주의란 시끄럽고 시간과 비용도 많이 드는 소모적인 것으로 파악될 가능성이 매우 크기 때문이다. 자유라는 단어는 좋아하지만 그에 따르는 책임에 대해서는 무지하거나 무시하며, 평등이라는 단어는 사회주의적인 속성을 가진 정체성의 하나로 생각하고, 연대라는 단어보다는 여전히 박애라는 자비주의와 온정주의적인 단어에 더 집착하는 한국의 민주주의 개념은 그 출발부터가 서구의 민주주의 개념, 제도와는 전혀 다르다.

민주주의의 결핍과 변형된 민주주의 체제를 유지하고 있는 지형 위에, 외부의 정치경제적 조건과 환경에 너무나 커다란 영향을 받아야 하는 한국의 민주주의 상황에서 현재 선택할 수 있는 해결 방법은 극히 제한적이다. 선택의 폭이 넓지 않은 현재의 상황에서 실현 가능한 실천의 방법에 대해 고민할 필요가 있다는 것은 두말할 필요가 없을 것이다.

그렇다면 결국 '어떻게'라는 문제로 귀결될 수 있다. 이 지점에서 그람시가 제안하고자 했던 두 가지 정도를 새로운 실천 방법으로 제안할 수 있겠다. 하나는 국민정당의 건설을 위해 현재의 기득 정당 속에서 위로부터의 우호세력과 혁신적인 전위세력을 연결해 주는 연계정당을 구축할 필요가 있다. 두 번째는 아래로부터 시민정당의 기반을 확장하기 위해 생활에서 민주주의를 활성화하고 민주주의를 일상 안에서 하나의 상식과 원칙으로 만들어 갈 수 있는 국민운동과 대중운동을 다각적으로 결합하는 방식이다. 전혀 새로운 방식은 아니지만, 한국 사회를 구성하는 다양한 요인과 요소에 대해 개별적으로 맞춤형 전술을 선택하고 이를 하나의 국민운동이나 시민연합으로 묶어 낼 수 있는 역량과 조직화가 필요하다. 특히 민주주의의 가장 중요한 가치에 대하여 시민과 국민이 느끼고 생활의 일부분으로 경험할 수 있는 토대 민주주의 운동조직이 필요하다. 한국 사회의 불투명성을 해소하고 부정부패한 사회질서를 바꾸는 소소하지만 기초가 되는 일상의 운동을 반복적으로 만들어 가는 것이 정정당당하고 정의로우며 함께 사는 민주주의 가치가 실현되는 대한민국이 된다는 평범한 진리를 실천할 때이다.

그렇다면 그러한 평범한 민주주의의 진리와 원칙에는 어떤 것들이 있을까? 그람시와 마키아벨리의 만남을 통해 다시 한 번 그 답을 확인해 보고자 한다.

《옥중수고》에서 만나는 마키아벨리의 정치와 '실천민주주의'

그람시가 어째서 《옥중수고》의 많은 부분에서 마키아벨리를 언급하고 연구하였는가에 대해서는 이미 밝혔다. 특히 놀라운 사실은 그람시가 《옥중수고》에서 밝히고 있는 마키아벨리 연구가 몇 가지 측면에서 현대 정치학과 민주주의 연구에서 다루고 있는 영역들을 질서정연하고 분석적으로 정리하고 있다는 점이다. 그람시가 집중적으로 분석하고 관심을 갖는 영역은 크게 다섯 가지로 분류할 수 있다. 첫 번째는 마키아벨리가 가장 기본적인 원칙과 요소를 다루고 있다고 평가되는 정치학과 정치의 영역이다. 두 번째는 현대 사회에서 중요하게 여겨지는 정치지도자로서의 리더십 영역에 대한 것이다. 세 번째는 현대 정당의 의미를 제시하고, 그런 정당을 건설하기 위해 어떻게 해야 할 것인가를 다루는 부분이다. 네 번째는 국가를 구성하는 국민과 민중을 어떻게 만들어 낼 것인가를 고민하면서 국민과 민중의 민주적 자질을 평가하고 있는 영역이다. 다섯 번째는 토대와 상부구조를 분석하는 국면과 계기의 분석을 통하여 한국 사회의 헤게모니가 어떻게 구성되어 있는지 밝히는 부분이다.

　지금부터는 다섯 가지의 영역을 통해 그람시가 마키아벨리를 어떻게 평가하고 서술하고 있는가를 잘 보여 준 글들을 소개할 것이다. 그람시의 글은 놀라우리만큼 절제되고 명료하며 분석적이어서 현대의 저명한 마키아벨리 연구가들조차도 감탄할 정도다. 다섯 가지 영역에 해당되는 글들을 그람시 글의 특성을 거의 그대로 살려 재구성하였다. 그람시가 당대에 평가한 마키아벨리가 어떻게 현재의 시점까지도 학문적이고 실천적으로 중요한 함의를 갖는지 확인하게 될 것이다.

마키아벨리의 정치와 정치학

그람시는 두 가지 기본적인 사실을 통해 마키아벨리의 정치와 정치학에 대해 언급하고 있다. 하나는 마키아벨리의 저서와 연구는 현대 정치학의 문제를 다루고 있으며,《군주론》을 분석함으로써 이를 자세히 알 수 있다고 언급하였다. 두 번째는 당대의 연구 경향에 대한 분석과 마키아벨리가 르네상스, 아니 매너리즘 시대에 필요한 리더십과 통일국가라는 시대정신을 대표한다는 언급이다. 이러한 두 가지 사항을 그람시의 글로 재구성하면 다음과 같다.

마키아벨리 연구에서 제기되고 해결되어야 할 초기의 문제는 자율적인 학문으로서 정치학의 문제이다.(Gramsci 1975, 노트 13권 제10항) 그의 정치학은 국민에 기반을 둔 절대왕정을 지향하는 당대의 철학을 반영하였다. 이는 부르주아 생산력이 최고로 발전하도록 촉진시키고 용인하였던 정치 형태이다.(Gramsci 1975, 노트 13권 제13항) 마키아벨리는 그의 시대에 맞는 전형적 인간이었으며, 그의 정치적인 기술은 부르주아 조직체와 발전을 용인케 했던 절대왕정 국민국가를 만들고자 하였던 당대의 시대정신을 대표하고 있다. 마키아벨리에게서 핵심적으로 볼 수 있는 것은 권력의 분화와 의회주의의 첨단 형태였다; 그의 "잔인성"은 봉건주의의 찌꺼기에 반대하는 것이지 진보적인 계급들에 반대하는 것은 아니다;(Gramsci 1975, 노트 1권 제10항)

또한 마키아벨리에게서 권력 분립과 의회주의(대의제 제도)에 대한 맹아도 발견할 수 있다. 마키아벨리가 연구한 이탈리아에는 프랑스의 삼부회처럼 이미 국민생활에서 중요한 위치로 발전된 대의제 제도가 없었다는 사실을 주목할 필요가 있다. 이탈리아 남부와 시칠리아에는 대의제 제도가 존재했다. 그러나 남부와 시칠리아의 대의제는 프랑스에 비해 훨씬 제한적 성격이 강했다, 그 이유는 이들 지역에는 프랑스와 같은 제3신분이 거의 발달되지 않아서 의회는 군주의 혁신적인 시도에 지방귀족이 대항하면서 생긴 무정부 상태를 지속시키는 도구가 되었기 때문이다. 결국 이런 이유로 군주는 그러한 혁신 정책을 시도할 때면, 이를 지지할 부르주아가 없는 상황으로 인해 "피지배계급(하층민)"의 지원에 의지해야만 했다. 마키아벨리가 도시를 농촌과 연결시켜야 한다는 자신의 강령 혹은 방향성을 군사적인 용어로밖에는 표현할 수 없었다는 사실은 이해할 만한 것이다. 이는 프랑스의 자코뱅주의가 (토지를) 직접 경작하고 농사를 짓는 농민계층에 대한 경제적이고 사회적인 (역할과 기능의) 중요성을 평가하였던 중농주의 문화라는 전제가 없었다면 설명할 길이 없었다는 것을 생각해 보면 된다.(Gramsci 1975, 노트 13권 제13항)

마키아벨리에게서 이러한 두 가지의 기본적인 요소를 볼 수 있다: 1) 정치는 일반적인 도덕과 종교와는 다른 독자적 원리와 법률을 가진 자율적이며 독립적인 활동이며[이러한 마키아벨리의 입장은 상당히 큰 철학적 범주(또는 한계)를 갖는데, 왜냐하면 그것이 도덕과 종교에 대한 개념을 새롭게 하기 때문이다. 즉 세계에 대한 개념을 혁신한다는 것을 암묵적으로 의미하기 때문이다]; 2) 첫 번째 주장(요소)에 따라 현실적인 목표를 확정하고 연구하여 정치예술에 즉각적이고 실현 가능한 내용을 담는 것이다.(Gramsci 1975, 노트 4권 제8항)

이 지점에서 그람시는 실현 가능한 내용으로서《군주론》을 끄집어
내어, 마키아벨리의《군주론》이 갖는 의미를 정확하고 명료하게 밝힌
다. 특히《군주론》이 갖는 정치학의 의미와 현대적 함의를 다음과 같
이 이야기하고 있다.

> 《군주론》에 관한 기본적인 사실은 그것이 체계적인 총론이 아니라
> 정치이념과 정치과학이 극적인 형태의 '신화' 속에 혼합되어 만들어
> 진 '생동적인' 작품이라는 점이다. 특정한 정치적 목표를 지향하기
> 위해 하나의 확정적인 집단의지의 형성 과정을 보여 주는 지점에서
> 마키아벨리는 (…) 개인의 자질·성격·의무·자격들을 통해 (정치이념
> 과 정치과학이 갖는 생동적인 작업이라는 사실을) 보여 주었다. 마키아벨
> 리의《군주론》은 (…) 분산되고 흩어진 사람들에게 작용하여 그들의
> 집단의지를 일깨우고 조직하기 위한 정치적 이념의 주요한 사례로
> 연구될 수 있는 것이다.(Gramsci 1975, 노트 13권 제1항)
> 정치학과 관련하여 확정되고 전개되어야 할 또 다른 관점은 정치 행
> 위와 국민생활에서의 "이중 전망"이다. 이중 전망은 가장 기초적인
> 요소에서부터 가장 복잡한 요소까지 표현할 수 있는 여러 수준으로
> 나타나지만 (…) 강제와 동의, 권위와 헤게모니, 폭력과 문명, 개별적
> 계기와 보편적 계기('교회'와 '국가'), 선동과 선전, 전술과 전략의 수
> 준 들을 의미한다.(Gramsci 1975, 노트 13권 제14항)

마키아벨리의 정치지도자

마키아벨리의 정치와 정치학에 대한 분석은 그 실현의 주체라고 할 수 있는 정치지도자의 문제로 넘어가게 된다. 특히 그람시는 이 부분에서 다양한 정치지도자에 대한 역사적 사례들을 제시하고 있다. 카이사르주의, 보나파르티즘, 신군주 등은 그러한 정치지도자의 연장선에서 논의하고 있는 소주제들이며, 정치지도자 리더십의 현대적 의미에 대해서도 논의를 충분히 이끌어 내고 있다. 이러한 그람시의 분석은 다음에 논의할 정당과 국가의 건설이라는 주제와 연결되어 있다.

> 현대군주의 중요한 과업과 임무는 지적이고 도덕적인 개혁의 문제에 집중하는 것이다. 다시 말해, 종교 혹은 세계관의 문제에 전념해야 한다는 것이다. 현대군주는 지적-도덕적 개혁의 선구자이자 조직가여야 하며, 또 그렇게 되지 않을 수 없다. 이는 국민적-민중적 집단의지의 최근 발전 방향이 근대문명의 우월하고도 종합적인 형태를 실현하는 방향으로 계속해서 발전해 나아갈 수 있는 지형이 만들어진다는 사실을 의미하는 것이기도 하다. 이상의 두 가지 기본적인 요점—하나는 현대군주가 국민적-민중적 집단의지의 조직가인 동시에 그것의 적극적이고 능동적인 표현이라는 점, 둘째는 지적이고 도덕적 개혁을 어떻게 할 것인가의 문제—이 작업의 토대를 이루어야 한다.(Gramsci 1975, 노트 13권 제1항)

그는 새로운 세력관계를 창출하기를 원했으며, 행동하는 정치가로 불굴의 의지를 가진 열정의 인간이었다. 따라서 "있어야 할" 것(당연히 도덕적인 의미에서가 아닌)에 대해 관심을 갖지 않을 수 없는 인간이었다. 문제는 "있어야 할 것"이 자의적인 행동이냐 혹은 필수적인 행동이냐를 볼 필요가 있으며, "있어야 할 것"이 구체적인 의지이냐 아니면 게으른 공상이거나, 바람 혹은 뜬구름 잡는 사랑이냐 하는 점이다. 행동하는 정치가는 창조자이며 선도자이지만, (…) 유효한 현실에 기초하여 자신을 구축한다. 실제로 존재하고 작동하는 세력 간의 새로운 균형을 창출하려는 의지를 적용하고자 할 때는—이 경우 진보적이라고 생각되는 어떤 특정한 세력 위에 자신의 기반을 구축하고 그 세력이 승리할 수 있도록 강화시키려고 할 때를 말한다.

(Gramsci 1975, 노트 13권 제16항)

마키아벨리의 정당과 새로운 국가

그람시는 현대군주를 통해 새로운 시대정신을 대표하는 정치정당 건설의 필요성을 제기하였다. 이는 단순히 그람시가 주도해 만든 이탈리아공산당을 의미하는 것이 아니었다. 새로운 국면과 계기로 조성된 정치경제적 환경 아래 국가를 발전시킬 추동체로서 정당이 건설되어야 하며, 이러한 정당을 곧 시대정신과 국가정신을 만들어 낼 기본 요소로 보았던 것이다. 역사적으로 자코뱅주의자들이나 카이사르, 나폴레옹 3세 등이 새로운 국가를 건설하는 데 실패했던 것은 이러한 시대정신과 현대군주의 자질을 충족시키지 못했던 사실에 기인한다. 결국 그람시는 국가정신의 결합체로서 새로운 정당은 새로운 국가 건설의 초석이라고 분석하고 있다.

현대군주, 곧 신화-군주는 실제의 한 인격체이거나 하나의 구체적인 개인일 수는 없다. 그것은 오직 유기체일 수밖에 없다: 그것은 이미 인정받았으며 또한 어느 정도까지는 행동을 통하여 스스로를 확인하게 되는 하나의 집단의지가, 그 속에서 하나의 구체적인 형태를 취하기 시작하는 복합적인 사회의 한 요소일 수밖에 없다. 이러한 유기체는 이미 역사의 발전 과정에서 보여 주었는데, 그것이 바로 정치정당이다.(Gramsci 1975, 노트 13권 제1항)

현대의 《군주론》은 마땅히 그 일부를 자코뱅주의(giacobinismo, 이 표현은 역사적으로 획득된 것으로 개념적으로 의미를 부여해야 한다는 통합적인 의미에서)를 위해 할당해야 한다. 이는 자코뱅주의가 어떻게 구체적으로 형성되어 왔고, 집단의지가 적어도 어떤 점에서 독창적인지 알 수 있는 가장 중요한 예라고 할 수 있다. 그런 측면에서 자코뱅주의에 대한 주목이 필요하다. 이 경우 일반적으로 현대적인 의미에서 집단의지와 정치적 의지를 정의 내려 주어야 할 필요가 있다.

(Gramsci 1975, 노트 13권 제1항)

모든 연립정부는 카이사르주의의 첫 번째 단계이며, 다만 그것이 그 이상의 의미 있는 단계로 발전해 나갈 수 있을 수도 있으며 아닐 수도 있다는 점이 다를 뿐이다. (물론 세속적인 의견으로는 그 반대로 연립정부야말로 카이사르주의에 대항하는 가장 "견고한 방벽"일 수 있겠지만 말이다.) 거대한 경제적-노동조합적 특징과 정치정당의 연합이 존재하는 현대세계에서 카이사르주의 현상의 체제는 나폴레옹 3세에 이르기까지의 시기와는 전혀 다르게 나타났다.(Gramsci 1975, 노트 13권 제27항)

그것(국가정신)은 모든 행동의 총체적인 과정의 계기이며, 이미 시

작되었으며 앞으로도 계속될 과정의 계기일 것이라는 사실을 전제한
다. 정당정신이 "국가정신"의 기본 요소라는 표명은 우리가 갖추어
야 할 결정적으로 중요한 주장 중의 하나이다.(Gramsci 1975, 노트 15
권 제4항)

개별 국가들의 내부 관계에 따라 때때로 등장하는 그러한 규정된 정
당은 새로운 유형의 국가를 창건한다는 사실을 의미한다.(Gramsci
1975, 노트 13권 제21항)

마키아벨리의 국민 - 민중의 개념과 자질

 그런 과정을 통해 형성된 현대군주로서의 정당, 그러한 정당에 의해
만들어진 새로운 유형의 국가는 기존의 국민이나 민족과는 다른 유형
의 새로운 국민과 민중을 구성원으로 만들어야 할 당위성을 가져야 한
다. 그람시는 그 국민과 민중은 어떤 이들이고 그들이 갖추어야 할 새
로운 자질은 무엇인지 제시한다.

이때의 민중은 "특정한 인종, 민족 등 한 부류에 속하는" 민중이 아
니다. 마키아벨리 자신이 지금까지 주장한 것들을 통해 설득시킨 그
런 민중이다. 마키아벨리 자신이 되고자 했고, 의식에 공감할 수 있
었으며, 동질감을 느낄 수 있는 민중이다.(Gramsci 1975, 노트 13권
제20항)

그렇다면 알지 못하는 사람은 누구인가? 이탈리아 "국민" 그리고
"민중"이며, 당대의 혁명적 계급을 의미한다. 마키아벨리는 분명 이

러한 계급을 교육시키고자 했다. 이 계급으로부터 무엇을 해야 할지 아는 "지도자"와 지도자가 하는 것이 그들의 이익을 위한 것이라는 사실을 아는 "민중"을 탄생시키고자 했다.(Gramsci 1975, 노트 13권 제10항)

국민적이고 민중적인(nazionale-popolare) 집단의지를 각성시키고 발전시키기 위해서 존재하는 조건은 언제라고 이야기할 수 있을까? 따라서 그것은 주어진 지역의 사회구조에 대한 역사적(경제적) 분석과 수세기에 걸쳐 이 의지를 일깨우기 위해 일으켰던 여러 시도의 "극적인" 표현 그리고 그 시도들이 계속해서 실패한 이유를 논의해야 할 때인 것이다. 마키아벨리 시대의 이탈리아에는 어째서 절대군주국이 수립되지 않았을까? 이를 위해 로마제국(언어·지식인 문제 등)으로 거슬러 올라가야 하며, 중세자치도시의 기능, 가톨릭주의의 의미들에 대한 이해가 필요하다. 결국 이탈리아의 모든 역사에 대한 종합적이면서 정확한 윤곽과 틀을 만들어야 한다.

국민적-민중적 집단의지의 창출을 위한 계속적인 시도가 모두 실패했던 까닭은, 중세자치도시의 부르주아가 해체되면서 형성된 몇몇 특정한 사회집단의 존재 때문이다. 신성로마제국의 수탁자이자 가톨릭의 본산으로서 이탈리아의 국제적인 기능을 반영하는 다른 몇몇 집단의 특이한 성격에서 이유를 찾아야 한다. 이러한 국제적 기능과 그 기능에서 비롯된 입장은 "경제적-조합주의적"이라는 내부 상황을 만들어 냈는데, 그것은 정치적으로 보아 가장 정체되고 가장 덜 진보적이며 모든 봉건사회 형태 중에서 최악의 형태였다. 다른 나라에서 국민적-민중적 집단의지를 불러일으키고 조직하여 근대적인 국가를 만들어 낼 수 있었던 효율적인 동력이었던 자코뱅 세력을 이탈리아에서는 만들어 내지 못하였을 뿐만 아니라 있다고 하더라도 항상 부족했다.(Gramsci 1975, 노트 13권 제1항)

마키아벨리의 구조 분석과 헤게모니의 문제

그렇다면 이제 새로운 국가를 만들 수 있는 조건과 환경은 어떻게 판단할 수 있을 것인가의 문제가 남는다. 그람시가 지금까지 이야기한 정치와 정치의 요소, 정치지도자의 의미와 자질, 현대군주로서 정당과 새로운 국가, 국가의 구성원으로서 새롭게 제시된 국민과 민중이 만들어지고 육성될 수 있는 사회구조의 일반적 특징과 내용은 어떤 것일까? 그람시는 이를 구조와 상부구조 그리고 국면과 계기를 통한 새로운 조건의 발생과 헤게모니의 위기 등으로 요약하여 서술하고 있다.

구조와 상부구조 사이의 관계 역시 중요하기 때문이다. 여기서는 두 개의 원칙을 갖고 그에 관한 논의를 전개할 필요성이 있다. 첫째, 어떠한 사회도 사회를 이루기 위한 필요하고도 충분한 조건이 이미 존재하지 않았거나, 아니면 그러한 조건들이 출현 과정에 있거나 발전되는 과정에서는 그러한 조건들이 나타나지 않는다는 점이다. 둘째, 어떠한 사회도 그 사회의 내부 관계 속에 잠재된 모든 생의 형태를 먼저 발전시키지 않는다면 해체되지 않고, 다른 것과 교체되지도 않는다는 점이다. 역사-정치적 분석에서 흔히 발생하는 오류는 유기적인 것과 우발적인 것 사이의 관계를 올바로 보지 못하는 데에서 나온다. 전자의 경우는 "경제주의" 혹은 지나친 규정 위주의 원칙주의의 과잉이며, 후자의 경우는 "이데올로기주의"의 과잉이다. 첫 번째 경우에는 기계적인 원인들에 대한 과대평가가 있고, 두 번째 경우에는 주의주의적이며 개별적인 요소에 대한 과대평가가 존재한다.

(Gramsci 1975, 노트 13권 제17항)

한편 "세력관계" 안에서 여러 계기 또는 수준을 구별해야 할 필요가 있는데, 이는 기본적으로 다음과 같은 수준으로 구별될 수 있다. 1) 인간의 의지로부터 독립된 객관적인 구조에 긴밀히 연결된 사회세력들의 관계는 정밀과학 또는 물질과학 체계로 측정할 수 있다. 사회의 발전 과정 동안 생겨난 모순들의 지형 위에 생긴 여러 이념의 실현 가능성과 현실주의의 수준을 조정하고 통제할 수 있다는 것이다. 2) 이어지는 계기는 정치세력들의 관계이다. 다시 말해 여러 사회의 여러 그룹에 의해 이룩된 조직화, 자기인식, 동류의식(동질성)의 수준에 대한 평가이다. 이 중 최초이자 가장 기본적인 계기는 경제적-조합주의적인 것이다. 두 번째 계기는 어떤 사회계급의 모든 성원 사이에 어떤 것이 이익이 될 수 있을 것인가에 대한 모든 구성원의 공감과 의식이 합치하게 되는 계기이다. 세 번째 계기는 한 집단이 자기 자신의 조합주의적 이해에서 벗어나는 계기이다. 이 계기는 현재와 미래의 발전 과정 속에서 지금까지 얽매여 있던 순수한 경제 집단에 귀속되었던 조합주의적 한계에서 벗어나서 다른 하위집단들의 이익이 될 수도 있고 또 되어야 한다는 것을 의식하는 계기이다. 이것은 가장 순수하게 정치적인 국면이며, 구조로부터 복합적인 상부구조 영역으로의 결정적인 이행을 표시하는 것이다. 이 국면에서는 이미 싹텄던 이념들이 "정당"이 되고, 그들 이념 중의 하나 혹은 이념들의 결합으로서 유일한 이데올로기가 모든 사회적 부문에 확산되고, 문제를 선점하고 우세한 이데올로기로 세력을 확장할 때까지 투쟁하고 충돌하게 된다. 일련의 하위 집단들에 대한 기초적인 사회집단의 헤게모니를 창출하면서 "정당"이 되는 것이다. 결국 국가는 한 특정한 집단의 기관으로서 그 집단의 최대 팽창을 위해 유리한 조건들을 창출하게끔 되었다고 보는 것이 맞을 것이다. 3) 세 번째 계기는 종종 직접적이면서 결정적인 군사 세력들의 관계라는 계기이다(역사적 발전은 두 번째 계기를 매개로 하여 첫 번째와 세 번째 계기 사이에서 끊임없이 격변하면서 진행된다). 정치-군사적 세력이란 군사적 특징을 반영하여 확정된 비르투를 가진 정치적 행동의 형태를 말한다. 여기에서 군사적 특징은 다음의 두 가지를 의미한다. 첫째, 지배 민족의 전쟁 역량을 파괴할 만큼의 유효성을 가진다는 의미고, 두 번째는 지배 민족의 군사세력을 방대한 영토 위에 분산시키고 희석시킴으로써 그 세력이 지닌 전쟁 역량의 상당 부분을 무력화한다는 의미다.(Gramsci 1975, 노트 13권 제17항)

(지배계급이 헤게모니 위기를 맞는 것은) 대규모의 정치적 과업에 실패하였기 때문인데, 그 과업을 위하여 폭넓은 대중의 동의를 요구하거나 또는 강제적으로 대중의 동의를 일방적으로 상정하였던 그런 과제(예를 들면 전쟁과 같은)이기 때문이다. 또는 많은 대중(특히 농민과 프티부르주아 지식인들)이 갑자기 수동적인 정치적 상태에서 능동적인 상태로 넘어가서, 그들이 가지고 있는 비조직화된 형태를 통해 지속적으로 혁명을 요구하고, 혁명의 필요성을 제기하기 때문이다. "권위의 위기"라고 이야기하는 것은 실제로는 바로 헤게모니의 위기이거나 총체적인 의미에서 국가의 일반적 위기를 뜻한다. 연구해야 할 첫 번째 문제는 이것이다. 어떤 국가에 시민적이고 군사적이며 관료적

인 경력이 경제적 생활과 정치적 자기주장(권력에의 효율적인 참여, 비록 그 방식이 간접적이고 "공포"에 의한 것이라 할지라도) 분야에서 매우 중요한 요소로 자리 잡으면서 넓게 확산된 하나의 사회계층이 존재하는가? 현대 유럽의 역사에서 이 계층은 농촌의 중소 부르주아라고 할 수 있는데, 이 계층의 크기는 공업 생산력의 발전 정도와 농업 개혁의 여부에 따라 나라마다 다소 다르다.(Gramsci 1975, 노트 13권 제 23항)

주어진 상황에 존재하는 세력관계 체계의 세 번째 수준 또는 계기를 분석하는 데에는 군사학에서 "전략적 국면(strategic conjuncture)"이라고 부르는 개념(이 개념을 더 정확히 말하자면 투쟁 지역에서의 전략적 준비의 수준이라고 할 수 있는)이 유용하게 사용될 수 있다. "전략적 국면"의 가장 중요한 요인은 지도적 인물의 질적인 조건과 제일선이라고 부를 수 있는 활동 세력(돌격을 위한 최전선의 세력을 포함하는 개념)의 질적인 조건이다.(Gramsci 1975, 노트 13권 제23항)

마키아벨리의 민주주의와 현재

마키아벨리의 "민주주의"는 자신이 살던 시대에 적합한 하나의 유형, 다시 말해 절대왕정에 대한 인민대중의 적극적인 동의였다.(Gramsci 1975, 노트 14권 제33항) 그러나 그러한 인민대중의 적극적인 동의를 이끌어 낼 수 있는 의식과 새로운 문화를 창출할 수 있는 것이 문화 개혁이다. 그러나 문화 개혁, 다시 말해 사회의 억눌린 계층에 대한 시민적인 고양이라고 할 수 있는 그러한 개혁이 경제적 영역과 사회적 신분에서 이동, 그리고 경제적 개혁의 선행 없이 가능할 수 있을까? 그러므로 지적이고 도덕적인 개혁은 경제적 개혁 프로그램과 연결되지 않을 수 없다. 아니 오히려 경제적 개혁 프로그램이야말로 바로 모든 지적이고 도덕적인 개혁을 표현할 수 있는 구체적인 방식이다. 현대군주는 자신이 발전함에 따라 지적이고 도덕적인 관계의 모든 체계를 뒤집어 놓는다.(Gramsci 1975, 노트 13권 제20항) 유감스럽게도 현재까지 그러한 지적이고 도덕적인 개혁은 도래하지 않았고, 마키아벨리의 사상과 원칙에 태생적으로 포함되어 있는 지적이고 도덕적인 혁명이 아직 일어나지 않았으며, 국민적 문화의 "공적인" 형태로서 아직은 "분명하게" 실현되지 않았다는 것을 의미한다.(Gramsci 1975, 노트 4권 제8항)

4
"새로운 군주"를 통한
21세기 그람시의
지평과 해석

그람시에게 마키아벨리란?

아마도 지금까지 언급하고 분석한 글들이 다소 지루하게 느껴졌을 독자가 꽤 있었을 것이다. 마키아벨리뿐 아니라 그람시라는 인물 역시 그리 쉬운 사상가가 아니었기 때문일 것이다. 더군다나 마키아벨리에 대해서는 비교적 친숙하게 들을 수 있는 기회가 있었지만, 그람시는 1980년대와 90년대에나 주목받았던 과거의 인물인 데다 이탈리아공산당을 창당한 후기마르크스주의자의 하나라고 알려져 있다는 점에서 더욱 고리타분하고 접근하기 싫은 인물이었을 것이다.

그런데도 그람시에 대한 새로운 해석을 마키아벨리에게서 찾는 것은 몇 가지 점에서 중요하다. 여기에서는 그람시 글들을 통해 마키아벨리가 주장했던 "신군주"와 그람시가 제기하고 있는 "현대군주"의 의미가 현재 시점에서 어떤 의미를 갖는지 객관적인 시각에서 평가해보려고 한다.

객관적이라는 기준이 사실 다소 애매모호하다. 그람시는 워낙 자의적으로 해석되기 때문이다. 그래서 가능한 한 필자는 기존의 어떠한 해석이나 연구 및 분석에 휘둘리지 않고 7년 넘게 그람시를 공부하면서 구축한 필자만의 기준을 갖고 서술하고자 한다. 이를 위해 두 가지 기준을 주축으로 삼고 여기에 다양한 세부 사항을 결합하는 방식으로 필자의 견해를 덧붙여 나가려 한다. 하나는 이 책에 실린 그람시의 번역 글에 필자의 생각을 결합해 서술할 것이다. 다른 하나는 한국적인 상황에 비추어 해석할 것이란 점이다. 다소 추상적이면서도 구체적인 사실 표현을 좋아했던 그람시에게 누가 될지도 모르지만, 그러한 그람시의 추상성을 보완하기 위한 충분한 구체성과 사례를 접목해 서술해 갈 것이므로 독자들은 너무 염려하지 않아도 될 듯싶다.

이 책에서 다루는 그람시의 글들은 각각의 노트에 있는 단편적인 서술 항목을 기준으로 보자면 겨우(?) 19개의 항이다. 그람시의 《옥중수고》는 33권으로 구성돼 있고, 노트에는 적게는 10여 개, 많게는 100여 개에 이르는 항목이 있다. 어떤 주제에 대해서거나 자신의 생각을 정리한 것들이다. 앞서 이야기했던 100여 항목 중에서 겨우 20퍼센트도 채 안 되는 글로 마키아벨리에 대한 그람시의 생각을 모두 짚어 낼 수 있을까라는 의문과 의아심이 들지 모르겠다. 그러나 이 책에서 선택한 19개 항에 그람시가 마키아벨리를 통해 이야기하고자 했던 거의 모든 내용과 기본 개념이 담겨 있다. 무엇보다 마키아벨리가 주장했던 '행동'과 '실천'이라는 의미를 충분히 담아내고 있고, 그람시가 궁극적으로 주장하고자 한 이탈리아 역사 구조의 문제와, 사회 지배계급의 형성 과정에서 나타난 이탈리아의 한계와 문제들도 가장 축약적이고 상징적으로 표현하고 있다.

그람시가 마키아벨리를 중심점으로 삼은 데에는 세 가지 동기가 작용한 것으로 생각할 수 있다.

첫 번째는 마키아벨리가 추구했던 현실의 정치적 수단과 목적에 대한 의미와 내용이 파시즘 시대에 둘러싸인 그람시 시대의 이탈리아에 새로운 돌파구와 시대의 전환점이 될 수 있다는 그람시의 확신일 것이다. 두 번째는 이탈리아 역사에서 지배계급과 하위계급의 구별과 유지라는 사회계급의 분화와 역사가 전환기적인 상황을 맞이한 것이 바로 르네상스 시대의 이탈리아라는 점에서 마키아벨리를 상징적으로 끌어들였을 것이다. 이는 마키아벨리를 통해 어째서 이탈리아가 부르주아계급이 먼저 성립되었음에도 불구하고 알프스 너머의 스페인, 영국, 프랑스와 같은 유럽 국가들과는 다른 역사적 궤적을 보여 주었는지 설명할 수 있다고 보았기 때문이다. 세 번째는 이탈리아 반도가 갖는 국내외적인 정치공학에 대한 설명과 1차 대전 이후 벌어진 국내외적 정치적 상황을 연계시키는 데 마키아벨리야말로 가정 적합한 인물이자 출발점이었다고 보았기 때문일 것이다.

앞에서 밝혔듯이 그람시가 왜 마키아벨리를 집중적으로 연구하려 했는지는 여러 글에서 발견된다. 특히《옥중수고》33권의 노트에 있는 마키아벨리에 관한 글들은 그람시 사상과 이론의 가장 중요한 모티브다.

이처럼 그람시는 마키아벨리를 자신의 사상을 발전시키는 동력으로 삼고 있다. 마키아벨리를 통해 파시즘이라는 암흑 같은 세상을 헤쳐 나갈 새로운 국가의 필요성을 제시할 수 있었고, 그 과정에서 발생할 수 있는 사회과학적인 여러 문제를 행동과 방법의 기준에서 정치학의 이론과 실제를 적용하는 데 활용하였다. 또한 새로운 국가가 지향해야 할 방향으로 제시되었던 민주주의와 민주주의의 새로운 제도들이라 할 수 있는 정당과 의회, 선거와 헌법과 같은 사법부의 영역, 노동과 노동조합의 관계, 시민사회와 관료제도 등을 통하여 현대적인 민주주의 국가에 적합한 국가성을 재해석하고 있다.

21세기 마키아벨리와 그람시

그람시를 신자유주의 세계화 시대를 넘어 글로벌 경제위기 상황에서 다시 돌아본다는 것은 어떤 의미일까? 더군다나 그람시의 필요성과 그의 이론이 갖는 영속적인 함의를 고려할 필요가 있기에, 1960년대 이후 본격적으로 소개되기 시작했던 그람시를, 그것도 10년 단위로 새로운 옷을 입혔던 그람시를 2015년에 새롭게 평가한다는 것이 그리 쉽지는 않은 일이다.

마키아벨리로부터 시작하여 그람시를 넘어 현재의 국제 정치질서를 이해하려면 소개된 번역문들에 대한 재조정과 재구성이 필요하다. 앞선 글들은 집필 시기에 따라 노트에 순서가 매겨진 구성이지만, 각 글들을 마키아벨리가 이야기하고자 했던 정치학적인 관점과 그를 통해 1920년대의 파시즘 시대와 유럽의 상황을 대비시키고자 했던 그람시의 주장들을 수평적으로 배열해 볼 필요가 있다. 이러한 수평적인 분석과 접근은 21세기의 그람시를 이해하는 데에도 중요한 재해석의 기준이 될 수 있을 것이다.

그람시가 등장시킨 마키아벨리는 르네상스의 이탈리아에 대한 그람시의 역사적 해석의 기준이었다. 당대 시대적인 상황, 다시 말해 피렌체라는 도시공화국에서 어째서 마키아벨리가 그토록 이탈리아의 통일을 열망하면서 이를 성공적으로 이끌 반신반인(半神半人) 수준의 '새로운 군주'를 열망하였는지 그 이유를 묻는 것에서 출발하였다. 그람시가 마키아벨리에게 주목한 것은 세 가지 정도다. 첫 번째는 마키아벨리가 강조한 이론적인 정치를 현실의 정치로 이끌어 내는 정치학적인 이유에서다. 두 번째는 이를 위한 마키아벨리의 분석 토대가, 당대의 시대 상황과 조건 그리고 주변 세력들과의 상관관계 및 역할관계에 대한 분석과 제시였다는 점이다. 세 번째는 마키아벨리가 지배와 피지배의 관계를 국면을 통해 설명하고, 국가 건설과 발전 및 유지의 3단계(국가 건설-체제 선택-국가의 운영과 유지)에 대한 구체적인 방법론과 방향을 제시했다는 점이다.

마키아벨리를 언급할 때 가장 먼저 언급되는, 구체적이고 현실적인 정치학의 문제에 대해 그람시는 '이론'이 아닌 '실천'의 문제라는 측면에서 이를 평가하고 있다. 마키아벨리가 원했던 '지도자'를 통해 그람시는 '피지도자', 다시 말해 지배받는 이들이라는 이항 대립적인 대조와 비교를 통해 정치학이라는 이론을 구체적이고 현실적인 정당과 국가로 변화시키는 방법을 차용하였다. 이 과정에서 개인들의 의지를 모아 하나의 '집합의지'로 구체화하고 이를 정당이라는 구체적인 정치과정의 형태로 발전시켜, 시대가 요구하는 '국가'(통합적이고 동질적인)를 창출하고자 했다. 여기에 구체적인 실천과 행동이 동반되어야 했음은 당연한 귀결이자 구체적인 방법이었다.

두 번째 요소인 당대의 시대 상황과 조건 그리고 세력관계에 대한 마키아벨리의 통찰을 통해 그람시는 정당 설립의 계급성과 국가를 건설하기 위해 필요한 구체적인 요소, 그리고 이를 뒷받침하는 세력과 주변 국가들의 관계 등을 분명하게 적시하여 적용하고 있다. 지도자에 대한 개인들의 열망을 집단의지로 모으고 이를 하나의 정치적 제도화 혹은 기제로 만들기 위해서는 정치정당의 형태를 통해 제도화해야 한다고 그람시는 주장한다. 이에 덧붙여 그러한 정당의 집단정신의 기반이라고 할 수 있는 동질성을 동일한 이데올로기와 계급정신을 통해 구현해야 한다고 그람시는 이야기한다. 이해관계가 얽혀 있는 여러 사회집단을 정치적으로 조정하고, 구성원 모두의 의지와 이해를 반영하는 제도로서 정당을 강조한 것은 그람시가 단순히 사회주의 국가 건설이라는 면에만 집중한 것이 아니라, 그 국가를 얼마나 민주적으로 운영할 것인가에 더 강조점을 두었다는 사실을 말해 주고 있다.

그람시는 이러한 상황에서 좀 더 나아가 사회변혁을 위한 조건이라는 것이 자연스럽게 생성되는 것이 아닐지라도 전환기적인 국면을 유기적 국면으로 바꿀 수 있는 최저한의 조건과 상황은 충분히 인위적으로 만들어 낼 수 있는 것이며, 역사가 이를 증명한다고 이야기한다. 그러나 역사 속에서 이런 유기적인 국면에 대해 올바르게 평가하기 위해서는 경제주의와 이데올로기에 대한 과잉이나 오판을 피해야 하며, 무엇보다 사회를 구성하는 여러 집단 간의 세력관계에 대한 정확한 분석과 판단이 뒷받침되어야 한다고 주장한다. 따라서 사회세력, 정치세력, 군사세력 등 이 세 가지 수준의 세력이 어떤 국면에서 작동하고 작동할 수 있는지를 파악한다면, 어떤 국면과 상황에서도 변화의 주체 세력에게 유리하게 국면을 전환시킬 수 있다는 것이다. 그렇지만 이러한 유기적인 국면을 조성하고 전환시키는 과정에서 가장 중요한 상황과 성격은 그러한 역사적인 위기 상황이 경제적 위기 상황으로 결합되지 않는다면 새로운 조건을 갖춘 유기적인 국면 전환은 실패하거나 도래하지 않을 수 있다는 것이다. 다시 말해 지배계급이나 경제 활동의 주체 세력이 경제위기를 돌려놓을 수 있다거나 탈출할 수 있다는 신호와 징조가 보인다면, 궁극적인 사회변혁이나 체제 전환으로까지 발전되지 않는다는 것이다. 이러한 역사적 사례는 수없이 존재했으며, 한국의 최근 정치 상황과도 쉽게 대비시켜 볼 수 있다. 노무현 정부에서 지배계급 질서를 흔들려고 하자 이명박 정부에서 보수주의적이고 반동적인 정치질서가 되살아났고, 박근혜 정부에서는 박정희 신화를 재구성하려는 정치적인 노력을 보였는데 이것이 대표적인 사례일 것이다. 결국 이와 같은 지배계급의 균열과 새로운 정치적인 상황의 도래에 따른 혼란기에 새롭게 조성된 환경과 조건이 반동의 물결과 기존 질서의 반격에 의해 쉽게 물러나게 된다는 사실을 증명하고 있다. 특히 후기 산업사회와 신자유주의 사회일수록 변혁을 위한 기반 조성이 더욱 어렵다는 것을 명확하게 이야기해 주고 있다. 그런 점에서 그람시가 현대 사회에서도 여전히 유용한 사회변혁 이론가이자 실천가라는 점을 알 수 있는 것이다.

이런 의미에서 보자면 그람시가 어째서 '경제주의'라는 주제에 더욱 집중하고 수많은 역사적 사례 분석에 매달렸는지를 이해할 수 있는 것이다. 더욱 놀라운 사실은 그람시가《옥중수고》를 집필하면서 알고 있던 이탈리아 사회의 경제구조라는 것이 파시즘 체제에 기반을 둔 경제질서라는 점을 감안한다면, 그람시의 판단과 분석의 힘과 영향력은 상당한 수준이라는 사실을 알 수 있다. 특히 후기 산업사회에 적합할 만한 경제주의적 관점의 노동자계급의 지배 체제로의 포섭이나 단순한 경제적 이해관계의 변화를 통해서는 사회적이고 경제적인 질서 전환이라는 것이 불가능에 가깝다는 사실을 증명하고 있다는 점에서 그렇다. 그람시가 제시한 '경제적-조합주의적' 개념이나 질서는 그러한 측면에서 보자면 상당히 유용한 의미를 부여하고 있는 것이다. 장기적인 관점에서 보았을 때 그람시가 표현하고 있는 경제적-조합주의적 개념의 가장 중요한 의미는 비록 그것이 노동자들이나 하위계급에 의해 진행되는 하나의 사회 발전 과정이라 할지라도 결국 그것을 지배계급의 헤게모니 질서에 포섭되고 동의하는 기제로서 파악하고 있다는 점이다. 이는 노동자들이 쉽게 중산층으로 포섭되는 것이 하위계급들의 신분 상승이 어떠한 의미를 갖는지를 20세기 초의 그람시가 21세기의 정치학자들이나 이론가들보다 정확하게 파악하고 있었다는 하나의 반증이라고 할 수 있을 것이다.

마지막으로 세 번째 요소는 지배와 피지배의 관계 설정과 성격 규정을 통하여 마키아벨리가 제시한 국가 건설과 발전 및 유지의 3단계(국가 건설-체제 선택-국가의 운영과 유지)에 대하여 그람시가 더 구체적인 방법론과 방향을 제시한 점이다. 무엇보다 그람시는 새로운 국가를 수립하는 것과 피지도자들이 추종할 수 있는 지도자를 뽑는 것은 국민의 자발적 동의를 전제로 하여야 한다는 점을 분명히 밝히고 있다. 이는 현대 정치학에서 흔히 이야기하는 마키아벨리즘(목적이 수단을 정당화한다)을 넘어서는 주장이자 논리로 목적이 수단을 정당화하는 전제는 구성원, 즉 국민의 동의라는 사실을 분명히 하였다는 점이다. 더군다나 그 국민은 동질적인 '국가정신'을 갖고 있는 집단으로서 '국민'으로서의 정체성을 분명히 지녀야 하는 구성원으로 그람시는 규정하고 있다. 그것은 민족주의적인 지향성이 분명한 단일 민족을 이야기하는 것도 아니며, 민주적이며 다수의 대중에 기반을 둔 국민-민중의 개념을 적시하고 있다. 그래야지만 주변 국가와의 세력 갈등에서 더 합리적인 동기와 이유로 국민을 동원하고, 외부의 적으로부터 국가를 지킬 수 있을 것으로 보았다. 그렇지 않다면 권위주의적인 관료주의에 의해 일방적으로 동원된 국민만이 존재할 뿐이며, 정치사회와 균등하게 평형을 이룰 수 있는 건전한 시민사회의 양성이나 발전이 불가능하다고 보았다. 국가의 위기 상황에서 국민이 신속하게 동원되고 국민에 의한 군대가 구성될 수 있는 것도 지배자나 지도자를 위한 전쟁이 아니라 국가 구성원으로서 국가의 안위가 곧 자신의 정치적이고 경제적인 보호와 직결된다는 믿음이 있을 때만이 가능하다고 주장했다. 결국 그람시가 보기에 국가의 안정과 발전 및 유지를 위해서는 노동자와 농민 그리고 도시의 부르주아들이 하나의 통합된 동질성과 문화에 기반을 두고 재구성되어야만 했다. 그리고 이를 위해 도시의 부르주아나 노동자뿐만이 아니라 농촌의 부르주아와 농민들까지 결합할 수 있는 새로운 유형의 문화와 경제적인 이해관계를 창출하여야 했다. 이 주장은 그람시의 가장 핵심적인 이론이자 개념인 헤게모니 이론(혹은 개념)으로 발전될 수 있는 것이다.

이렇듯 그람시는 마키아벨리를 자신의 구상을 구체화하고 역사적인 근거를 확인하기 위한 기준점으로 활용하고 있다. 비록 그람시가 살았던 시대가 현재 우리가 살고 있는 21세기의 금융자본주의 시대와는 동떨어진 구조와 성격을 갖는다 할지라도 그람시의 주장과 의도는 오늘이라는 시점에서 상당한 의미를 부여할 수 있다. 특히 68운동 이후의 주요 국가별 체제 전환의 내용을 본다면 더욱 그람시의 주장은 설득력이 있다. 노동자의 권리가 보장받고 기존의 사회질서 속에 노동자 계층이 중산층으로 편입되면서 자본주의 체제는 더는 사회주의 혁명에 대한 두려움 없이 자본주의 체제의 안정화를 기할 수 있었다.

이후 전개되었던 세계의 정치경제 질서는 그러한 후기 자본주의 체제를 더욱 안정적으로 발전시키고 기존 강대국 중심의 세계 질서를 재편하기 위한 다양한 노력으로 이어졌다. 신자유주의 세계화 역시 그러한 관점에서 특별한 어려움 없이 진행되었고, 무역과 금융자본의 글로벌화를 이룩하는 데 성공할 수 있었다. 그람시가《옥중수고》에서 밝히고 있듯이, 위기의 국면이 도래했음에도 새로운 개혁을 위한 세력을 형성하거나 만들 수 있는 조건이나 환경은 거의 불가능했고, 이러한 상황에서 '경제주의'라는 체제 유지의 원칙은 더욱 공고해졌던 것이다. 이러한 과정은 어느 정도의 경제민주화나 정치적 민주주의가 완성된 선진국에서는 약화된 모습을 보였지만, 강대국의 경제적 이해관계에 더욱 커다란 영향을 받고 있는 중견 국가들과 개발도상국들은 강대국 혹은 선진국으로의 도약에 실패하고 말았다. 결국 이러한 여건과 상황은 '국가는 발전하지만 국민은 퇴행할 수 있다'는 명제를 증명하고 있으며, 2008년 말부터 미국에서 시작된 경제위기 속에 가장 큰 타격과 피해를 보았던 거의 모든 국가의 국민이 이를 증명하고 있다.

한국 역시 '민주화' 이후 사회적인 변동과 발전의 폭은 훨씬 커졌지만, 삶의 질과 국민 개개인의 삶은 더 척박해지고 어려워지는 역설적인 상황을 겪게 되었다. 이러한 국면에서 새로운 시대를 향해 비전과 목표를 제시하지 못한 사회세력들은 오히려 도태되거나 퇴행하는 현상을 겪었다. '민주화'로 인해 획득한 '민주적인 가치'에 대해 오해하거나 잘못 인식한 국민은 '성장'과 '발전'이라는 물질에만 기반을 둔

부와 명예, 그리고 사회적인 성공에 더욱 집착하였고, 결국 정치적 민주주의의 보장보다는 경제적 민주주의의 양적인 성장과 발전에 더욱 매달렸다. 그로 인해 사회는 외형적인 가치만을 추구하는 쪽으로 점점 변화되었다. 따라서 그람시가 끄집어낸 마키아벨리나 그람시의 주장들은 전환기와 새로운 국면을 조성한다는 측면에서 현재에 맞게 재분석할 필요가 있다.

단순히 사회주의를 주장했던 후기마르크스주의자였던 그람시가 아니라, 한국의 자본주의 체제를 건강하게 만들기 위해 꼭 필요한 기준점이자 한 방법으로서 그람시를 그려 보고 재해석해야 하는 것이다. 이 책이 그런 작업의 초석이 되길 바란다. 필자의 그람시 해석이 어떤 이에게는 어설퍼 보이고, 부족한 면이 두드러져 보일 수도 있을 것이다. 그러나 필자의 해석은 수많은 해석의 하나일 뿐임을 감안해 주길 바란다.

21세기 한국 사회와 그람시

신자유주의와 이에 편승한 세계화의 물결에 한국 사회는 몸을 내던져 저항하기는커녕 더 강력하게 세계화를 밀어붙였다. 미국과 FTA 체결, EU와 FTA 체결에 이어 중국과도 FTA 체결에 이르는 등 우리 사회가 어디로 가고 있는지 걱정스럽다. 미국이나 주변 강대국과의 관계를 무시하고 존속될 수 없다는 정치적 이해를 고려하더라도 최근의 사건과 현상들은 우리 사회의 미래에 대해 깊은 우려를 자아내기에 충분한 것이다. 더군다나 지난 세월 대한민국의 민주적 정체성을 위해 제일선에서 노력했고 희생했던 학생이나 노동자 그리고 진보적 지식인들마저 이제는 시대의 흐름이라는 미명 아래 세계화에 적극적인 반대를 하지 않고 있다.

해방 이후 어렵고 힘들었던 시절, 비민주적이고 반민주적 국가권력 앞에 당당히 맞섰던 이들이 있었기에 87년 민주화와 그 이후의 발전 역시 가능했다. 그러나 지금은 거의 모든 영역에서 경쟁을 바탕으로

하는 치열한 생존전략만이 최고의 가치로 추구되고 있는 실정이다. 신자유주의적 시장경쟁의 원리는 학문의 전당인 학교나 학계에도 예외 없이 적용되고 있다. 이미 오래전부터 한국 사회에서 학문은 일종의 상품으로 전락되어 버렸다.

그람시 역시 그러한 상품의 하나가 되어 버렸다. 이제는 그람시의 학문적, 사상적인 평가가 아니라 그의 책이 팔리느냐 아니냐의 단순한 자본주의 시장의 경제적 논리만이 남았다. 1984년 한국에 처음 소개되었을 당시 그람시는 특히 진보적 지식인들에겐 새로운 보고(寶庫), 아니 잘나가던 상품이었다. 여전히 요원했던 민주사회에 대한 염원을 해결할 해결사로서뿐만 아니라 헤게모니 개념으로 대표되던 그의 이론과 사상은 거의 모든 인문 및 사회과학 분야에서 앞 다투어 인용되던 '인기상품'이었다.

1990년대 초반까지 '시민사회'론으로 또다시 한국의 학문적 유행을 선도하던 그람시는 유행의 끝자락에 도달하자 갑자기 팔리다 만 중고 서적으로 전락해 버렸다. 이후 간헐적으로 그람시 연구 결과들이나 번역서 등이 소개되었지만, 더는 베스트셀러의 반열에 오르거나 사람들에게 잘 읽히는 인기상품이 아니었다. 더군다나 이전에 그랬듯이 매번 다른 사람의 눈과 언어로 표현된, 이차적이고 반쪽짜리 그람시를 다룬 책들이 상품으로 나와 있었을 뿐이었다. 물론 이렇게 된 데에는 필자를 비롯한 이탈리아 관련 연구가들의 게으름이 한몫을 했지만, 어쨌든 한국 사회에서 팔리는 상품으로서의 그람시는 여전히 제3국을 경유한 이차적 상품이었고, 그의 이론이나 사상 역시 제대로 한국화하는 데 성공하지 못했다고 생각한다.

더욱이 1987년 민주화나 1989년 베를린장벽 해체 이후 한국에서 그람시 같은 좌파 이데올로기 사상가들은 더는 매력적인 상품성을 갖춘 이들이 아니었다. 이제는 누구나 자유주의와 민주주의의 수준에 대해 이야기하고 그것을 어떻게 재생산하느냐에 매달리게 되었다. 결국 학계 전체와 지식인 사회는 더 나은 사회를 위한 거대 담론 생산에 실패하고 정치적 이해관계에 따라 대통령 선출이나 정당 공약 수준의 미시적 정책화 담론에 매달리고 집착하게 되었다. 이런 현상은 5년 주기의 대통령 선거나 4년 주기의 국회의원 선거를 통해 예외 없이 나타나고 있으며, 심지어 폴리페서(Polifessor)라는 이름으로 정치 지향적인 교수들과 지식인들이 대권 후보자들이나 의원 후보자들의 자문단에 줄을 서는 현상이 벌어졌다. 혹 자문단이나 정책단에 이름을 올리지 못하면 무능한 사람으로 간주하는 일까지 벌어지고 있다.

지식인 혹 교수라고 해서 자신의 정치적 견해까지 자유롭게 발표하고 참여하는 것을 무작정 비난하고 싶지는 않다. 그들 역시 정치적 역량과 의견을 반영하여 더 나은 사회를 위해 기여한다면 그건 오히려 장려되어야 하고 칭찬받아야 마땅할 것이다. 다만 작금의 지식인 사회 전반에 퍼져 있는 개인적 영욕의 추구가 지나치다는 점이다. 상황이 이렇다 보니 학계나 지식인 사회가 중심이 되어 제기하여야 할 거대 담론이 사라진 지 오래고, 더는 골치 아픈 담론이나 문제 제기를 꺼리는 풍토만이 자리 잡고 있다. 거기에 지식인 사회에 자극을 주어야 할 학생들이나 젊은이들은 취업이라는 현실 앞에서 속수무책 수수방관하고 있는 것이 우리의 현실인 것이다.

이런 상황에서 그람시를 다시 거론한다는 것이 과연 무슨 의미가 있을까? 더는 새롭지도 않은 낡은 좌파 이데올로기의 유산을 끄집어낸다는 것이 우리 사회에 던져 주는 함의가 분명한지도 모르는 판에, 먼지에 뒤덮이고 낡아 버린 그람시를 낡은 지식의 창고에서 꺼낸다는 것이 무슨 의미가 있을까? 그러나 현재 우리 사회에서 벌어지는 다양한 정치적 사건이나 현상을 보면서 그람시가 제기했던 문제 틀이 여전히 살아 있고 유용하다는 것을 느끼는 사람이 비단 필자만일까?

더욱이 최근에 논의되고 있고 정치적 실체로까지 발전하는 박정희 시대나 그 잔재들의 부활을 보면서, 그람시가 가졌던 통찰력이 필요한 것은 아닌지 깊게 고민해 볼 필요가 있다. 21세기에 들어선 이후 세 번의 대통령 선거가 있었다. 2002년 노무현 대통령의 당선과 2008년 이명박 정부의 탄생, 그리고 2013년 박근혜 정부의 출범은 한국 사회를 바라보고 분석하는 틀이 1980, 90년대로 퇴보한 듯한 느낌을 준다. 이것이 필자만의 생각은 아닐 것이다. 더군다나 2014년은 한국 사회를 근본적으로 돌아보고 기성의 질서와 기득권에 대해 국민적인 차원에서 진지하게 고민이 시작되었던 해이기도 하다. 그러나 흔히 우려하는 냄비 근성으로 인해 "세월호 사건" 역시 언제 그랬냐는 듯이 곧 기억의 무덤 속으로 던져질지도 모른다.

우리가 지금까지 경험해 온 것을 그람시 표현과 주장을 빌려 이야기한다면, 21세기 이후 지배계급과 지배권력은 1919-20년의 '붉은 2년'으로 대변되는 아래로부터의 변혁과 혁명에 공포와 위기감을 느낀 역사적 경험이 있어 자신들의 이익을 대변해 줄 수 있는 정치세력의 출현과 부활을 더 기대했을 것이다. 그런 점에서 2008년 이명박 정부나 2013년 박근혜 정부의 출범은 그람시의 예견대로 끊임없이 반복적으로 다양한 얼굴을 한 채 파시즘의 망령이 되살아남을 확인시켜 주는 듯하다. 구조적인 위기와 헤게모니의 위기에서 지배계급은 친일세력의 이데올로기적인 힘인 이승만이나 박정희를 지속적으로 끌어내어 한국 사회의 기존 질서를 지키는 힘으로 활용하고 있는 것이다. 그런 이유로 뉴라이트나 종북 논란을 여과 없이 한국 사회에 던져 두고 그것을 즐기고 있는 것이다. 그런 의미에서 본다면 그람시가 제기한 개념들과 이론이 21세기 한국 사회에서도 여전히 분석의 기준과 틀로 유용성이 있다고 볼 수 있다.

　이와 연계해서 본다면 그람시 저서에 등장하는 개념이나 이론들은 그 하나하나에 독특한 의미와 학문적 의의를 갖고 있다. 지금까지 연구되었던 개념들과 주제들은 이미 잘 알려진 '헤게모니' 외에도 '정치사회', '시민사회', '진지전과 기동전', '수동혁명', '지식인', '대중문화', '민속', '상식' 등이 있다. 이 중에서 21세기 한국 사회를 관통하고 분석할 수 있는 몇 개의 틀과 개념이 존재한다. 정치사회가 갖는 위로부터 만들어진 정형화의 형태나 시민사회의 수동성에 대한 그람시의 생각을 분석하거나, 한국 사회에서 과연 진지전이나 기동전이라는 전략과 전술이 가능한지에 대해 논쟁을 하는 것이다. 또한 한국 사회에서 그동안 역사적으로 한번이라도 수동혁명이 일어난 적이 있었던가에 대해 분석과 연구를 하거나, 한국 사회에서 지식인의 의미, 한국 대중문화가 갖는 상식과 민속은 어떤 기능을 하고 그것이 지배계급의 헤게모니 유지에 얼마만큼 혹은 어떤 방식으로 일조하는가 등에 대해 분석하는 것이다. 그람시는 '정치사회'를 비롯한 여러 개념을 하나의 일관된 개념으로 묶으려고 했고, 그것이 의식과 이데올로기의 종합으로서 헤게모니 개념이라고 볼 수 있으며, 이를 하나의 구조로서 역사적 사례, 특히 이탈리아의 역사적 경험을 통해 구체화했다. 다시 말해 상부구조에 대한 분석에서 현대군주와도 같은 이탈리아공산당의 역할과 기능, 봉건과 근대가 섞여 있는 이탈리아 같은 서구 산업국가에서 진지전과 기동전에 대한 전술적 접근 방법을 고민했다. 또한 이 과정에서 민중의 대부분을 차지하는 하위 계급에 어떻게 새로운 문화 요소들을 적용하여 대항 헤게모니를 만들어 가면서 국민적이고 대중적인 문화를 형성할 것인가를 고민했고, 사회 지도 원리로서 오랜 역사적 전통을 가진 가톨릭의 형성 과정도 분석했다. 이를 통해 그람시가 이탈리아뿐만이 아니라 자본주의 사회를 구조적으로 분석하고 종합화하려는 의도를 가졌다고 상정할 수 있다.

그람시가 제기하고 분석했던 이와 같은 방법론적 측면은 자본주의 체제의 지형 위에 서 있는 독특한 한국 사회를 분석하는 데에도 어느 정도 유용하리라 생각한다. 물론 그렇다고 해서 그람시가 모든 것을 해결해 줄 수는 없다. 다른 역사적 배경과 정치적 내용을 무조건적으로 한국 사회에 적용하는 것은 당연히 무리가 있기 때문이다. 그럼에도 불구하고 오늘날 여전히 강고한 친일의 망령이나 박정희 체제에 대한 향수를 보면서, 그리고 좀처럼 바뀌지 않는 사회계층 구조를 바라보면서 새로운 한국 사회를 위해 공부하는 이들이 강구할 수 있는 작지만 실질적인 사고와 연구의 단초가 바로 그람시이기를 바라는 것이다. 한국 사회에서 항상 역사의 중심에 있다고 자부해 왔던 지식인들. 그람시를 통해 본 이 지식인들은 여전히 사회구조를 고착화하는 또 다른 주인공이자 새로운 사회건설의 지도자가 될 수 있다는 이중적 특성을 갖고 있다.

한국 사회에서 그람시에 대한 새로운 읽기와 해석을 시도하는 것은 바로 그러한 지식인의 사회적 역할과 책임을 묻는다는 측면에서도 중요하다. 소위 대학물을 먹었다는 고급인력들이 권력과 국가 앞에 무릎 꿇고 아부하거나 변절하는 일 없이 더 나은 국가와 사회의 발전을 위해 매진할 수 있어야 한다는 소박한 진리를 그람시를 통해 배울 수 있기를 기원한다. 또한 배운 자들이 역량과 의지를 모을 수 있는 철학적 기반으로 그람시적인 '실천철학'을 삼고 지식인 사회의 외연 확대와 함께 다양한 계층을 아울러 국가라는 정치사회에 대항할 수 있는 탄탄한 시민사회를 형성하는 데 최선을 다해야 한다고 본다. 그런 토대 위에서, 건강하고 정의로운 국민과 민중에 의해 거듭나는 대한민국이 탄생할 수 있는 것이다.

이 지점에서 우리가 현재의 상황을 고려하여 주목할 만한 그람시적인 사회 분석의 방법과 틀은 두 가지로 좁혀 볼 수 있다. 하나는 그람시가 1920년대 파시즘을 분석하면서 가졌던 통찰력이다. 당시 그람시는 유럽의 사회주의 정당이나 이탈리아 공산주의 정당까지도 제대로 파악하고 있지 못하던 파시즘의 실체에 대해 그 누구보다 분명하고 정확하게 짚어 내었다. 대부분의 사회주의와 공산주의 사상가와 지도자가 파시즘을 자본주의에서 사회주의로 가는 중간 단계라고 단정할 때에도 그람시는 자유주의 체제가 허약할 때 나타날 수 있는 전체주의 체제로 해석했다. 이는 파시즘을 자본주의가 심각한 위기와 어려움을 타개하기 위해 선택한 대안 체제로 분석한 것으로 볼 수 있다.

따라서 그람시의 분석에 따르자면, 위기를 체감하고 있는 일반 대중에게 강력하고 카리스마 넘치는 새로운 지도자와 집권당의 등장은 더할 수 없이 매력적이고 짧은 시간에도 열광할 수 있는 요인이라는 것이다. 이러한 그람시의 분석은 2008년과 2013년 정부가 출범하고 형성되는 과정을 비교, 분석하는 데 독특한 해석의 기준이 될 수도 있다. 해방 이후 자유주의 정부의 위기 때마다 전체주의 성향의 독재정부나 군부정부들이 들어섰던 선례도 선례지만, 지난 전체주의 정부를 잇고자 하거나 부정하지 못하는 현재 여당의 정치지도자들에게 일반 대중과 극우 보수주의자들이 보내는 지지를 보면서, 향후 지속적인 위기가 예상됨에도 불구하고 그들이 어떤 선택을 할 것인지를 어렵지 않게 짐작해 볼 수 있는 것이다.

그람시를 통해 볼 수 있는 두 번째 함의는 지배계급의 분석과 관련된 역사적 블록 개념이다. 그람시는 리소르지멘토 시기의 이탈리아 지배계급 형성과 유지를 분석하는 과정에서 지식인들이 추구했던 지배계급 블록의 형성 과정을 추적했다. 그람시는 리소르지멘토 과정에서 지식인들의 역할과 그들의 이데올로기적 지도력과 민중에 대한 영향력 문제를 교육과 이데올로기 전파라는 측면에서 설명하고 있다. 이러한 문제 제기는 지식인이 갖는 체제 유지적 기능을 강조한 것이며, 지식인이 하나의 블록 형성이 가능하도록 하는 사회적이고 정치적인 기능을 하는 것으로 해석할 수 있다.

다시 말해 그람시가 보기에 "국가는 생산 영역의 구체적인 형태이고 지식인은 통치 요원을 배출하는 사회적 요소이므로, 강력해진 경제 집단에 긴밀하게 연결되어 있지 않은 지식인은 국가를 절대적인 것으로 내세우려고 한다. 그리하여 지식인들의 기능 자체도 절대적인 것으로 파악되며, 그들의 역사적 존재와 존엄성이 추상적으로 합리화된다."(Gramsci 1975, 1361) 이는 전통적으로 지배세력 혹은 기존의 경제적 기반과 연계되어 있지 않은 새로운 지식인들은 국가 자체를 절대시하고, 그러한 절대적 국가의 지식인으로서 자신들의 위치를 합리화하는 특성을 갖게 된다는 의미이다. 결국 하나의 블록 혹은 새로운 블록의 형성 과정에서 지식인들의 국가지상주의나 그들의 역할을 지나치게 과장하는 특성을 지적한 것으로 볼 수 있다.

그람시가 제기하여 발전시킨 역사적 블록 개념은 하나의 국가나 체제를 세 가지 차원에서 분석하고 있다는 점에서 개념적 중요성이 있다.(Huggues Portelli 1973, xi-xiii) 첫째, 상부구조와 토대 간의 관계를 분석하면서 이를 매개하는 일정한 계층, 즉 하나의 계층 전체로서 지식인의 역할을 강조하고 있다는 점이다. 이는 지식인이 지배계급의 헤게모니 유지와 재창출의 이론적 토양이 된다는 점에서 주요한 기준이 된다. 둘째, 역사적 블록 개념의 유지 원리로서 제시되는 지배계급의 지배논리를 헤게모니 개념 차원에서 분석하고 있다는 점이다. 이는 그람시가 문화적이고 사회적인 가치들을 공고히 하기 위한 틀로 헤게모니 이론을 제시하고 있으며, 이를 담당하는 지식인 계층에 의해 제시된 헤게모니가 지배계층의 통치 이데올로기로 작용한다고 설명할 수 있게 하는 근거이다. 셋째, 이와 같은 지배계급의 헤게모니가 공고하게 구축되면 새로운 경제 시스템이 구축이 되고 그럼으로써 새로운 역사적 블록이 탄생한다는 것이다.

그람시의 이러한 분석이 갖는 함의는 자본주의 사회에서 흔히 발생하는 지배계급의 확장이나 편입 그리고 교체 등이 지속적으로 발생할 수 있다는 것을 의미하며, 그러한 지배계급의 확장, 편입, 교체 등의 과정은 이탈리아와 유사한 자본주의 국가에서 적용 가능한 주제로서 충분한 의미를 갖는다는 것이다. 따라서 한국의 경우 역시 국가의 위기 시기나 새로운 시대로의 전환 과정에서 기존 지배계급과 새로운 지식인 계급의 협력과 동맹 등의 방식을 통해 지속적으로 지배계급이 형성, 유지되었다는 유추가 가능한 것이다. 바로 이 점에서 그람시의 두 번째 함의를 찾을 수 있다. 그람시의 역사적 블록 개념을 빌리면 우리 사회에서 지배계급이 어떻게 형성되고 유지되어 왔는지를 비교하여 분석할 수 있다. 또한 어떻게 국가적 위기 때마다 교체되지 않고 변형된 형태로 여전히 그 지배적 지위를 유지할 수 있는가에 대한 해답도 찾을 수 있는 것이다.

그람시의 이론이나 개념들은 다른 이탈리아 지식인, 사상가들과 달리 자신이 살았던 이탈리아를 분석하고 연구하는 과정에서 도출된 것이다. 현실의 역사와 정치적 상황을 분석하면서 가장 유용하고 적절한 개념을 규정하고 이를 도식화하면서 발전시켰다. 그람시의 이런 태도는 지나치게 서양의 사상이나 이론을 무작정 끌어다 도입하는 풍토가 강한 한국의 지식인들과 학계에 시사하는 바가 크다. 한국 사회 분석은 한국이라는 토양 위에서 하는 것이 가장 중요한 것일 텐데, 여전히 서양의 저명한 이론가들이나 학자들을 빌려야 가능하다고 생각하는 경향이 강하다 보니 서양의 이론을 한국에 덮어씌우는 경우가 발생하는 것이다.

그람시 역시 마찬가지다. 무작정 그람시를 원용하자는 것은 분명 아니다. 중요한 것은 한국적 이론 정립을 위한 전제여야 한다는 점이다. 더 철저하고 과학적인 실례를 충분히 찾아내고 그것을 토대로 그람시 혹은 다른 서양 사상가들과 비교해 이론적 지평을 확장하자는 것이다. 결국 이러한 학문적 축적이 가능하게 되면 우리 사회를 분석하는 여러 담론을 생산해 낼 수 있고, 해방 이후 전개되었던 사회 분석에서의 거대 담론을 도출할 수 있을 것이며, 한국 사회를 예측, 분석할 수 있게 될 것이다. 그럼으로써 바람직한 사회를 모색할 수 있을 것이다.

해방 이후 70년 가까이 한국 사회를 지배해 왔던 지배계급 문제나 노동자와 농민 그리고 영세민으로 대표되는 기층 대중의 연대 문제 등은 바로 한국 사회를 관통하는 이론적 논의의 핵심 주제이다. 지배계급의 '헤게모니'를 유지하는 과정에서 '지식인'의 개입과 변절, 지배계급에 맞서는 하층 대중의 저항과 새로운 헤게모니 창출의 노력과 시도, 국가권력의 교체에도 불구하고 여전히 견고하기만 한 전통적인 의미에서의 시민사회 구성원들, 새로운 대항 헤게모니의 창출에 맞서는 지배계급 블록과 이를 무너뜨리려는 노·농·소시민의 동맹의 문제 등은 우리 정치와 학계에서 지속적으로 제기되었고 현재까지도 논의되는 주제들이다.

바로 이 지점에서 한국적 토양에서 자생적으로 만들어진 구체적인 사례로서 체제와 현상에 대한 그람시 이론의 적용 가능성이 제기될 수 있다. 그런 의미에서 조선 왕조 이후 대한민국이라는 국가의 발전 과정에서 가장 오래되고 구체적으로 한국 사회를 고착화했던 시기를 선택할 필요성이 있다. 특히 일제 강점기와 박정희 시대는 이러한 사회 구조적인 측면에서 분석과 논의를 할 충분한 조건을 충족하고 있다. 그러나 일제 강점기는 외부에 의해 만들어진 시대라는 특성 때문에 내부적 동인이나 상호 영향 관계 분석에서 한계를 드러낼 수밖에 없다. 그런 이유 때문에 박정희 시대가 이러한 체제 분석에 더 적합하다. 현실적인 측면에서나 이론적인 측면에서 충분한 검증과 분석 대상으로서 적절성과 타당성을 충족시킨다고 할 것이다.

일제 강점기나 박정희 시대에 대한 분석은 이미 여러 영역과 분야에서 시도되어 왔고, 지금도 다양한 학자에 의해 현재진행형으로 연구되고 있다. 정치 부문을 비롯하여 경제와 사회 그리고 문화 부문까지 박정희 체제를 종합적이고 전체적으로 분석하고 연구한 학문적인 결과들은 현재에도 다양한 영역과 분야에서 활용되고 재생산되고 있다. 이 책 역시 기존의 연구 결과들을 활용할 것이다. 유의미한 해석과 연구 결과들은 이 책을 구성하고 있는 본문 내용과 연계시켜 활용하게 될 것이다. 그러나 기존 연구 결과들과 달리 이 책에서는 이전과는 다른 연구 분석 방법과 개념을 활용할 것이다. 그것이 바로 그람시의 이론과 개념이다. 그런 의미에서 본다면 가장 적절한 체제 비교는 그람시가 분석하고 주시해 왔던 파시즘 체제와 박정희 체제의 비교이다.

물론 그람시가 한국 사회구조 분석이나 재해석에 절대적인 기준이 될 수 있다거나, 그람시를 통해 당면한 한국 사회의 모든 문제를 해결할 수 있다고 단정할 수는 없다. 당연히 다른 역사적 배경과 정치적 내용을 무조건적으로 한국 사회에 적용하는 것은 무리가 있기 때문이다.

그람시 당대의 파시즘은 하나의 왜곡된 체제는 비록 그 얼굴을 바꾸는 한이 있더라도 언제 어느 순간에 다시 역사에 등장할지 모른다는 예측을 현실에서 증명한 한 현상이다. 대한민국 건국 이래 독재와 국가를 전면에 내세웠던 과거의 경험은 이러한 전체주의 체제의 무한 반복이라는 특징을 고스란히 보여 준다. 특히 과거의 전체주의적인 망령과 독재체제의 전형이라 할 수 있는 박정희 체제의 부활과도 같은 이명박 정부의 집권과 통치 과정, 그리고 뒤이어 들어선 박근혜 정부는 우리 사회 깊숙이 자리 잡은 전체주의적인 사회구조가 언제 어느 때라도 항상 등장할 수 있음을 그대로 반영하고 있다.[43] 이는 단순히 박근혜 정부의 비민주성을 두고 하는 말이 아니다.

한국 사회에서 그람시를 주목하면서 새로운 읽기를 시도해야 하는 것이 바로 이런 구조가 반복되는 것에 대한 근본적인 치유책을 그람시의 이론과 개념을 통해 찾아보기 위해서다. 지배계급을 구성하는 지식인의 사회적 역할과 책임, 파시즘과 유사한 체제가 반복해 출현하고 자본주의 폐해를 고스란히 간직하고 있는 한국 사회구조 문제 등을 해결할 실마리를 찾고자 하는 단순 명료한 목적에서이다. 그람시가 제시한 수많은 개념 중에서 파시즘 체제를 선택한 것은 파시즘 체제의 등장과 발전 그리고 그 이후 보여 주었던 연속성 등의 특성을 한국 사회에서 가장 잘 찾아볼 수 있기 때문이다. 따라서 파시즘 체제와 박정희 체제를 비교, 연구하는 것은 그람시 이론의 한국적 적용뿐만이 아니라, 한국의 정치사회적 현상에 대한 새롭고 다양한 시각과 분석의 가능성을 제시할 수 있다는 점에서 의미가 크다.

5
그람시가 읽은
마키아벨리

여기서는 《옥중수고》에서 마키아벨리에 관한 필요한 항목만 뽑아 번역, 구성하였다. 배치는 필자의 주관에 따랐다.

첫 번째 항목은 노트 1권의 제10항 〈마키아벨리에 대하여〉라는 글이다. 이 글은 마키아벨리를 이탈리아적인 정치가로 분류하고 그를 르네상스 시대의 분열된 이탈리아 상황에서 바라보아야 한다고 말하고 있다. 마키아벨리가 주장한 국가 지도자의 덕목과 권력 분화와 의회주의를 국가 성립의 제일차적인 조건으로 제시하기도 한다. 이 글을 통해서 마키아벨리에 대한 그람시의 연구가 단지 즉흥적이거나 이탈리아 역사의 궤적을 좇는 과정에서 우연히 나온 것이 아니라는 점을 분명히 알 수 있다. 또한 이탈리아 역사성에 대한 기준을 제시함으로써 당대 이탈리아 학자들이 갖는 코스모폴리탄적인 사고와는 다른 유형과 시각을 보여 주고 있다.

두 번째 항목인 노트 4권의 제8항에서는 마키아벨리 사상을 평가한다. 마키아벨리즘과 반마키아벨리즘으로 구분하고, 마르크스가 제시한 엄밀한 과학성과 실천적이고 현실적인 성격을 강조하면서 그의 행동주의와 실천성 그리고 새로운 계급을 탄생시키고자 하는 열망을 마키아벨리에 투영하여 진정한 마키아벨리즘을 이야기하고 있다. 이 항은 노트 13권의 제20항으로 다시 연결된다. 더 정교하고 발전적인 내용들이 덧붙여져서 의미가 더 깊어진다.

세 번째 항목인 노트 8권의 제162항에서는 "경제학자"로서 마키아벨리를 부각시켜 분석하고 있다. 당시 마키아벨리는 중상주의와 중농주의의 부흥을 위해 상인과 농민을 연결시키고자 했다. 특히 이 항목에서 세력동맹 선구자로서 마키아벨리 모습을 충분히 주장하고 있다. 정책적인 연대를 통한 동맹세력의 구축이라는 전술은 현대에도 유용할 수 있다.

네 번째 항목은 마키아벨리를 집중적으로 다룬, 마키아벨리 노트라 할 수 있는 13권의 제1항이다. 1항은 마키아벨리에 관한 가장 기본적인 사항을 다룬다. 마키아벨리 정치학을 그람시 입장에서 재해석하고 방향을 제시하고 있다. 마키아벨리 정치학이 갖는 현실적이고 구체적이며 생동적인 의미를 높이 평가하고, 용병대장을 통해 이탈리아 민중이 원하는 지도자상을 육화하며, '현대군주'라는 개념을 집단의지와 정당으로 승화시킬 수 있다고 주장한다. 그리고 그 집단의지가 바로 국민적이고 민중적인 의지의 결합임을 강조하며, 그것이 어째서 이탈리아에서 지속적으로 발전하지 못했는가를 르네상스 시대의 이탈리아와 부르주아 계층의 문제, 문화적이고 지적인 개혁의 결여까지 끄집어내면서 분석하고 있다.

다섯 번째 항목은 노트 13권 제8항으로 여기서는 크로체가 정의한 정당 개념을 다룬다. 그람시는 크로체가 제시한 정당 개념의 비가학성과 결함에 대해 비판한다. 특히 단순한 정열(혹은 열정)에 기반을 둔 정당 개념에 비판적으로 접근하고 있으며, 정치적인 열정이 구체적이고 군사적인 측면까지 이어지기 위한 조건 등에 대해서도 이야기하고 있다.

여섯 번째는 그람시가 마키아벨리 정치학에서 다루어야 할 문제라고 생각한 것들을 번역한 노트 13권의 제10항이다. 여기서 그람시는 마키아벨리 정치학이 갖는 실천성에 주목하여 다양한 계기를 현실에 구체적으로 접목하는 문제에 관해 직접 언급하고 있다. 정치학에서 마키아벨리와 크로체의 공헌이 상부구조의 해체로까지 이어져야 하는 당위성을 마키아벨리의 개념을 통해 제시하고 있다.

일곱 번째는 마키아벨리 정치학에서 다룬 개념과 내용이 갖는 한계를 구체적인 사례를 통해 분석한 노트 13권의 제13항이다. 그람시는 절대왕정과 국민국가 개념을 통해 마키아벨리의 정치학이 갖는 현실적 한계를 적시하고 있다. 권력 분립과 계급 구성의 다원성 등을 기반으로 하지 못했던 이탈리아의 한계를 스페인이나 프랑스 등과 대비시킴으로써 강력한 통일 이탈리아라는 새로운 국가 건설을 비유적으로 언급하고 있다. 여기에 프랑스 삼부회와 같은 (국민의 의견을 반영할 수 있는) 입법기구적인 성격의 중요성과 계층으로서의 농민을 피지배계급의 중요한 구성 요소로 상정하고 있다는 점 등을 함께 언급하고 있다.

여덟 번째는 정치 행위와 국민의 삶에서 나타난 이중적인 전망을 논한 노트 13권의 제14항이다. 이 책에서 제시한 번역문 중에서 가장 짧은 항이지만 그람시는 여기서 강제와 동의, 권위와 헤게모니, 폭력과 문명 등의 이항 대립적인 구조를 처음으로 밝히고 있다. 그런 점에서 이후 전개될 《옥중수고》의 이항 대립적인 개념 쌍의 구조를 엿볼 수 있는 항목이다. 하나의 사회 현상이나 개념을 분석할 때 사용하는 예측과 전망의 직접적인 특징을 그람시는 개념 쌍을 통해 제기했다. 거기에 고차원적이고 장기적인 관점의 전망을 결합하여 사회과학적인 당위성을 역설하고 있다.

아홉 번째는 마키아벨리의 정치적 현실주의 성격에 대해 이야기한 노트 13권 제16항이다. 이 항에서 그람시가 제시하고 주장한 바는 두 가지다. 하나는 현실주의가 '유효한 현실'에 기반하고 있느냐의 문제이고, 다른 하나는 유효한 현실을 직시하기 위한 세력관계의 구성과 내용 파악에 대한 문제다. 이를 통해 그람시가 궁극적으로 주장한 것은 유효한 현실을 만들기 위한 역사 속 세력들 간의 작동 방식이다.

열 번째는 구조와 상부구조 사이의 문제를 다루고, 아울러 구조와 상부구조를 지탱하고 구성하는 세력들 간의 상황(조건과 관계의 총합적인 의미) 분석을 하는 노트 13권 제17항이다. 이 항은 그람시가 역사방법론이라는 역사적 상황에 대한 접근 방법을 몇 가지 원칙과 내용을 통해 정리한 비교적 긴 번역문이다. 그람시는 지나친 경제주의와 이데올로기 양자 모두를 경계하면서 유기적인 운동의 국면과 여기에 관련된 세력 간의 문제들을 몇몇 역사적인 사건을 통해 이야기하고 있다. 그람시가 여기서 가장 강조한 것은 각각의 사건에서 나타나고 있는 전개의 수준과 계기의 구분 및 각각의 경우에 대한 분류이다. 첫 번째 수준에 대한 분석에서 그람시는 사회세력, 정치세력, 군사세력으로 구분한 각 세력이 국면과 시기 속에서 어떤 역할과 세력 전환을 하느냐에 따라, 전환기적인 역사적 사건의 의미와 결과가 결정적으로 달라진다는 사실을 강조하고 있다. 각각의 계기와 전환기라는 국면에서 어떻게 준비하느냐를 가장 중요한 문제로 상정하고, 집단 간의 동질성이 긴밀하고 준비된 세력이야말로 이러한 국면에서 주도권을 잡고 새로운 국면에서 주인공이 될 수 있다고 주장한다.

열한 번째는 경제주의와 생디칼리슴의 연관성과 문제를 다룬 노트 13권의 제18항이다. 이번 항 역시 제17항에 이어서 상당히 긴 구성 속에서 전개되는데, 국가와 구조의 분석 과정을 통해 토대로서의 경제에 대한 그람시의 구체적인 생각과 노동에 대한 기본적인 사고를 알 수 있는 글이다. 그람시는 여기서 경제주의라는 것이 단순히 경제적 기반이나 물적 토대로서 경제적인 것을 의미하는 것이 아니라, 지배계급과 사회구조를 결정하는 방식과 운동으로서 다양하게 나타나는 것으로 이해하고 있다. 선거불참여운동이나 역사적 경제주의 등에 대한 이론적인 내용을 이탈리아의 마르크스주의자들의 용어와 개념 등을 통해 비교하면서, 실천철학과 자유무역주의의 인과 관계 등을 지배계급 헤게모니 유지의 주요한 모티브로 상정한 점도 주목할 만한 부분이다.

열두 번째는 국제관계 속의 행위자로서 국력에 대한 기준을 서술한 노트 13권 제19항이다. 영토, 경제력, 군사력으로 가늠할 수 있는 국가 간의 힘을 국제관계의 헤게모니를 유지하기 위한 전쟁 발발의 기준으로 설명한 항이다. 노트 4권의 제13항에서도 이와 유사한 문제를 다룬다.

열세 번째인 13권 제20항은 앞선 노트 4권의 제8항 〈마키아벨리와 마르크스〉를 보강하고 좀더 부연한 항목이다. 앞의 항목이 갖는 단편성을 보강함과 동시에 실천철학이라는 명칭으로 마르크스주의를 대체하면서 이후에 지칭되는 마르크스주의를 실천철학으로 해석할 수 있는 기준을 제시한 번역문이다. 특히 마키아벨리주의 유형을 세 가지로 거론하는데, 마키아벨리에 의한 마키아벨리주의와 마키아벨리 학자들에 의한 마키아벨리주의 그리고 반마키아벨리주의가 그것이다. 이 셋을 비교하며 설명한다.

열네 번째는 "신군주"에 대한 현대적 의미를 정당으로 해석한 노트 13권의 제21항이다. 여기서 그람시는 비록 짧은 글이지만 '신군주'를 개인이나 특정한 현상에 국한하여 규정하는 것이 아니라 새로운 국가의 동력이 될 정당에 초점을 두어 필요성을 역설한다. 특히 추상적인 국가에 구체성을 부여하는 제도로서 정당에 대한 중요성을 충분히 인식하고 있는 글로 평가할 수 있다.

열다섯 번째는 구조적으로 위기가 초래되었을 때 나타나는 몇 가지 양상에 대하여 서술한 노트 13권의 제23항으로, 노트 13권의 제17항과 연관하여 볼 수 있는 번역문이다. 그람시가 여기서 주장한 것은 위기 국면에 빠진 사회에서 위기가 지속되고 새로운 질서가 도래할 가능성이 보이면 정당 질서와 구조에도 변화를 초래하게 되고 사회 구성원들은 적극적인 의미에서 혁명의 도래를 기대하거나 조직하게 된다는 것이다. 이 과정에서 기존 사회집단과 새로운 사회계층의 등장이라는 세력관계를, 정당구조와 경제적 이해관계에 따른 질서를 도시와 농촌 등과 연관시켜 논의하고 있다. 또한 그것이 군사적인 성격과 어떻게 결합될 수 있는가를 러시아와 스페인을 예로 들어 설명하고 있다. 이 과정에서 동맹과 협상 또는 강제력의 사용에 대한 적절한 시기와 방법 등에 대해서도 밝히고 있다.

열여섯 번째는 마키아벨리에 대한 해석이 갖는 이중성과 단순함을 동시에 이야기하고 있는 노트 13권의 제25항이다. 여기에서 그람시는 기존의 마키아벨리에 대한 해석에서 흔히 발생하는 오류와 해석의 기준이 갖는 부적절함 등에 대해 말한다. 마키아벨리에 대한 해석이 민주적일 수도 있지만 그것이 지나치거나 본질에서 벗어날 경우 나타나는 비합리성과 오류의 가능성을 지적하며, 마키아벨리의 《군주론》에서 주장하고 있듯이 전지전능하고 막강한 권력을 가진 반신반인의 위대한 인간을 위한 정치적 교리나 이론으로 비쳐지는 단순함을 피해야 할 것이라고 충고하고 있다.

열일곱 번째인 13권 제27항에는 단순한 영웅으로서 카이사르주의를 논하지 말라고 조언하는 그람시의 절대자에 대한 생각이 담겨 있다. 아울러 카이사르주의 두 가지 유형을 카이사르와 나폴레옹 1세 등을 통하여 제시하는데, 진보적 카이사르주의와 퇴행적 카이사르주의가 그것이다. 이는 파시즘 체제의 성격을 수감인의 신분에서 비판하고 있다는 점과 파시즘 실체를 가장 근접하게 해석하고 있다는 점에서 유의미하다.

열여덟 번째는 《군주론》을 해석한 노트 14권의 제33항이다. 그람시가 《군주론》을 마키아벨리 사상의 출발점이 아니라 최종 목적지로 제시한 이유는 과학으로서의 정치학이 갖는 유용성이 모든 계급에게도 동일하게 적용될 수 있다는 사실을 강조하기 위함이었다. 또한 그것이 현재에도 유용함을 강조한다.

마지막으로 열아홉 번째인 노트 15권의 제4항에서는 정치학이 다루어야 할 기본적인 전제와 영역들에 대하여 광범위하고 구체적인 사례를 들어 설명해 준다. 지도자의 선택, 그 지도자의 자질, 행동과 이론의 일치 문제, 그리고 앞의 모든 요소를 합해 하나의 통합적 성격의 "국가 정신" 문제를 다룬다. 정치적인 것이 어떤 성격을 갖고 어떤 현상으로 이해되어야 할 것인가에 대한 방향도 제시한다.

필자의 번역문에 큰 기대(?)를 걸었던 독자들은 다소 실망스러울 수도 있을 것이다. 실제로 각각의 번역문이 일정 부분 단편적이고, 번역문 간의 연계성이 부족한 측면이 있다고 느낄 것이고, 그로 인해 완성된 마키아벨리의 "신군주"의 의미를 퇴색시키고 있다고 느낄지도 모른다. 그러나 적어도 마키아벨리를 통해 그람시가 이야기한 여러 정치적 요소는 새로운 시대와 통일 이후 이탈리아를 건설하는 데 가장 중요한 지표가 될 수 있다는 확신에 바탕하고 있었음에는 틀림없다.

지금까지 소개한 각 항의 글은 해석이라기보다는 각 항별로 간략하게 설명한 것이다. 심도 있는 분석적인 글은 아니고, 그럴 필요도 없다고 생각한다. 그람시의 글들은 다의적인 의미를 담고 있기 때문에 자신의 연구 영역이나 관심 분야와 어떻게 연결할지는 독자들의 몫이다. 이후의 번역문들은 《옥중수고》에서 그람시의 수많은 논지가 어떻게 전개되고 있는지를 보여 줄 것이다.

노트 1권

제10항. 마키아벨리에 대하여

모든 시대에서 마키아벨리를 너무나 선량한 "일반적 정치가"로 생각하려고 한다: 이러한 생각은 이미 정치학의 커다란 오류이다. 마키아벨리는 자신이 살았던 시대와 연결되어 있다: 1) 피렌체 공화국의 내부 투쟁; 2) 상호 세력 균형을 위한 이탈리아 제(諸) 국가 간의 투쟁; 3) 유럽의 세력 균형을 위한 이탈리아 제(諸) 국가 간의 투쟁 등에 연결되어 있다.

마키아벨리에 관해서는 강력한 국가적 통일을 이루었던 프랑스와 스페인의 예를 통해 마키아벨리가 제시하고자 했던 국가 사례의 의미를 잘 알 수 있다. 크로체가 언급했듯이, 그는 '생략된 비유'를 하고 있으며, 일반적인 강력한 국가를 건설하기 위해, 특히 이탈리아를 위한 규칙들과 방법들을 제안하였다. 마키아벨리는 그의 시대에 맞는 전형적 인간이었으며, 그의 정치적인 기술은 부르주아 조직체와 발전을 용인케 했던 절대왕정 국민국가를 만들고자 하였던 당대의 시대정신을 대표하고 있다. 마키아벨리에게서 핵심적으로 볼 수 있는 것은 권력의 분화와 의회주의의 첨단 형태였다; 그의 "잔인성"은 봉건주의의 찌꺼기에 반대하는 것이지 진보적인 계급들에 반대하는 것은 아니다; 군주는 봉건적인 무정부 상태를 종결해야만 하는 것이며, 이는 로마공화정의 발렌티노(Valentino)가 생산자계급, 농부 및 상인들의 지지를 기반으로 했던 방식과 동일하다. 권력의 형성과 공고화를 위한 투쟁 기간에 필요한 것처럼 국가 지도자의 군사적 특성은 꼭 필요한 것이며,《전쟁술(Arte della guerra)》에 묘사하고 있는 계급의 표시(지표)는 국가의 일반적인 구조를 위한 것으로 이해되어야 한다: 만약 도시 부르주아들이 내부의 무질서 상태와 외부의 무정부 상태가 종결되기를 원한다면, 안전하고 충실한 무장 세력을 형성할 수 있는 집단으로서 농부들에 의지하여야 한다. 핵심적인 정치학의 이 같은 개념이 마키아벨리에게는 너무나 확고한 것이었기에, 오히려 군사적 특징에 대한 오류를 범하게 하였다: 그는 특히 보병에 대하여 생각하였는데, 정치적 행동을 통해 보병에 대한 징병이 국민으로부터 가능하리라 생각하였고, 이는 동시에 포병의 가치에 대해 잘못 생각하는 이유가 되었다. 이런 이유로 그를 자신의 정치적 행동 구축을 위해 군사적 기술에만 집착하는 정치가로 인식하게 하였다. 그러나 그렇다고 그를 일방적인 방식으로 몰아갈 수도 없는데, 그것은 마키아벨리의 핵심적이고 중심적인 생각이 거기에 있는 것은 아니기 때문이다.

참조: 노트 13권(xxx), pp. 5a-6.

노트 4권

제8항. 마키아벨리와 마르크스

샤를 베누스트(Charles Benoist)의 《마키아벨리즘(*Machiavelism*)》서문의 첫 번째 부분["전진하라 마키아벨리(Avant Machiavelli)", Paris, Plon, 1907] 참조: "마키아벨리즘과 마키아벨리즘이 있다. 이는 진정한 마키아벨리즘과 거짓의 마키아벨리즘을 의미하는 것이다. 전자는 마키아벨리의 마키아벨리즘을 말하며, 후자는 마키아벨리의 아류들, 그중에서도 특히 마키아벨리에 반대하는 적들에 의해 만들어진 마키아벨리즘을 말한다. 여기서 우리는 세 가지 유형의 마키아벨리즘을 볼 수 있는데, 하나는 마키아벨리의 마키아벨리즘이고, 두 번째는 마키아벨리주의자들의 마키아벨리즘이며, 세 번째는 마키아벨리를 반대하는 이들의 마키아벨리즘이다. 여기에 네 번째 마키아벨리즘을 추가할 수 있는데, 그것은 마키아벨리의 글을 단 한 줄도 읽어 보지 않은 자들이 주장하는 마키아벨리즘이다. 그들은 단지 마키아벨리에게서 유래한 동사나 형용사 및 부사를 사용하여 글을 쓸 뿐이다. 그러므로 마키아벨리는 자신의 사후에 논의되는 글에 대한 책임을 짊어져야 할 필요는 없는 것이다."[44]

마르크스에 의해 정치학과 역사학에 도입된 기본적인 혁신은 고정적이며 변하지 않는 "인간의 본성"이 존재하지 않는다는 것과 결국 정치학은 역사적으로 발전해 나가는 유기체로 구체적인 내용(그리고 논리적인 공식화로?)으로 인식되지 않을 수 없는 것이다. 마키아벨리에게서 이러한 두 가지의 기본적인 요소를 볼 수 있다: 1) 정치는 일반적인 도덕과 종교와는 다른 독자적 원리와 법률을 가진 자율적이며 독립적인 활동이며[이러한 마키아벨리의 입장은 상당히 큰 철학적 범주(또는 한계)를 갖는데, 왜냐하면 그것이 도덕과 종교에 대한 개념을 새롭게 하기 때문이다. 즉 세계에 대한 개념을 혁신한다는 것을 암묵적으로 의미하기 때문이다]; 2) 첫 번째 주장(요소)에 따라 현실적인 목표를 확정하고 연구하여 정치예술에 즉각적이고 실현 가능한 내용을 담는 것이다.

마키아벨리가 주장하고 발견한 사실들의 지적이고 역사적인 중요성은 그 사실들이 여전히 오늘날에도 활발하게 논의된다는 사실에 의해 판단될 수 있다. 이것은 마키아벨리의 사상과 원칙에 태생적으로 포함되어 있는 지적이고 도덕적인 혁명이 아직 일어나지 않았으며, 국민적 문화의 "공적인" 형태로서 아직은 "분명하게" 실현되지 않았다는 것을 의미한다. 마키아벨리의 사상과 원칙은 그저 자신이 살았던 시대에 "문헌적인" 자료로만 남아 있거나 아니면 여전히 몇몇 고독한 사상가의 유산으로 단순한 서지상의 자료로 남아 있는 것은 아닐까? 만약 그렇다고 한다면, 마키아벨리는 단지 이상주의자였던지, 아니면 단순한 상식주의자였을까? 어째서 포스콜로가 "마키아벨리는 현실의 무언가를 규명했으며", "일종의 실질적인 것을 이론화했다"고 이야기했을까? 이런 일이 어째서 일어났을까? 마키아벨리가 마키아벨리적인 정치가는 더욱 아니었기에, 그의 규칙과 주장들은 "적용될 수 있지만 회자되어서는 안 되는” 것일까? 따라서 포스콜로의 주장은 역사정치적인 판단을 의미하며, 크로체는 마키아벨리즘이 하나의 과학이라고 주장하면서도 민주주의자들만큼이나 보수반동주의자들에게도 사용되었다고 주장하였다. 그러한 크로체에 의해 제기되고 있는 주장과 의견은 단지 기존의 연구가들이 증명하였다는 사실에만 국한된 것은 아니며, 실제로 마키아벨리의 이중성은 증명되었다. 마키아벨리 스스로 이야기하듯, 그가 썼던 글들은 적용 가능한 것이며, 항상 적용 가능했다고 이야기하고 있다. 그러므로 마키아벨리는 이미 그를 알고 있는 이들에게만 영감을 주는 것이 아니다. 마키아벨리에게서 단지 “과학적인 활동”만을 생각할 필요는 없다. 오늘날에서조차도 마키아벨리가 주장하는 이야기와 주장에 대해서 수많은 반대의 사실과 자체적인 모순이 다양한 형태로 발견되고 있는 상황에서, 마키아벨리의 주장이나 내용이 자신의 시대에서 불러일으킬 논란을 생각해 본다면 그의 주장이나 이야기는 당대에는 거의 기적에 가까운 것이었을 것이다. 따라서 마키아벨리는 “무지한 이”에 대하여 생각하였는데, 마키아벨리가 생각했던 무지한 사람은 인간에 대한 통치와 지배라고 하는 사회질서 유지의 원리가 작동되었던 사회에서 태어나지 않은 이들이다. 이 사회에서는 사실을 가르치는 교육의 총 체계가 가족의 이해관계로 통합된 사회이며 (왕조와 부족사회), 현실적인 정치적 특징을 띠는 사회이다. 그렇다면 알지 못하는 사람은 누구인가? 이탈리아 “국민” 그리고 “민중”이며, 당대의 혁명적 계급을 의미한다. 마키아벨리는 분명 이러한 계급을 교육시키고자 했다. 이 계급으로부터 무엇을 해야 할지 아는 “지도자”와 지도자가 하는 것이 그들의 이익을 위한 것이라는 사실을 아는 “민중”을 탄생시키고자 했다. 비록 이러한 마키아벨리의 행동들이 당대 이데올로기(종교와 도덕)와는 반대적일 수 있었음에도 불구하고 마키아벨리가 원했던 것은 이것이었다. 마키아벨리의 이러한 입장은 마르크스에게도 반복되어 나타난다. 마르크스의 사상과 원칙 역시 마르크스가 지도하고자 했던 계급을 초월하여 다른 계급에까지 확산되어 사용되었다. 그러한 계급의 대표적인 것은 보수적인 계급이었고, 개개의 지도자 대부분이 자신의 초기 정치학에 대한 학습 기간 동안 마르크스주의에 관심을 보였던 보수적인 지도자와 계급이었다.

참조: 노트 13(xxx) pp. 13-14.[45]

노트 8권

제162항. 마키아벨리. "경제학자"로서의 마키아벨리에 대한 연구들

실천가로서 마키아벨리 그리고 그의 정치사상에 대해 몇 가지를 관찰할 필요가 있다. 또한 당대 경제사상의 특징(이 내용에 대해서는 에이나우디의 인용 글에서 요약하여 볼 수 있다.)과 중상주의(경제학 혹은 경제정치) 성격에 대한 논쟁도 돌이켜볼 필요가 있다. 만약 중상주의가 "결정된 시장"을 미리 설정할 수 없다는 의미에서 하나의 순수한 경제정치학이라면, "경제적인 자동조절장치"(이것의 구성요소들은 역사적으로 오직 세계 경제 시장의 일정 정도 수준의 발전 과정에서만 형성되었다는 점에서)가 사전에 형성되어 존재하고 있다는 경제사상은 일반적인 정치사상과는 다른 것이다. 다시 말해 국가 개념과 국가를 구성하고 있는 세력들이 국가를 형성하기 위해 경제 영역에 개입하여야 한다는 의미를 갖는 일반적인 정치사상에서 생겨날 수가 없다는 점은 명백하다. 만약 마키아벨리가 도

시와 농촌 사이의 연결고리를 형성시키려 했고, 국가 안에서 농민계급을 하나의 구체적인 계급의 하나로 형성시키기 위하여 농촌과 전원 지역에 안정적으로 구축되어 있던 중세적인 조합주의의 특권을 가진 계급을 해체시키고자 했다면 마키아벨리는 중상주의를 넘어 중농주의자로서의 모습을 보이고 있었다. 이는 마키아벨리가 농민계급의 경제적 요구까지 수용하면서 도시계급의 역할과 외연을 확장하고자 했다는 사실을 입증하는 것이며, 마키아벨리가 이상적으로 중상적인 국면을 넘어서, 이미 "중농주의적인" 특징을 강조하는 것으로 보일 수 있기 때문이다. 다시 말해, 그가 고전적인 경제로부터 미리 결정된 특징을 가진 정치-사회 환경에 대해 생각하고 있었다는 것을 의미한다.(중략)

노트 13권

제1항. 마키아벨리 정치학에 대한 간단한 주석

《군주론》에 관한 기본적인 사실은 그것이 체계적인 총론이 아니라 정치이념과 정치과학이 극적인 형태의 '신화' 속에 혼합되어 만들어진 '생동적인' 작품이라는 점이다. 정치과학이 마키아벨리에 이르기까지 표명된 형식들은 대부분 이상주의와 지나치게 학술적인 묘사 사이에서 고착화되어 있었다. 그런 정치과학을 마키아벨리가 이상과 현실 사이의 괴리를 결합하여 교조적이고 이성적인 요소를 용병대장(condottiere)이라는 모습으로 형상화함으로써 자신의 개념에 상상적이고 예술적인 형식을 부여하였다. 여기서 용병대장은 "집단의지(volonta' collettiva)"의 상징을 가공적이고도 '신인동형동성설'(神人同形同性說)적

외형으로 대표되는 인물이었다. 특정한 정치적 목표를 지향하기 위해 하나의 확정적인 집단의지의 형성 과정을 보여 주는 지점에서 마키아벨리는 길게 꼬거나 수사적인 논술이나 행동의 방식들에 대한 원칙이나 기준에서 기존의 현학적인 분류들에 의존하지 않았다. 그 대신 이러한 과정을 개인의 자질·성격·의무·자격들을 통해 보여 주었다. 이는 이 책을 통해 알고 납득하고자 하는 사람들의 예술적인 상상력을 자극하며, 정치적 열정에 더욱더 구체적인 형태를 부여하게 한다(만약 향후 《군주론》의 군주 같은 유형이 등장하는 저작들이 존재한다면 마키아벨리 이전의 정치학 관련 저작들 속에 그런 유형이 있는지 꼭 찾아볼 필요가 있을 것이다). 《군주론》의 마지막 부분은 저서의 용병대장이 갖는 신인동형과 같은 "신화적" 성격과 연관되어 있다: 마키아벨리가 그러한 성격을 현실 속에서 구현하여 이상적인 용병대장으로 대표하고 난 뒤, 예술적으로나 현실적으로 괄목할 만한 효과적 표현을 통해 진일보시켰다. 그런 과정을 통해 신의 모습을 가진 용병대장에서 사람의 모습을 가진 현실의 용병대장으로 구체화한 것이다. 마키아벨리의 이와 같은 열정적인 소명 의식은 바로 드라마 같은 성격을 용병대장에게 부여하면서 자신의 저서 《군주론》을 비롯하여 모든 저서 곳곳에 반영시켜 서술하고 있다. 루소는 《마키아벨리 서설》에서 마키아벨리를 정치학의 예술가라고 명명했으며, "신화"라는 표현은 한 번도 쓰지 않았다. 그러나 이러한 표현은 앞서 언급한 마키아벨리가 용병대장을 통해 구현하고자 했던 구체성을 정확하게 지칭하고 있는 것은 아니다.

　마키아벨리의 《군주론》은 소렐적인 "신화의" 역사적인 사실의 본보기로서 연구될 수 있다. 다시 말해, 냉랭한 유토피아나 현학적인 교조주의적인 이론이 아니다. 이상과 환상을 구체적으로 창조한 것과 같이, 정치적인 이데올로기로 만들어진 인물을 구체적인 역사의 본보기로 만든 사례인 것이다. 그것은 분산되고 흩어진 사람들에게 작용하여 그들의 집단의지를 일깨우고 조직하기 위한 정치적 이념의 주요한 사례로 연구될 수 있는 것이다. 《군주론》의 유토피아적인 성격은 이것이다. "군주"는 진짜 역사적으로 존재한 것이 아니었다는 사실이다. 목적 의식을 가진 즉시성을 특징으로 하는 이탈리아 민중에게 나타나지도 않았다. 군주란 순순하게 추상적인 교조적인 인물이었으며, 단순한 지도자의 상징이었고 이상적인 용병대장의 상징이었을 뿐이었다. 그러나 아주 극대화된 효과로 인한 극적인 감동을 통해 책 전체를 구성하고 있는 내용, 신화적이고 열정적인 요소들은 결론 부분에서 다시 생동감 있게 살아나고 "실제로 존재할 수 있는" 군주의 소명으로 다시 채택되었다. 마키아벨리는 책에서 군주가 일군의 민중을 지도하여 새로운 국가를 건설하려면 어떻게 해야 하는가도 묘사하고 있다. 논리적인 엄밀함과 과학적인 객관성에 근거해 묘사되고 있다. 결론 부분에서 마키아벨리는 자기 스스로 민중이 되고, 민중과 함께한다. 이때의 민중은 "특정한 인종, 민족 등 한 부류에 속하는" 민중이 아니다. 마키아벨리 자신이 지금까지 주장한 것들을 통해 설득시킨 그런 민중이다. 마키아벨리 자신이 되고자 했고, 의식에 공감할 수 있었으며, 동질감을 느낄 수 있는 민중이다. 이제 모든 "논리적" 작업은 내적인 이성으로 자기성찰을 한 민중의 의식 속에서 만들어지는 것이다. 그리고 그 작업은 직접적이고 열정에 가득 찬 함성으로 스스로 결론을 맺게된다. 이제 마키아벨리가 이야기했던 열정은 자기 자신에 대한 논의와 관념으로부터 애정·열기·행동을 담은 열광적인 구체적 열망으로 다시 탄생하게 된다. 이것이 바로 《군주론》의 맺음말이 부수적인 어떤 것이

되지 않고 외부로부터 "밀착된" 무엇이나 수사적인 어떤 것으로 끝나지 않은 이유이며,《군주론》작품의 필수적인 요소로 설명되는 까닭이다. 그것은 진정으로 작품 전체에 걸쳐 진정한 빛깔을 부여하고, 이것이 하나의 "정치적인 선언"으로 이해되어야 하는 까닭이다.

소렐이 어째서 자신의 신화−이데올로기 개념에서부터 정치정당에 대한 이해로까지 나아가지 못하고 노동조합 개념에 대한 생각에서 멈춰 버렸는지에 대하여 더 집중적으로 연구해야 할 필요가 있다. 소렐에게서 "신화"라는 개념은 집합의지의 조직적인 형태로 노동조합 안에서는 주요한 개념으로 나타나지 않지만, 노동조합과 이미 작동된 집단의지 안에서는 실천적인 행동으로 표현되고 있다. 실천적 행동을 최대한 실현하는 것은 총파업일 때에만 가능할 것이다. 다시 말해, "수동적 활동"이라고 말할 수 있다. 이것은 바로 "적극적이고 건설적인" 국면을 예측하지 못하는, 부정적이고 예비적인 성격의 활동을 의미한다. 이 과정에서 모든 관계된 다양한 주체 간의 의지가 모두 모여 이루어진 동의에 의해 의견 일치를 보인다는 정도만이 유일한 긍정적인 특징일 뿐이다. 그렇게 하여 소렐은 두 가지 필요성 사이에서 갈등하게 되었다: 그것은 신화의 필요성과 신화의 비판에 대한 필요성인데, 소렐은 "사전에 수립된 모든 계획은 유토피아적이고 반동적이다."고 말함으로써 이러한 갈등을 보여 주고 있다. 그렇게 하여 해결책은 비합리적인 것, "자의적인" 것('생의 충동'이라는 베르그송적인 의미에서), 혹은 "자생적인" 것의 충동에 내맡기는 것으로 귀결되었다. 여기서 한 가지 유념할 점은 크로체가 자신이 내세우는 사상과 방법에 따라 역사와 반(反)역사에 대한 자신의 문제를 상정하는 과정과 방식에서 모순이 발생할 수 있다는 점이다: 크로체의 "정치정당"에 대한 혐오와 사회적 사실에 대한 "예측 가능성"의 문제 제기 방식에 대해서는 다음의 책을 참조해야 한다. 《비평대화록(*Conversazioni Critiche*)》(첫 시리즈 pp. 150-52), 루도비코 리멘타니(Ludovico Limentani) 책의 서평 《사회적 사실에 대한 예측(*La previsione dei fatti sociali*)》(Torino, Bocca, 1907); 만약 사회적 사실이 예측 불가능하고 예측에 대한 동일한 개념이 단순한 울림이라면, 비이성적인 것이 지배할 수밖에 없는 것이며, 인간의 모든 조직은 반역사적이고, 단순한 "편견"에 지나지 않는다. 그리하여 매번 그리고 즉각적인 기준으로 역사 전개 과정으로부터 상정되는 실질적인 문제들을 해결하는 것밖에는 남아 있지 않다. ─크로체의 다음 글을 참조하시오. 《문화와 도덕적 삶에 있어 판단과 편견으로서 정당(*Il partito come giudizio e come pregiudizio in Cultura e Vita morale*)》─그리고 그런 이유로 기회주의는 유일한 가능성 있는 정치학의 방향인 것이다.

그러나 신화가 '건설적인 것이 아닌(non-costruttivo)' 것일 수 있을까? 소렐의 직관력의 질서 속에서 집단의지를 차별화(혹은 "분열")─그것이 비록 폭력적일지라도, 다시 말해 기존의 도덕적이고 법률적인 관계들을 파괴하면서까지─하기 위하여 단지 집단의지를 형성하려는 초보적이며 기초적인 국면에서 집단의지가 방치되는 도구에 불과하다면 그것이 얼마나 효율적일 것이라고 상상이나 할 수 있을까? 그러나 그렇게 기초적으로만 형성된 집단의지가 긍정의 국면에 접어들게 되는 기간 동안 각자의 다양한 방향과 서로 상충되는 길을 추구하는 개별의지들의 무한함으로 인해 여기저기 흩어지면서 곧바로 분해되지 않을까? 이는 파괴와 암묵적인 구축 없는(잠재적인 구축이 뒤따르지 않는) 부정, 단순한 확신, 그리고 "형이상학적"인 의미가 아니라 실질적인 의미에서, 다시 말해 정치적으로 정당 강령으로서 존재할 수 없는 문제를 넘어서서 이야기하는 것이다.[46] 이 경우에 있어서 소렐은 자생성 뒤에 철저히 기계주의적인 사고를 가정하고 있으며, 자유(생의 자의성-베르그송의 생의 충동과 같은 의미) 뒤에는 극단적일 만큼의 결정주의라는 가정을, 그리고 관념론 뒤에는 절대적 유물론을 가정하고 있다는 점을 알 수 있다.

현대군주, 곧 신화-군주는 실제의 한 인격체이거나 하나의 구체적인 개인일 수는 없다. 그것은 오직 유기체일 수밖에 없다: 그것은 이미 인정받았으며 또한 어느 정도까지는 행동을 통하여 스스로를 확인하게 되는 하나의 집단의지가, 그 속에서 하나의 구체적인 형태를 취하기 시작하는 복합적인 사회의 한 요소일 수밖에 없다. 이러한 유기체는 이미 역사의 발전 과정에서 보여 주었는데, 그것이 바로 정치정당이다. 그것은 보편적이고 전체적인 것이 되고자 하는 집단의지의 맹아들이 함께 모여 싹을 틔운 최초의 세포인 것이다. 현대 세계에서 즉각적이고 임박한 역사-정치적 행위는 급속하고 전광석화와 같은 과정이 종종 필요하다는 사회적인 특징에 따라 발생할 수 있는 것으로, 이는 하나의 구체적 개인으로 신화적인 측면에서 육화될 수 있다. 이 과정에서 당면한 거대한 위기에 의해서만 그러한 시급함을 필요로 할 것이다. 거대한 위기에 이르는 시급함은 정열과 열광주의를 뜨겁게 달구어 갑자기 최고조에 이르게 하는 바로 그러한 위기라는 특징이 있는데, 이는 용병대장(condottiere)의 "카리스마적" 특징[불랑제(Boulanger)의 모험에서 발생한 그러한 특징]을 파괴할 수 있는 역설적인 부식성과 비판적 감각을 완전히 소멸시킬 때 발생할 수 있는 것이다. 그러나 그와 같은 유형의 즉각적인 행동은 그 특징이 가지고 있는 성격으로 인해 유기적인 특징을 띠거나 긴 호흡일 수는 없다. 그러한 행위는 거의 대부분의 경우 단순한 복고와 재정비에 적합한 것일 뿐, 새로운 국가나 새로운 국민적이고 사회적인 구조를 구축하는 기반을 마련하는 데에는 부적절하다(이러한 새로운 국가 또는 새로운 국민적이고 사회적 구조의 건설은 마키아벨리 《군주론》의 핵심적인 문제였다. 《군주론》에서 논의하고 있는 복고는 단지 수사적인 요소에 지나지 않는 것으로, 로마의 후손으로 로마의 질서와 권력을 회복하고자 했던 이탈리아의 문학적 개념과 연결된 것일 뿐이다). 그것은 또한 "방어적인" 유형의 행위이며, 초기의 창조적인 유형은 아니다. 거기에는 다음과 같은 가정이 깔려 있다. 이미 존재하던 하나의 집단의지가 기력이 쇠하고 분산되었으며, 위험하고도 위협적인 타격 그렇지만 그 충격이 결정적이라거나 파국적인 것은 아닌 상태인 타격을 입은 상태에서 그 집단의지를 재정비하고 강화해야 할 필요가 있다는 가정이다. 이러한 가정은 집합의지가 원래 처음부터 창조되었거나 구체적인 목적지를 향해 이미 방향이 결정되어 있기 때문이다. 당연히 이성적이라는 전제를 이미 가지고 있는 것은 아니며, 아직 효과적인 역사적 경험과 보편적으로 알려진 경험에 의해 검증되고 비판된 것은 아니다. 하지만 하나의 구체성과 합리성에 대한 것이어야 한다는 점은 충분히 이해할 수 있다.

"신화"에 대한 소렐 개념의 "추상적" 특징은 분명히 마키아벨리의 군주라는 "범주적인 구현"이라고 할 수 있는 자코뱅들에 대한 혐오(윤리적 기피라는 감정적인 형태를 취하였다)에서 잘 드러난다. 그러나 현대의 《군주론》은 마땅히 그 일부를 자코뱅주의(giacobinismo, 이 표현은 역사적으로 획득된 것으로 개념적으로 의미를 부여해야 한다는 통합적인 의미에서)를 위해 할당해야 한다. 이는 자코뱅주의가 어떻게 구체적으로 형성되어 왔고, 집단의지가 적어도 어떤 점에서 독창적인지 알 수 있는 가장 중요한 예라고 할 수 있다. 그런 측면에서 자코뱅주의에 대한 주목이 필요하다. 이 경우 일반적으로 현대적인 의미에서 집단의지와 정치적 의지를 정의 내려 주어야 할 필요가 있다. 이때 그 의지는 역사적 필연성에 대한 능동적 자각으로서의 의지를 말하며, 현실적이고 효율적인 역사적 드라마에서 주인공으로서 지녀야 할 의지여야 할 것이다.

이렇게 문제를 설정하고자 할 때에 처음 몇 개의 장 중 하나는 반드시 "집단의지"에 대해 할당하여야 한다. 이때 국민적이고 민중적인 (nazionale-popolare) 집단의지를 각성시키고 발전시키기 위해서 존재하는 조건은 언제라고 이야기할 수 있을까? 따라서 그것은 주어진 지역의 사회구조에 대한 역사적(경제적) 분석과 수세기에 걸쳐 이 의지를 일깨우기 위해 일으켰던 여러 시도의 "극적인" 표현 그리고 그 시도들이 계속해서 실패한 이유를 논의해야 할 때인 것이다. 마키아벨리 시대의 이탈리아에는 어째서 절대군주국이 수립되지 않았을까? 이를 위해 로마제국(언어·지식인 문제 등)으로 거슬러 올라가야 하며, 중세자치도시의 기능, 가톨릭주의의 의미들에 대한 이해가 필요하다. 결국 이탈리아의 모든 역사에 대한 종합적이면서 정확한 윤곽과 틀을 만들어야 한다.

국민적-민중적 집단의지의 창출을 위한 계속적인 시도가 모두 실패했던 까닭은, 중세자치도시의 부르주아가 해체되면서 형성된 몇몇 특정한 사회집단의 존재 때문이다. 신성로마제국의 수탁자이자 가톨릭의 본산으로서 이탈리아의 국제적인 기능을 반영하는 이 몇몇 집단의 특이한 성격에서 이유를 찾아야 한다. 이러한 국제적 기능과 그 기능에서 비롯된 입장은 "경제적-조합주의적"이라는 내부 상황을 만들어 냈는데, 그것은 정치적으로 보아 가장 정체되고 가장 덜 진보적이며 모든 봉건사회 형태 중에서 최악의 형태였다. 다른 나라에서 국민적-민중적 집단의지를 불러일으키고 조직하여 근대적인 국가를 만들어 낼 수 있었던 효율적인 동력이었던 자코뱅 세력을 이탈리아에서는 만들어 내지 못하였을 뿐만 아니라 있다고 하더라도 항상 부족했다. 그렇다면 지금은 이러한 의지를 만들어 낼 수 있는 조건들이 존재하는가? 혹은 이러한 조건들과 그에 반대하는 세력들 사이의 실질적인 관계는 무엇인가? 전통적으로 보아 반대세력들은 토지귀족, 더 일반적으로 말해 하나의 총합적인 집단으로서 토지자본소유(자)였다. 토지자본소유자들은 이탈리아의 특징적인 면을 보여 준다. 이들은 계급으로서 중세자치도시 부르주아(100개의 도시, 침묵하는 도시)의 해체 시기로부터 근대 시기까지 남겨진 기생성(자본의 축적 과정에서 기생하여 건전한 자본을 축적하여 생성된 계급이 아닌 기생적인 특정의 계급과 자본이라는 의미)의 유산이라고 할 수 있는 일종의 "농촌 부르주아"라고 볼 수 있다. 그럼에도 불구하고 긍정적인 조건들은 산업 생산 분야에서 적절한 발전을 이루었던 도시 사회집단들의 존재에서 찾아야 하는데, 이들은 역사-정치적 문화의 일정 수준에 도달할 수 있었던 집단이었다. 그렇지만 거대한 농촌의 농민대중이 이들 집단과 동시에 정치생활 영역에서 분출되어 들어오지 않는다면, 국민적-민중적 집단의지의 어떤 형태의 형성은 불가능하다. 그 형태는 마키아벨리가 군대의 재구축(국민군의 육성)을 통해 의도하고자 했던 것, 다시 말해 프랑스혁명에서 자코뱅들이 했던 개혁으로서 국민군의 형성을 의미한다. 마키아벨리가 이러한 사실을 이해했다는 점에서, 자신의 국민혁명 개념의 (다소 결실이 있는) 맹아인 마키아벨리적인 조숙한 자코뱅주의를 볼 수 있는 것이다. 1815년 이후의 역사를 보면, 전통적 계급들은 이런 유형의 집단의지 형성을 저지하고 수동적 균형 상태의 국제적인 체제 속에서(기존의 지배질서로의 복귀라고 볼 수 있는 비인체제를 탄생시켜) 그들의 "경제적-조합주의적" 권력을 계속 유지하기 위하여 노력해 왔다는 것을 알 수 있다.

현대군주의 중요한 과업과 임무는 지적이고 도덕적인 개혁의 문제에 집중하는 것이다. 다시 말해, 종교 혹은 세계관의 문제에 전념해야 한다는 것이다. 그러나 이 과정에서도 여전히 자코뱅주의의 전통적인 결여와 자코뱅주의에 대한 공포를 볼 수 있다. [이러한 공포에 대한 가장 최근의 철학적 표현으로는 종교에 대한 크로체의 표현인데, 크로체는 맬더스를 평가하고 비판하는 과정에서 자코뱅주의에 대해 언급하고 있다)를 들 수 있다]. 현대군주는 지적-도덕적 개혁의 선구자이자 조직가여야 하며, 또 그렇게 되지 않을 수 없다. 이는 국민적-민중적 집단의지의 최근 발전 방향이 근대문명의 우월하고도 종합적인 형태를 실현하는 방향으로 계속해서 발전해 나아갈 수 있는 지형이 만들어진다는 사실을 의미하는 것이기도 하다. 이상의 두 가지 기본적인 요점—하나는 현대군주가 국민적-민중적 집단의지의 조직가인 동시에 그것의 적극적이고 능동적인 표현이라는 점, 둘째는 지적이고 도덕적인 개혁을 어떻게 할 것인가의 문제—이 작업의 토대를 이루어야 한다. 이러한 토대를 구축하는 프로그램의 구체적인 요소들은 첫 번째 부분에 반드시 명시되어야 한다. 다시 말해 구체적 요소들은 일련의 논의로부터 도출된 결과라는 점을 잘 짜인 "극과 같이" 제시되어야 하며, 단순히 냉랭하고 현학적인 모습과 내용만으로 나타내어서는 안 된다.

문화 개혁, 다시 말해 사회의 억눌린 계층에 대한 개혁이 경제적 개혁의 선행 없이 가능할 수 있을까? 그러므로 지적이고 도덕적인 개혁은 경제적 개혁 프로그램과 연결되지 않을 수 없다. 아니 오히려 경제적 개혁 프로그램이야말로 바로 모든 지적이고 도덕적인 개혁을 표현할 수 있는 구체적인 방식이다. 현대군주는 자신이 발전함에 따라 지적이고 도덕적인 관계의 모든 체계를 뒤집어 놓는다. 즉, 현대군주의 발전이 의미하는 바는 바로 어떤 행동이 이로운지 해로운지를 판단하는 기준이 현대군주 자신에게 있다는 것이다. 어떤 행위가 현대군주의 권력을 강화하는 데 도움이 되는지 아닌지 선악을 판단한다는 것이다. 그리하여 군주는 인간의 의식에서 신의 섭리[혹은 신성(神性)] 또는 절대적인 황제의 범주라는 위상을 차지하며, 모든 일상과 모든 관습의 관계를 완전히 세속화하고 현대 세속주의의 기초가 되는 것이다.

참조: 노트 8권(XXVIII), pp. 9-11.

제8항. 정당에 대한 크로체의 개념

정치-정열에 대한 크로체의 개념은 정당을 배제한다. 왜냐하면 조직된 영속적인 "정열"에 대해 생각할 수 없기 때문이다. 영속적인 정열은 절정의 쾌감과 경련의 조건이며, 이는 조작이 가능하지 않는 작동 불가능을 의미한다. 여기에는 정당을 배제하며 사전에 결정된 모든 행동의 "계획"을 배제한다. 그러나 정당은 존재하며, 행동 계획은 정교하게 만들어지고, 실행되며, 그리고 종종 상당한 수준에서 현실화된다. 따라서 크로체의 개념에는 "결함"이 있다. 이는 만약 정당이 존재한다 하더라도 그것은 "이론적인" 중요성이 크지 않은데 왜냐하면 행동의 순간에 작동하는 정당은 이전에 존재한 정당과 동일한 정당이 아니기 때문이라고 말할 수 있을는지 모른다. 이는 부분적으로 맞는다고 할 수 있다. 무엇보다 실제로 두 개의 양 "정당" 사이에는 동일한 유기체라고 말할 수 있는 등의 수많은 일치점이 존재한다. 그러나 그러한 개넘이 유효하기 위해서는 그러한 일치점이 "전쟁"에도 적용될 수 있어야 한다. 따라서 상비군과 사관학교 및 장교집단에 대한 사실을 설명할 수 있어야 한다. 또한 진행 중인 전쟁은 "정열"이며, 그것은 가장 강렬하고 뜨거운 정열이다. 그리고 전쟁은 정치적 삶의 한 국면이며, 다른 형태로 보면 정치적인 결정의 연속이라고 할 수 있다. 따라서 어떻게 "정열"이 도덕적 "의무"이며, 정치적인 도덕의 의무가 아니라 윤리적인 의무가 될 수 있는지를 설명할 필요가 있다.

영속적인 형태로서 정당과 관련된 "정치적 계획"에 대해서 몰트케(Moltke)가 이야기했던 군사적 계획에 대한 것을 기억하자. 그는 군사적 계획이란 모든 개별적인 사안에 대해서까지 사전에 정교하게 만들어지고 고정될 수 없으며, 오직 핵심적이고 중심적인 계획으로서만 가능하다고 말했다. 그것은 행동의 세부적 특이성들이 상당한 정도로 적의 움직임에 따라 결정되기 때문이다. 정열이 바로 세부적인 사항으로 표현되지만, 그렇다고 해서 몰트케의 원칙이 크로체의 개념을 정당화할 수 있는 것으로 보이지는 않는다. 이는 어떠한 경우에도 냉철한 머리로 "냉담하게" 계획을 정교하게 마련하는 군사참모단(Stato Maggiore)의 "열정"의 유형에 대해 설명해야 할 것이 남아 있기 때문일 것이다.

참조: 노트 8권(XXVIII), pp. 20 bis-21.

제10항. 마키아벨리의 정치학

마키아벨리 연구에서 제기되고 해결되어야 할 초기의 문제는 자율적인 학문으로서 정치학의 문제이다. 다시 말해 정치학이 체계적인 세계(일관적이고도 수미일관한)에 대한 개념에서 차지하거나 차지해야 할 위상에 대한 (실천철학에서의) 문제이다. 이 점과 관련하여 크로체가 마키아벨리 연구와 정치학 연구에서 이룩한 진보는 주로(크로체의 다른 모든 비판적 활동에서와 마찬가지로) 오류투성이고, 존재하지 않으며, 잘못 제기된 일련의 문제들을 해체시킴으로써 구성된 것이다. 크로체는 정신의 여러 계기에 대한 구별(차이)과 실천의 계기, 실천적이고 자율적이며 독립적인 정신의 계기-비록 그것이 차이의 변증법으로 인해 현실 전체에 둘러싸여 연결되었다 할지라도-에 대한 확신의 토대 위에 자신의 주장을 펼쳤다. 그러나 실천철학에서 계기들의 구별은 절대정신의 여러 계기 사이의 구별이 아니라, 상부구조의 여러 수준 사이의 구별이 될 것이다. 결국 상부구조의 특정한 수준으로서 정치 활동(그리고 상응하는 과학)에 대한 변증법적 입장을 체계적으로 밝히고 수립하는 문제가 가장 핵심적인 것이 될 것이다. 무엇보다 최초의 징후와 접근으로서 정치적 활동이 바로 첫 번째 계기 혹은 첫 번째 수준이라고 말할 수도 있을 것이다. 그 계기는 상부구조가 아직은 구별되지도 않고 완전하게 확신하지 못하는 초기의 즉각적인 국면에 머무르고 있는 계기라 할 수 있을 것이다.

어떤 의미에서 정치는 역사와 동일시되며, 따라서 삶의 전체와 정치를 동일시할 수 있다. 그러므로 어떻게 상부구조에서 정치만 따로 분리해 내고, 실천철학에 구별의 개념을 도입하는 것이 정당화될 것인가? 그러나 차이의 변증법과 상부구조의 여러 수준을 연결시키는 순환 개념에 대해서는 어떻게 이해해야 할 것인가? 그것은 "역사적 블록"개념, 곧 자연과 정신(구조와 상부구조)의 통일, 대립과 차이의 통일을 의미한다.

구별의 기준을 구조 속에도 도입할 수 있을까? 구조는 어떻게 이해되어야 하는가? 어떻게 사회관계들의 체계 속에서 "형이상학적" 의미에서가 아니라 역사적인 의미에서 "기술", "노동", "계급" 등의 요소를 구별할 수 있을 것인가? 논쟁을 불러일으킬 목적에 따라 구조가 "숨겨진 신", 상부구조의 "외양"에 상반되는 "본체(혹은 목적물)"가 될 수 있다는 크로체의 입장에 대하여 비판할 필요가 있다. 은유적인 의미에서 그리고 긍정적인 의미에서 "외양"일 뿐이다. 어째서 "역사적으로" 그리고 언어로서 "외양"이라고 이야기되었는가?

크로체가 어떻게 이러한 일반적인 개념으로부터 자신의 독특한 오류의 이론과 오류의 실질적인 원천에 대해 서술하고 있는가의 사례를 모으는 일은 매우 흥미롭다. 크로체에게서 오류는 즉각적인 "정열"에 기원을 둔다. 다시 말해 그 정열은 개인적인 성격이거나 집단적인 것일 수도 있다. 그러나 훨씬 광범위한 역사적인 범주의 "정열", 하나의 "범주"로서 정열은 어떤 것을 생산할 수 있을까? 오류의 원천이 즉각적인 정열-이해관계는 《포이어바흐에 관한 테제》에서 "인색한 유태인적인(Schmutzig-Jüdicih)"이라고 부르는 계기이다.[47] 그러나 "인색한 유태인적인" 정열-이해관계는 직접적인 오류를 규정하며, 그래서 더욱 광범위한 사회집단의 정열은 철학적 오류를 규정한다(오류-이데올로기의 중간에 크로체가 부분적으로 다루었던 것이다). 이러한 일련의 계열에서 중요한 것은 이기주의(직접적인 오류)-이데올로기-철학이며, 이는 이들 모두에 공통적으로 연관된 정열의 다른 수준에서 연관된 "오류"라는 점이다. 그것은 도덕적 또는 교조주의적인 의미에서 이해되어야 할 것이 아니라 "역사적으로 퇴락하고 몰락할 만한 것"이라는 순수하게 "역사적이고" 변증법적인 의미에서 이해되어야 하는 것이다. 또한 모든 철학의 "비(非)한정성", "생과 사", "존재와 무존재"의 의미에서, 다시 말해 전개 과정에서 초월해야 할 변증법적인 용어의 의미에서 이해되어야 할 것이다.

"외양적인"과 "외양"이라는 용어는 바로 다른 의미가 아닌 이러한 의미를 지칭하며, 이것은 도그마에 반하는 것을 정당화할 수 있다. 곧 이 말은 모든 역사적 체계의 가치성의 확신뿐만이 아니라 이데올로기 체계의 소멸에 대한 확신이며, 체계의 필연성에 대한 확신인 것이다 ("이데올로기의 영역에서 인간은 사회적 관계들에 대한 의식을 획득한다."는 말은 바로 "외양"의 필연성과 가치성을 확신하는 것이 아니겠는가?).

참조: 노트 8(XXVIII), pp. 21 bis-22 bis.

제13항. 마키아벨리의 정치학 개념의 한계와 비판

크로체에서 비롯된 근대의 "마키아벨리"에 대한 연구의 장점만이 아니라 크로체가 부여한 연구의 "과장"들과 왜곡들에 대해서도 주목할 필요가 있다. 곧 마키아벨리를 지나치게 "일반적인 정치인", 다시 말해 모든 시대에서 실현 가능한 "정치의 과학자"로 간주하는 경향이 습관적으로 형성되어 왔다. 하지만 마키아벨리 시대에 그가 필연적인 표현이었으며, 시대의 조건과 절박한 사정에 긴밀히 연결됨으로써 다음의 원인에 따른 결과라는 사실을 더 중요하게 고려할 필요가 있다. 1) 피렌체 공화국의 내부투쟁과 중세자치도시와 중세도시의 잔재로부터 해방될 수 없었던 당대 국가의 특수한 구조, 다시 말해 이제는 질곡이 되어 버린 봉건주의의 전형적 형태로부터 해방될 수 없는 구조를 말한다. 2) 세력 균형을 위한 이탈리아 도시국가들의 내부 투쟁에 의해 빚어진 결과이며, 이는 교황령의 존재와 일정한 영토가 없었던 수많은 자치 형태의 도시국가들과 봉건적인 국가 형태의 잔재로 인해 방해를 받게 되었던 것이다. 3) 유럽에서의 세력 균형을 위해 이탈리아 국가들

간에 지속적으로 벌어진 갈등과 투쟁, 혹은 다르게 표현하면 이탈리아 내부의 세력 균형에 대한 국제정치적인 상황에서 필요한 조건을 만들어 패권을 차지하기 위해 투쟁하는 유럽 국가들의 요구 사이에서 발생한 모순적인 상황이었다.

마키아벨리는 영토 통일을 이룩한 프랑스와 스페인에서 영향을 많이 받았다. 이탈리아를 앞의 두 개 국가와 "생략적 비교"(크로체의 표현을 빌려서)를 하였으며, 그것을 통해 일반적으로 강력한 국가 그리고 특정하게는 강력한 이탈리아 국가를 위해 요구되는 법칙들을 추론하였다. 마키아벨리는 전적으로 당대 사람이다. 그의 정치학은 국민에 기반을 둔 절대왕정을 지향하는 당대의 철학을 반영하였다. 이는 부르주아 생산력이 최고로 발전하도록 촉진시키고 용인하였던 정치 형태이다. 또한 마키아벨리에게서 권력 분립과 의회주의(대의제 제도)에 대한 맹아도 발견할 수 있다. 그의 "잔인함"은 봉건세계의 잔재를 향한 것이지 진보적인 계급들을 향한 것은 아니다. 군주란 봉건적 무정부 상태를 종결시켜야만 하는데, 그것은 바로 발렌티노가 상인과 농민 같은 생산계급들의 지지를 기반으로 하여 에밀리아 로마냐(Romagna) 지방에서 수행했던 것과 같은 것이었다. 마치 새로운 권력을 강화하기 위한 투쟁 시기에 국가의 수반에게 군사-독재적 성격이 요구된다고 할 때, 《전쟁술》에 포함되어 있는 계급이라는 개념이 가리키는 것은 국가의 전체 구조를 암시하는 것이라는 사실을 인식해야 한다. 만약 도시 계급들이 내부의 무질서와 외부의 무정부적 상태를 종식시키고자 한다면, 그들은 집단으로서 농민 대중에게 지지를 구해야 하며, 이는 용병부대와는 전혀 다른 유형의 믿음직하고 충성스런 무장 세력을 구성하기 위한 것이다. 그러나 마키아벨리는 근본적으로 정치적인 개념에 너무 집착함으로써, 군사적인 특징을 띤 오류를 범하게 되었다. 그는 특히 보병에 대해 생각하였는데, 정치적 행동으로 징집 가능한 보병에 너무나 열중한 나머지 포병의 중요성을 간과하였다.

　루소(Russo)는 《마키아벨리 서설(*Prolegomeni a Machiavelli*)》에서 《전쟁술》이 《군주론》을 통합하고 있다고 정확하게 지적하고 있지만, 자신의 관찰에 대한 모든 결론을 제대로 유추해 내지 못했다. 《전쟁술》에서조차도 마키아벨리는 군사 기술을 다루지 않으면 안 되는 정치가라고 간주되어야 한다. 그의 단편주의[가장 널리 알려진 것으로는 반델로(Bandello)에 의해 만들어진 것으로 웃음이 나올 만큼 다소 우스꽝스러운 것으로 만들어 버리는 방진(方陣) 이론과 같은 "호기심"도 마찬가지인데]는 그의 관심과 사고의 중심에 기술-군사적 문제만이 존재하는 것은 아니다. 마키아벨리 자신만의 정치에 대한 구축에 필요한 선에서만 단지 기술-군사적 문제만을 다루고 있다는 것이다. 또한 《전쟁술》만이 《군주론》과 연관되어 있는 것이 아니라 《피렌체사(史)》 역시 《군주론》과 연관되어 있다고 보아야 한다. 왜냐하면 《피렌체사》는 《군주론》에 포함된 마키아벨리의 주장과 분석의 가장 중요한 원천이라고 할 수 있는 이탈리아와 유럽에서의 실질적인 조건을 분석하는 데 활용되었기 때문이다.

　당대에 가장 적절한 마키아벨리의 개념으로부터 발생하여 현재까지 사용되고 있다고 평가되는 개념의 하나가 있다면, 흔히 이야기하는 "반마키아벨리주의자" 혹은 적어도 그들 중 가장 "천재적인 자들"이라고 하는 개념일 것이다. 그들은 실제로는 반마키아벨리주의자라기보다는 그들의 시대 또는 다른 조건들에서 비롯된 요구들을 표현하고자 했던 정치가들이다. 반마키아벨리즘이라는 논쟁의 형식은 단지 문학적인 우연성에 불과할 뿐이다. 이와 같은 "반마키아벨리주의자들"

의 전형적인 사례는 장 보댕(J. Bodin, 1530-96)에게서 찾아야 할 것으로 보인다. 보댕은 1576년 블루아(Blois)의 삼부회의 하원의원이었으며, 제3신분에게 시민전쟁으로 인해 청구된 보조금을 거부하라고 설득했다(보댕의 여러 저술을 참고할 것).

프랑스에서 시민전쟁 기간 동안 보댕은 제3의 정당-이른바 "정치인들"의 정당-의 대변인이었는데, 이 정당은 군주제를 통해 헤게모니를 제3신분이 쥠으로써 계급 내부의 균형이 이루어진다는 관점을 갖고 있다. 내가(그람시) 보기에 보댕을 반마키아벨리주의자로(반마키아벨리주의자들 사이에) 분류하는 것은 명백하게 부적절하고 피상적인 문제라고 보인다. 보댕은 자신의 정치학 기초를 마키아벨리가 당시 이탈리아보다 훨씬 더 발전되고 복잡했던 프랑스의 지형 위에 두고 있다. 보댕에게 가장 중요한 문제는 어떻게 하면 영토(국민)국가를 건설할 것인가이었다. 다시 말해 루이 11세 시대로 돌아가느냐가 아니라 이미 튼튼하게 뿌리를 내린 국가 안에서 서로 갈등하는 사회세력들 사이에 균형을 이룰 수 있을까 하는 점이었다. 보댕은 강제의 계기가 아니라 동의의 계기에 관심이 있었다. 보댕에게는 절대왕정을 강화하려는 경향이 있었다. 제3신분은 자신의 힘과 존엄성을 제대로 인식하고 있었다. 그래서 절대군주국의 운명은 자신이 어떻게 만드는가에 좌우되는 스스로의 운명과 발전과 깊은 연관성을 갖는다는 사실을 잘 알고 있었다. 이런 이유로 군주국에 대한 정당성과 통치에 대한 동의를 어떻게 할 것인가의 문제를 상정하며, 요구 조건들을 제시하고 절대주의 권력에 한계를 두고자 했다. 프랑스에서 마키아벨리는 이미 반동을 위해 활용되었다. [베르트란도 스파벤타(Bertrando Spaventa)의 표현에 따르면] "요람" 속의 세상을 영속적으로 유지하는 것을 정당화하는 데 활용된 것이다.

따라서 "논쟁적으로" 반마키아벨리주의자가 될 필요가 있었던 것이다.

마키아벨리가 연구한 이탈리아에는 프랑스의 삼부회처럼 이미 국민생활에서 중요한 위치로 발전된 대의제 제도가 없었다는 사실을 주목할 필요가 있다. 근대에 와서 이탈리아의 의회제도는 해외로부터 수입된 것이라는 편파적인 의견을 제시하는 자들이 있다. 그것은 1500년부터 1700년에 이르는 동안 이탈리아의 정치사회 역사의 정체(停滯)와 퇴보의 조건들을 고려하지 않은 데서 비롯된 것이다. 그 조건은 대부분 국제관계가 내부관계보다 우위에 있어 생긴 결과다. 즉 이탈리아는 주변 강대국의 "종주권"의 대상으로 전락하여 반봉건적 단계에 머물렀던 것이다. 이런 사실이 국민적인 해방 과정에서 바람직한 정치제도의 한 형식이라고 할 수 있을까? 그리고 그것이 근대적인(독립적이고도 국민적인) 영토국가로의 이행을 제공하는 의회제도 형태를 외국으로부터 수입함으로써 나타나게 된 혼란스러운 국민적 "독자성"의 원천이라고 추정할 수 있을까? 게다가 이탈리아 남부와 시칠리아에는 대의제 제도가 존재했다. 그러나 남부와 시칠리아의 대의제는 프랑스에 비해 훨씬 제한적 성격이 강했다. 그 이유는 이들 지역에는 프랑스와 같은 제3신분이 거의 발달되지 않아서 의회는 군주의 혁신적인 시도에 지방귀족이 대항하면서 생긴 무정부 상태를 지속시키는 도구가 되었기 때문이다. 결국 이런 이유로 군주는 혁신 정책을 시도할 때면, 이를 지지할 부르주아가 없는 상황으로 인해 "피지배계급(하층민)"의 지원에 의지해야만 했다. 1927년(혹은 1926년에도)에 출간된 《마르조코(Marzocco)》지에 11개의 장으로 구성된 "반마키아벨리주의자들"을 쓴 안토니오 파넬라(Antonio Panella)의 연구를 기억해야 한다. 여기에서 보댕을 마키아벨리와 어떻게 비교, 평가하고 있는가와 어떻게 반마키아벨리즘 문제를 일반적으로 상정하고 있는지의 문제를 찾아볼 수 있다.

마키아벨리가 도시를 농촌과 연결시켜야 한다는 자신의 강령 혹은 방향성을 군사적인 용어로밖에는 표현할 수 없었다는 사실은 이해할 만한 것이다. 이는 프랑스의 자코뱅주의가 직접 땅을 경작하고 농사를 짓는 농민계층에 대한 경제적이고 사회적인 중요성을 평가하였던 중농주의 문화라는 전제가 없었다면 설명할 길이 없었다는 것을 생각해 보면 된다. 마키아벨리의 경제이론은 지노 아리아스(Gino Arias)에 의해 연구된 적이 있었지만(밀라노의 보코니 대학의 《경제연보(*Annali d'Economia*)》에서), 마키아벨리가 정말로 자신만의 독자적인 경제이론을 가졌는지는 의문이 든다. 만약 마키아벨리의 정치적 언어를 경제적 용어로 근본적으로 번역할 수 있다면, 어떠한 경제체제로 귀결될 수 있는지에 대해 연구해 볼 필요가 있을 것이다. 그리고 중상주의 시대를 살았던 마키아벨리가 자신의 시대보다 정치적으로 앞서 있었고, 그리하여 후일 중농주의자들이 발견할 수 있었던 표현들이 어떤 필요성에서 미리 제기된 것인지에 대해 연구해 볼 필요가 있다.

그렇다면 루소 역시 중농주의 문화가 없었다면 존재할 수 있었을까? 중농주의자들이 단순히 농업적인 이익만을 대표하며, 도시 자본주의의 이익은 고전경제학에서만 주장할 수 있다는 확신들이 정당하다고 볼 수 있을까? 중농주의자들이 길드 체제와 중상주의를 파괴한 대표자들이라고 할 수 있으며, 고전경제학에 이르기 위한 국면의 주체들이다. 하지만 그보다는 그들이 주장했던 사실에 의해 만들어질 사회와 그들이 대항하여 투쟁하고자 하는 더 종합적이고 거대한 사회를 대표하는 이들이라는 사실이 더 정확할 것이다. 그들의 언어는 너무나 당대의 상황과 연결되어 있었다. 즉 도시와 시골의 대조적인 상황을 표현하고 있다. 하지만 그들은 농업 부문에까지 자본주의가 확산되리라는 사실을 예상하게끔 하였다. 그러나 분명한 것은 자유방임의 공식, 다시 말해 산업과 기업정신의 자유가 농업의 이해관계와 연결되어 있지는 않다는 사실이다.

참조: 노트 1권(XVI), pp. 4-4 bis; 노트 8권(XXVII), pp. 35 bis-36, 25 bis.

제14항. 예측과 전망

정치학과 관련하여 확정되고 전개되어야 할 또 다른 관점은 정치 행위와 국민생활에서의 "이중 전망"이다. 이중 전망은 가장 기초적인 요소에서부터 가장 복잡한 요소까지 표현할 수 있는 여러 수준으로 나타나지만, 이러한 여러 수준은 이론적으로는 이항 대립적인 개념으로 설명하고 있는 마키아벨리 이론의 가장 핵심적인 내용으로 요약될 수 있다. 다시 말해 마키아벨리의 켄타우로스(반인반마)가 지니는 이중적인 성격에 상응하는 것이다. 그것은 바로 강제와 동의, 권위와 헤게모니, 폭력과 문명, 개별적 계기와 보편적 계기('교회'와 '국가'), 선동과 선전, 전술과 전략의 수준들을 의미한다. 어떤 사람은 이중 전망의 이론을 시시하고 진부한 것에 지나지 않는, 다시 말해 최대 혹은 최소의 "유사성"으로 시간에 따라 기계적으로 진행되는 "직접성"의 두 형태에 지나지 않는 것으로 격하시켰다. 그렇지만 첫 번째 "전망"이 "직접적이고" 기초적인 것일수록, 두 번째 전망은 오히려 더욱더 전체적인 측면에서 "멀리 있고"(시간적인 면에서의 거리가 아니라 변증법적 관계에서) 고차원적인 경우가 자주 있다. 다시 말해 더욱 총체적이고 종합적인 관점에서 보자면, 인간 생활 속에서 한 개인이 자신의 육체와 존재를 방어하도록 강요받을수록 인간성과 문명의 더 고차원적인 가치를 설정하고 이를 자신의 존재 이유나 삶의 목표 등과 동일시할 수도 있다는 것이다.

참조: 노트 8권(XXVII), p. 28 bis.

제16항. 마키아벨리의 정치적 현실주의

"지나친"(따라서 피상적이고 기계적인) 정치적 현실주의는 종종 국가의 인간(uomo di Stato: 정치가의 의미)은 오직 "유효한 현실"의 범주 안에서만 작업해야 하며, "있어야 할"에 관심을 두는 것이 아니라 오직 "있는" 것에만 관심을 보여야 한다는 주장으로 이어진다. 이는 정치가의 본분이 자신의 코끝(현실)을 벗어나는 예측과 예상을 해서는 안 된다는 것을 의미하는 것이리라 생각한다. 이러한 오류는 파올로 트레베스(Paolo Treves)가 마키아벨리에게서 "진정한 정치가"를 보지 않고, 구이치아르디니(Guicciardini)에게서 발견하고자 했던 것과 같은 것이다.[48] "외교관"과 "정치가"를 구별해야 하는 것 이외에도 정치학자와 행동하는 정치가에 대한 구별이 필요하다. 외교관은 유효한 현실이라는 한계 속에서만 움직이지 않을 수 없다. 왜냐하면 그의 특정한 활동은 어떤 새로운 균형을 창출하는 것이 아니라, 기존의 균형을 어떤 법적인 틀 속에서 유지시키느냐 하는 것이기 때문이다. 이와 마찬가지로 정치학자 역시 자신이 단지 학자라는 유효한 현실 속에서만 움직일 수밖에 없는 것이다. 그러나 마키아벨리는 단순한 학자가 아니었다. 그는 새로운 세력관계를 창출하기를 원했으며, 행동하는 정치가로 불굴의 의지를 가진 열정의 인간이었다. 따라서 "있어야 할" 것(당연히 도덕적인 의미에서가 아닌)에 대해 관심을 갖지 않을 수 없는 인간이었다. 그러므로 문제는 이런 용어로 상정되어서는 안 되는 것이며, 훨씬 더 복잡한 문제인 것이다. 다시 말해 문제는 "있어야 할 것"이 자의적인 행동이거나 혹은 필수적인 행동이냐를 볼 필요가 있으며, "있어야 할 것"이 구체적인 의지이냐 아니면 게으른 공상이거나, 바람 혹은 뜬구름 잡는 사랑이냐 하는 점이다. 행동하는 정치가는 창조자이며 선도자이지만, 그렇다고 그가 무(無)로부터 유(有)를 창조하는 것도 아니며 자기 자신의 욕망과 꿈이라는 혼탁한 공허 속에서 움직이는 것도 아니다. 그는 유효한 현실에 기초하여 자신을 구축한다.

그렇다면 유효한 현실이란 것이 무엇일까? 그것은 어쩌면 정태적이고 움직일 수 없는 어떤 것일까, 아니면 끊임없이 움직이고 균형이 변해 가는 세력 간의 관계일까? 실제로 존재하고 작동하는 세력 간의 새로운 균형을 창출하려는 의지를 적용하고자 할 때는-이 경우 진보적이라고 생각되는 어떤 특정한 세력 위에 자신의 기반을 구축하고 그 세력이 승리할 수 있도록 강화시키려고 할 때를 말한다-항상 유효한 현실이라는 지형에서 움직이는 것이지만, 그것은 유효한 현실을 지배하고 초월하기(또는 그에 기여하기) 위해서이다. 따라서 이 경우의 "있어야 할" 것은 구체적인 것이며, 오히려 현실에 대한 역사주의적이고도 현실주의적인 유일한 해석이고, 유일한 행동하는 역사이자 철학이며, 유일한 정치인 것이다. 사보나롤라와 마키아벨리 사이의 대립은 있는 것과 있어야 할 것 사이의 대립이 아니라[이 점에 관한 루소의 모든 글은 순전히 단순한 수사적인 미문(美文)에 불과하다], 있어야 할 것에 대한 서로 다른 두 개념, 다시 말해 사보나롤라의 환영과 같은 추상적인 개념과 마키아벨리의 현실적인(비록 그것이 즉각적인 현실이 되지 않는다 할지라도 현실적인) 개념 사이의 대립이다. 왜냐하면 한 개인이나 한 권의 책이 현실을 변화시킨다는 것을 기대할 수 없는 일이지만, 현실을 해석하고 실현 가능한 행동 방향을 지시하는 것만은 기대할 수 있기 때문이다. 마키아벨리의 한계와 부족한 점은 단지 그가 국가 또는 군대의 지도자가 아니라 "사적인 개인"이요 저술가였던 것이다. 그것은 국가나 군대 지도자 역시 일개 개인이긴 하지만, 일반적인 개인과는 다르다. 개인으로서 언어를 통해 말을 하는 존재만이 아니라 그 언어로 국가의 군대와 병력을 움직이고 명령할 수 있다는 점에서 개인과는 다르다. 그렇다고 마키아벨리를 "비무장한 선구자"라고 이야기하는 것도 맞는 말은 아니다. 마키아벨리는 결코 현실을 바꾸겠다는 생각이나 의도를 품었다고 직접 말하지 않았다. 다만 역사의 세력들을 어떻게 작동시켜야 하는가를 구체적으로 보여 주고자 했다.

참조: 노트 8권(XXVIII), pp. 27 bis-28.

제17항. 상황에 대한 분석: 세력관계

특정한 시기 역사에서 활동한 세력들을 정당하게 분석하려면, 세력 간에 발생할 수 있는 긴장과 갈등을 정확하게 제시하여 해결하여야 한다. 왜냐하면 그들 세력 간의 관계를 규정하고 분석하려면 구조와 상부구조 사이의 관계 역시 중요하기 때문이다. 여기서는 두 개의 원칙을 갖고 그에 관한 논의를 전개할 필요성이 있다. 첫째, 어떠한 사회도 사회를 이루기 위한 필요하고도 충분한 조건이 이미 존재하지 않았거나, 아니면 그러한 조건들이 출현 과정에 있거나 발전되는 과정에서는 그러한 조건들이 나타나지 않는다는 점이다. 둘째, 어떠한 사회도 그 사회의 내부 관계 속에 잠재된 모든 생의 형태를 먼저 발전시키지 않는다면 해체되지 않고, 다른 것과 교체되지도 않는다는 점이다(이 두 가지 원칙에 대한 정확한 서술 방법을 조정하고 검토할 것이다).

이러한 두 가지 원칙을 통하여 역사방법론에 대한 다른 일련의 모든 원칙과 연계하여 세력들을 분석하게 될 것이다. 게다가 구조에 대한 연구에서 "전환기적(혹은 국면적)"이라고 부를 수 있는 운동(즉각적이며, 우연적이고 거의 우발적인 것처럼 보이는 운동)으로부터 유기적 운동(상대적으로 영속적인)을 구별할 필요가 있다. 전환기적(국면적) 현상은 분명하게 유기적 운동에 의존한다. 그러나 유기적 운동의 기간과 시기가 아주 폭넓은 역사적 범위를 갖는다는 의미는 아니다. 유기적 운동 시기에는 매일매일 시시각각으로 세세하고 비판적인 정치적 위기를 불러일으키며, 이 경우 직접적인 통치 책임을 지닌 정치지도자 개개인과 소수의 지도 그룹들만이 충돌한다. 반면에 유기적 현상은 사회-역사적 위기를 불러일으키며, 이때는 즉각적으로 책임을 지는 사람들과 지도 계층 이외에도 더욱 광범위한 사회집단이 충돌하게 된다. 특정한 역사적 시대를 연구할 경우 이러한 구별이 얼마나 중요한 것인가를 분명히 알 수 있다. 실제로 위기가 발생하여 그것이 수십 년간 지속되는 경우가 종종 있다. 이러한 이례적인 지속은 구조 안에 회복 불가능한 모순이 드러났으며, 기존의 구조 자체를 방어하고 유지하기 위해 기존 정치세력들은 모순을 극복하기 위하여 노력하였다. 이들 기존 정치세력들은 기존의 구조 자체를 긍정적으로 보고 이를 유지하고 지속시키기 위한 노력을 추구하고자 한다는 사실을 의미한다. 이러한 부단하고 집요한 노력(왜냐하면 어떠한 사회조직의 형태도 자신의 위상을 뛰어넘었다는 사실을 절대로 고백하지 않을 것이기 때문이다)이 "우발적인" 영역을 형성하는데, 이는 반대세력들이 조직화되는 지형 위에 형성된다. 이들 반대세력은 특정한 역사적 과제가 달성될 수 있도록 하며, 그럼으로써 역사적으로 그 과제들이 해결되어야(해결되어야 할 과제들이 모든 역사적인 책무와 의무에 조금이라도 미흡하거나 부족하게 되면 안 되기에 필연적으로 더 무질서해져야 한다고 생각했다. 왜냐하면 그런 무질서가 더 심각한 파국으로 이어질 것이라는 점을 알고 있었기 때문이었다) 할 필요하고 충분한 조건이 이미 존재한다는 것을 보여 주려고 한다. 그러나 무엇보다도 마지막 순간에 "진실로 밝혀지는 것은" 오직 그러한 증거와 사실이 새로운 현실에서 구체화되고, 반대세력들이 궁극적인 승리를 거두게 되는 때이다. 그러한 증명은 일련의 이념, 종교, 철학, 정치, 법적 논쟁을 통해 전개되며, 증명의 구체성은 사회세력들을 설득하는 데 성공하고, 사회세력들의 기존의 위상과 위치를 이동시킬 수 있을 만큼이 되어야만 확실해진다.

역사-정치적 분석에서 흔히 발생하는 오류는 유기적인 것과 우발적인 것 사이의 관계를 올바로 보지 못하는 데에서 나온다. 이렇게 되면 단지 간접적으로만 작용하였을 뿐인 원인을 직접적으로 작용하는 원인으로 설명한다거나, 아니면 오직 직접적인 원인만이 유효한 원인이라고 주장하는 오류가 발생한다. 전자의 경우는 "경제주의" 혹은 지나치게 규정 위주의 원칙주의의 과잉이며, 후자의 경우는 "이데올로기주의"의 과잉이다. 첫 번째 경우에는 기계적인 원인들에 대한 과대평가가 있고, 두 번째 경우에는 주의주의적이며 개별적인 요소에 대한 과대평가가 존재한다. 유기적인 "운동"과 사실, 그리고 "국면적" 또는 우발적인 운동과 사실 사이의 구별은 모든 유형의 상황에 대해 적용되어야 한다. 이는 곧 퇴행적인 발전이나 첨예한 위기가 발생하는 상황에 대해서만 적용되는 것이 아니라, 진보적이거나 번영을 지향하는 전개과정에서도 적용되며, 생산력의 정체가 증명된 상황에서도 적용되어야 한다. 운동이 갖는 이와 같은 두 질서 사이의 변증법적 연관은 연구과정에서는 명확하게 확립되기가 매우 어렵다. 그리고 만약 거기에서 오는 오류가 역사서술에서 심각한 것이라면, 과거사의 재구축이 아닌 문제이며, 현재와 미래의 역사를 구축하는 문제가 되면서 정치 기술에서는 한층 더 심각한 문제가 되는 것이다. 그러한 욕망과 저급하고 조급한 정열은 오류의 원천이 된다. 그것은 객관적이고 공정한 분석을 대체할 뿐만 아니라 그것이 행동을 촉진하기 위한 사려 깊은 "방편"이 아닌 자기기만으로서 발생한다는 점에서 분명한 오류인 것이다. 이 경우에도 독사가 독사를 부리는 사람을 물게 되는 것과 같으며, 또는 선동가가 자신의 선동에 대한 첫 번째 희생자가 된다는 역설이 있는 것이다.

이러한 방법론적 기준이 구체적인 역사적 사실들을 검토하는 데에 적용된다면, 모든 기준의 의미를 가시적이고도 교육적으로 얻을 수 있다. 이러한 기준을 1789년부터 1870년까지 프랑스에서 발생했던 여러 사건에 적용하면 유용한 결과를 얻을 수 있을 것이다. 내가 보기에 더욱 명확한 설명을 위해서는 이 시기 전체를 함께 묶어 볼 필요가 있다. 실제로 코뮌의 시도를 통해 1789년에 싹튼 모든 맹아가 역사적으로 완전히 소진되었던 것은 오직 1870-71년에 이르러서였다. 다시 말해 권력을 장악하기 위해 투쟁하던 새로운 계급이 결정적으로 구 사회세력을 뛰어넘었다는 사실을 인정하지 않았던 구 사회의 대표자들을 패배시켰던 때가 바로 그 시기였다. 또한 1789년에 시작되어 전개 과정에서 만들어진 새로운 구조 자체 역시 이미 초월했다고 주장했던 혁명 이후의 세력들까지도 패배시켰던 때이기도 했다. 이렇게 하여 낡은 것과 가장 최신의 것을 비교하여 생명력이 존재한다는 사실을 증명했던 것이다.

그러나 더 나아가 실질적으로 1789년에 탄생했고 이데올로기적으로

1848년 전후로 발전하고 있던 정치적인 전략과 전술의 원칙들이 그 유효성을 상실하게 된 기간도 1870-71년이다(여기서는 "영구혁명"의 공식으로 요약될 수 있는 원칙들을 말하는 것이다. 이 공식의 얼마만큼이 마치니의 전략으로 이행되었는지 – 예를 들면 1853년의 밀라노 봉기와 같이 – 또 그것이 의식적으로 그렇게 된 것인지 아닌지에 대해 연구해 보는 것도 흥미 있는 일일 것이다). 이러한 관점의 정확성을 보여 주는 요소는 역사가들이 프랑스혁명의 구조적인 측면을 분석하면서, 프랑스혁명에 의해 탄생된 집단과 세력의 한계를 명확하게 규정하는데 의견 일치를 보지 못했다는 사실(더군다나 그것은 불가능한 일이기도 하다)을 들 수 있다. 몇몇 사람(살베미니 같은 이들)은 프랑스혁명이 발미(Valmy)에서 완결되었다고 본다. 프랑스가 새로운 국가를 수립하였고, 자신의 영토적 주권을 주장하고 방어하는 데 필요한 정치-군사적인 세력을 조직할 수 있다는 것을 증명하였다고 말한다. 그러나 어떤 사람들은 혁명이 테르미도르까지 계속된다고 보고 있으며, 실제로 혁명은 하나가 아니라 여러 개였다고 말하기도 한다(예를 들면 8월 10일은 프랑스혁명과는 다른 별개의 혁명이라는 등의 주장 말이다). 가장 날카로운 대립은 테르미도르와 나폴레옹의 업적에 대한 해석을 둘러싸고 나타난다. 이 두 가지 사건은 혁명이었나, 반혁명이었나? 또 다른 사람들은 혁명의 역사는 1830년, 1848년, 1870년 그리고 심지어는 1914년의 1차 대전까지 계속된다고 본다.

이러한 방식으로 보는 것은 부분적으로는 옳다. 실제로 1789년 이후 프랑스의 사회구조 안에서 전개된 내부 모순은 제3공화국에 와서야 상대적으로 일정 정도 해결된다. 다시 말해 프랑스는 1789년, 1794년, 1799년, 1804년, 1815년, 1830년, 1848년, 1870년에 이르는, 파고와 격동의 80여 년이라는 시간을 보낸 뒤에야 약 60여 년에 이르는 균형 잡힌 정치생활을 향유하게 된다. 한편에서는 구조와 상부구조의 관계를 재구성할 수 있는 이러한 "파고"의 편차와 간격에 대한 연구가 필요하며, 다른 한편에서는 구조의 유기적 운동과 국면적 운동 사이의 전개 방식에 대한 연구가 필요하다. 한편 이 장의 첫 부분에서 말했던 두 개의 방법론적 원칙 사이의 변증법적 매개는 영구혁명의 역사-정치적 공식 속에서 발견될 수 있을 것이다.

동일한 문제의 한 측면은 이른바 세력관계의 문제라고 이야기할 수 있다. 우리는 역사 서술에서 포괄적인 표현을 자주 본다. 이는 이러저러한 경향에 대해서 호의적이거나 비호의적인 세력관계라는 표현이다. 이렇게 추상적인 이런 공식으로는 아무것도 또는 거의 아무것도 설명할 수 없다. 왜냐하면 이 말은 설명되어야 할 사실을 한 번은 사실로서, 또 한 번은 추상적인 법칙과 설명으로서 두 번을 되풀이한 것에 지나지 않기 때문이다. 따라서 이론적인 오류는 연구와 해석의 중심을 "역사적 원인"으로 구성하는 데 있다.

한편 "세력관계" 안에서 여러 계기 또는 수준을 구별해야 할 필요가 있는데, 이는 기본적으로 다음과 같은 수준으로 구별될 수 있다.

1) 인간의 의지로부터 독립된 객관적인 구조에 긴밀히 연결된 사회 세력들의 관계는 정밀과학 또는 물질과학 체계로 측정할 수 있다. 물질적인 생산력의 발전 수준에 기초하여 여러 사회계급이 만들어지고, 각각의 사회계급은 동일 생산 속에서 주어진 사회적 위치와 기능을 대표한다. 이러한 관계는 반동적인 현실 그 자체이다. 아무도 기업의 수나 고용인의 수, 도시 인구에 따라 만들어진 도시의 수를 바꿀 수는 없다. 이러한 기본적인 배열과 정리는 사회적인 변화를 위해 사회 안에서 필요하고 충분한 조건들이 존재하는지 아닌지를 연구하여 알 수 있

다. 다시 말해 사회의 발전 과정 동안 생겨난 모순들의 지형 위에 생긴 여러 이념의 실현 가능성과 현실주의의 수준을 조정하고 통제할 수 있다는 것이다.

2) 이어지는 계기는 정치세력들의 관계이다. 다시 말해 여러 사회의 여러 그룹에 의해 이룩된 조직화, 자기인식, 동류의식(동질성)의 수준에 대한 평가이다. 이 계기는 계기의 입장에서 분석하고 분류한 결과에 따라 여러 수준으로 나누어지는데, 이 수준들은 마치 지금까지의 역사에 나타났던 것과 같은 집단적인 정치의식의 여러 계기에 상응하는 계기들이다. 이 중 최초이자 가장 기본적인 계기는 경제적-조합주의적인 것이다. 상인은 다른 상인과 연대하여야 한다는 의무가 있다고 느끼며, 제조업자 역시 다른 제조업자의 편을 들 의무가 있다고 느끼지만, 그 상인은 아직 제조업자와는 연대감을 느끼지 못한다. 다시 말해 어떤 직업 집단의 구성원들이 그 집단의 통일성과 동질성을 의식하고, 그 집단을 조직해야 할 필요를 의식하지만 그 의식은 더 넓은 사회 집단에까지는 미치지 못하는 것을 말한다. 두 번째 계기는 어떤 사회 계급의 모든 성원 사이에 어떤 것이 이익이 될 수 있을 것인가에 대한 모든 구성원의 공감과 의식이 합치하게 되는 계기이다. 그러나 그 의식은 아직 순수하게 경제적인 분야에 한정되어 있다. 이 계기에 이르면 이미 국가의 문제가 제기되지만, 그것은 단지 지배집단들과의 정치적-법률적 동등성을 획득하는 범위에서만 제기된다. 그럼으로써 입법과 행정에 참여할 권리, 더 나아가 그것을 개혁하고 변형할 수 있는 권리를 보상으로 받게 되지만, 그것은 어디까지나 기본적인 틀 안에서만 주어지는 것이다. 세 번째 계기는 한 집단이 자기 자신의 조합주의적 이해에서 벗어나는 계기이다. 이 계기는 현재와 미래의 발전 과정 속

에서 지금까지 얽매여 있던 순수한 경제 집단에 귀속되었던 조합주의적 한계에서 벗어나서 다른 하위집단들의 이익이 될 수도 있고 또 되어야 한다는 것을 의식하는 계기이다. 이것은 가장 순수하게 정치적인 국면이며, 구조로부터 복합적인 상부구조 영역으로의 결정적인 이행을 표시하는 것이다. 이 국면에서는 이미 싹텄던 이념들이 "정당"이되고, 그들 이념 중의 하나 혹은 이념들의 결합으로서 유일한 이데올로기가 모든 사회적 부문에 확산되고, 문제를 선점하고 우세한 이데올로기로 세력을 확장할 때까지 투쟁하고 충돌하게 된다. 이는 정치적이고 경제적인 목표들을 통일시키는 것뿐만이 아니라 지적이고 도덕적인 통일성도 확보하여 확정한다. 한편으로는 조합주의적 차원이 아닌 "보편적" 차원에서 수행되는 투쟁을 둘러싼 모든 문제를 제기하면서, 그리고 이렇게 하여 일련의 하위집단들에 대한 기초적인 사회집단의 헤게모니를 창출하면서 "정당"이 되는 것이다. 결국 국가는 한 특정한 집단의 기관으로서 그 집단의 최대 팽창을 위해 유리한 조건들을 창출하게끔 되었다고 보는 것이 맞을 것이다. 그러나 이러한 발전과 팽창은 보편적 팽창과 모든 "국민적" 에너지를 발전시키는 것으로 이해하고 제시된다는 점이다. 다시 말해 지배집단은 하위집단들의 일반적인 이익과 구체적으로 조화를 이루어야 하며, 국가의 삶은 기초 집단의 이익과 하위집단의 이익 사이에서 불안정한 균형(법률의 범위 내에서)을 지속적으로 조정하여 일정 수준 이상으로 벗어나지 않도록 해야만 된다.(여기서 균형이란 지배집단의 이익이 우세하기는 하지만 그것은 어느 지점까지만 우세한, 다시 말해 지배집단의 이익이 경제적-조합주의적 이익으로까지 나아가지는 않는 범위 내에서의 균형)

실제의 역사에서는 이들 계기는 상호작용하여 적용하였다. 말하자면 수평적이고 수직적으로 적용하였다는 것이다. 다시 말해 경제-사회적 활동(수평적으로)과 영토(수직적으로)에 따라 여러 방식으로 결합되기도 하고 분할하기도 하면서 적용되는 것이다. 이러한 여러 결합 방식은 모두 독자적으로 조직된, 경제-정치적으로 조직화된 자신만의 표현에 의해 대표된다. 또한 국제관계들이 이러한 국민국가(nation state)의 내부 관계와 얽혀 새롭고 독특하며 역사적으로 구체적인 결합을 창출한다는 사실을 고려할 필요가 있다. 예컨대 어떤 고도로 발전된 나라에서 탄생한 이념은 덜 발전한 나라들로 확산되어 그 지역에서 발생하는 결합의 상호작용에 개입한다(예를 들면 종교는 항상 그러한 국내와 국제의 이데올로기적-정치적 결합의 교량 역할을 했으며, 종교와 함께 다른 국제적인 형태, 비밀결사체, 로터리 클럽, 유대인 단체 등등이 "지식인"의 사회적 범주 안에 재입성할 수 있다. 국제적 차원에 대한 이들의 기능은 극단적인 해결책 사이에서 출구와 타협책을 제안하고, 모든 지도 활동을 가능하게끔 하는 기술적인 방책을 사회화하며, 극단적인 상황과 해결을 완화하는 기능을 한다). 이들 국제 세력과 국내 세력들 간의 이러한 관계는 개별 국가 내부에서 여러 차원에서 다양한 관계들이 복잡하여 얽혀 세력관계를 달리하게 만들어지고, 구조적으로 서로 다른 몇 개의 부분이 존재한다는 사실로 인해 더욱 복잡해진다[예컨대 방데(Vandée)에서 국제적 반동세력들이 동맹하였고, 그렇게 결속된 반동세력들은 프랑스의 영토 통일의 심장부를 점령하여 프랑스를 대신하게 되었다. 마찬가지로 리옹 역시 프랑스혁명 속에서 다양한 관계가 복잡하게 얽혀 있는 세력들 간의 각축장을 대표하는 곳이 되었다].

3) 세 번째 계기는 종종 직접적이면서 결정적인 군사세력들의 관계라는 계기이다(역사적 발전은 두 번째 계기를 매개로 하여 첫 번째와 세 번째 계기 사이에서 끊임없이 격변하면서 진행된다). 그러나 이 계기는 그리 쉽게 구

별할 수 없다. 체계적인 형태로 직접적으로 구별할 수 있는 것이 아니다. 여기에서도 두 개의 수준에 따라 구별할 수 있는데, 하나는 엄격하거나 또는 기술-군사적인 의미에서의 군사적 수준이고, 또 하나는 정치-군사적이라고 부를 수 있는 수준이다. 이러한 두 수준은 역사 발전 과정에서 대단히 다양하게 결합되어 나타난다. 하나의 한계를 보여 줄수 있는 사례로 활용할 수 있는 전형적인 예는 국가적 독립을 추구하는 국가에 대하여 어떤 국가가 군사적으로 억압하였을 때 수반되는 관계의 계기이다. 이때의 관계는 전적으로 군사적인 것이 아니라 정치-군사적이며, 실제로 이런 유형의 억압은 억압당하는 민중의 사회적인 해체 상태와 국민 다수의 수동성이라는 사실이 뒷받침되지 않고서는 설명할 수 없는 것이다. 따라서 국가의 독립은 전적으로 군사세력만으로는 획득할 수 없는 것이며, 군사적인 세력과 정치-군사적인 세력 모두를 필요로 한다. 만약 실제로 억압당하는 국민이 독립 투쟁을 시작하기 전에 먼저 헤게모니를 가진 국가가 그 민족으로 하여금 독자적으로 군대(언어적으로 협의적이고 기술적인 의미에서)를 조직하게끔 허락하여 줄 때까지 기다려야 한다면, 그 민족은 단지 한 줌의 군대만을 가질수 있을 것이다[독자적인 군대를 갖겠다는 이러한 보상(주장)이 헤게모니를 가진 국가를 만족시킬 수도 있겠지만, 이것은 억압받는 민족이 정치-군사적 영역에서 이미 상당한 정도의 투쟁을 진행하였을 뿐만 아니라 일정 부분 승리를 거두었다는 것을 뜻할 뿐이다]. 따라서 억압받는 민족은 무엇보다 먼저 "정치-군사적인" 세력을 통해 헤게모니를 가진 군사세력에 맞서야 할 것이다. 다시 말해 이때의 정치-군사적 세력이란 군사적 특징을 반영하여 확정된 비르투를 가진 정치적 행동의 형태를 말한다. 여기에서 군사적 특징은 다음의 두 가지를 의미한다. 첫째, 지배 민족의 전쟁 역량을 파괴할 만큼의 유효성을 가진다는 의미고, 두 번째는 지배 민족의 군사세력을 방대한 영토 위에 분산시키고 희석시킴으로써 그 세력이 지닌 전쟁 역량의 상당 부분을 무력화한다는 의미다. 이탈리아 리소르지멘토에서[특히 이탈리아 행동당(Partito d'Azione)은 선천적으로 매우 무능했는데] 정치-군사적 지도의 파국적인 결여에 주목할 수 있으며, 피에몬테(Piemonte)의 온건당 역시 1848년 전후에는 유사한 수준이었다. 그러나 온건당이 이러했던 것은 분명 무능력 때문이 아니라 "정치-경제적인 맬더스주의" 때문이었다. 다시 말해 그들은 농지 개혁의 가능성에 대해서는 전혀 생각조차 하기 싫어했고, 전국적인 수준에서 제헌의회가 소집되는 것을 바라지도 않았다. 단지 피에몬테 왕권이 민중적인 기원이라는 조건이나 제한에 구애받지 않고 지역별 투표(전 국토에서 시행되는 투표의 의미)라는 단순 재가만으로 이탈리아 전체에 대한 지배 정당성을 인정받기를 기다리고 있었던 것이다.

지금까지 이야기한 것과 연관된 또 다른 문제는 기본적인 역사의 위기가 경제적 위기로 인해 직접 규정될 수 있는가의 문제이다. 문제에 대한 대답은 지금까지의 서술한 글—그 글은 지금 이야기하는 문제를 표현하는 방식과는 다른 방식으로 문제들을 제기한 것에 지나지 않는데— 속에 암묵적으로 포함되어 있다. 특정한 대중을 이해하기 위한 교육적인 이유 때문이라도 똑같은 문제를 전혀 새롭고 다른 문제인 것처럼 제시될 수 있는 모든 방식도 검토할 필요가 있다. 직접적인 경제적 위기가 스스로의 경제위기를 위해 기본적인 역사적 사건들을 만들어 낸다는 사실은 배제할 필요가 있다. 그러한 위기는 오로지 특정한 사고방식의 확산에 훨씬 호의적인 영역을 창출할 수 있을 뿐이며, 이후의 모든 국가의 삶을 최상으로 발전시켜 주는 모든 것을 쏟아부을 수 있도록 문제를 해결하는 것에 지나지 않는다. 더 나아가 위기의 시기 혹은 번영의 시기에 대한 모든 주장은 일방적인 평가를 불러일으킬 수도 있다. 마티에(Mathiez)는 프랑스혁명에 대한 역사적인 설명 속에서, 사회적 균형이 완전히 붕괴되는 모든 주요 시기마다 사회적 균형 붕괴와 일치하는 경제적 위기를 선험적으로 "발견"한다는 전통적인 속류역사에 반대하였다. 그는 1789년경에는 경제 상황이 오히려 좋은 편이었기 때문에 빈곤과 궁핍의 위기로 인해 절대왕정이 붕괴되었다고는 할 수 없다고 주장했다.[마티에(Mathiez)의 정확한 주장을 참조하시오] 국가가 아사 직전의 재정 위기에 빠진 상태라는 사실을 주목할 필요가 있으며, 3개의 특권계층(왕족과 귀족 그리고 사제 계급) 중 국가와 왕실의 재정을 정상으로 돌려놓기 위한 희생과 부담을 누가 져야 하는가의 문제를 살펴보아야 한다. 여기에 더하여 만약 부르주아의 경제적 상황이 충분히 여유로웠다면, 대중 계급들의 상황은 도시에서건 농촌에서건 좋지 않았던 것임에 틀림없었다. 특히 농촌 계급은 고질적인 빈곤으로 고통을 받았다. 어떤 경우에서든 세력 균형의 붕괴는 균형을 파괴하면서 실질적으로 사회계급을 붕괴시키는 데만 관심이 있었던 사회계급의 부족과 흠결이라는 직접적이고 기계적인 원인들 때문에 발생한 결과물은 아니었다. 그 붕괴는 직접적 경제 세계보다 더 월등한 수준에서 발생한 갈등, 즉 독립과 자율, 그리고 권력에 대한 감정에 불을 댕긴 계급의 "위신"(미래의 경제적 이익)과 관계된 갈등 때문에 발생한 것이다. 사실상 그 사회집단이 균형을 분리시킨 것이기는 하지만 그 붕괴는 계급 간의 위신과 갈등이라는 맥락에서 이루어졌다. 새로운 역사적 현실의 원인으로서 경제적인 곤궁 또는 풍요라는 특수한 문제는 다양한 수준에서의 세력관계 문제의 일부일 뿐이다. 새로움이 만들어질 수 있는 것은 생활의 풍요가 적대적인 그룹의 인색한 이기주의에 의해 위협받아 일어날 수도 있으며, 빈곤이 참을 수 없는 것이 되고 구(舊) 사회 속에서 빈곤을 타파하고 합법적으로 정당한 수단을 사용하여 정상적인 상태를 되살릴 수 있을 만한 세력이 보이지 않아 일어날 수도 있다. 따라서 이러한 모든 요소는 힘의 사회관계 전체에 대한 국면 변동의 구체적인 표현이라고 이야기할 수 있다. 이러한 지형에서는 사회관계에 대한 이행이 결정적인 군사 관계를 축적하기 위하여 힘의 정치적 관계로 이행하게 되는 것이다. 만약 한 계기로부터 다음 계기로의 전개 과정에서 이와 같은 발전 정도가 부족하다면 그것 역시 하나의 과정이다. 그리고 그것이 근본적으로 행위자 스스로를 위해 인간의 의지 및 능력을 축적하고 갖게 하는 하나의 과정이다. 또한 상황은 작동하지도 못한 채 오히려 전혀 다른 결론을 도출할 수밖에 없을 것이다. 구 사회는 경쟁 그룹의 엘리트들을 물리적으로 사라져 버리게 하고 예비 대중을 위협함으로써 스스로 "한숨 돌릴" 수 있는 시대를 안전하게 보호하거나 새로운 세력에게 저항한다. 그렇지 않으면 갈등하는 세력들 간의 상호 파괴가 일어나 묘지의 평화가 수립되든가, 심지어는 그 평화가 외국의 파병군대의 감시하에 유지될지도 모를 일이다.

그러나 힘(세력)관계에 대한 모든 구체적인 분석과 관련하여 가장 주의해야 할 것은 이 점이다. 그러한 분석은 그 자체로 목적일 수 없고 또 목적이어서도 안 되며(그 의도가 단지 지나간 과거 역사의 한 장을 쓰겠다는 데 있는 것이 아니라면), 단지 그것이 실천적인 활동을 정당화하거나 또는 의지의 결단력을 정당화하는 데 활용될 때에만 의미를 갖는다는 점이다. 분석은 최소한의 저항 지점들이 어떤 것이냐를 보여 주고 있는데, 이 저항의 지점에는 의지의 힘이 가장 효과적으로 적용될 수 있는 시기와 장소를 알려 주고 있으며, 직접적으로 적용할 전술의 구체적 작업을 제시하여 주고 있다. 어떻게 하면 정치적인 선동 구호를 가장 효과적으로 전달할 수 있으며, 어떤 언어를 대중이 가장 쉽게 이해할 수 있는지 등을 제시한다. 모든 상황에서 가장 결정적인 요소는 항구적으로 조직되어 있고 장기적으로 준비된 세력이며, 이 세력은 어떤 상황이 유리하다고 판단될 때 즉각적으로 앞으로 나아갈 수 있는 세력이다(그리고 어떤 상황이 유리할 수 있는 것은 오직 그러한 세력이 존재하였고, 전투하고자 하는 열정이 가득할 때뿐이다). 그러므로 근본적인 과제는 자기 스스로 이러한 세력이라고 인식하여, 압축적이면서 항상 더 동질적이 될 수 있도록 하여, 세력을 형성하고 발전되도록 체계적으로 인내심을 갖고 참여하는 것이다. 이는 군사(軍史)를 보면 더욱 명백하다. 어느 시대, 어떤 순간에 발발할 가능성이 있는 전쟁을 수행할 수 있게끔 사전에 군대를 준비시키려는 노력과 준비를 해 왔다는 걸 알 수 있다. 어떤 국가들이 강대국일 수 있었던 것은 바로 그들이 언제나 유리한 국제적 국면에 효과적으로 개입할 수 있도록 준비되어 있었기 때문이다. 그것은 그 국가에 그럴 만한 구체적인 가능성이 있었기 때문이다.

참조: 노트 4권(XIII), pp. 67-70 bis; 노트 8권(XXVIII), p. 50.

제18항. "경제주의"에 대한 몇몇 실제와 이론의 측면들

경제주의-자유교역을 위한 이론적인 운동-이론적인 생디칼리슴. 이론적인 생디칼리슴이 어느 정도 수준에서 실천철학으로부터 기원을 갖는가의 문제와 자유교역, 다시 말해 마지막으로 분석한다면 자유무역주의라는 경제주의 원칙으로부터 어느 정도 영향을 받았는지를 살펴보아야 한다. 그렇다면 만약 가장 완성된 경제주의의 형태로서 경제

주의가 자유주의의 직접적인 지류가 아니라면 그리고 그 기원에서조차 실천철학과는 별 관련이 없다면, 어떠한 경우에 있어서도 단지 비본질적이고 순전히 수사적인 것에 지나지 않는 관계라는 점을 살펴보아야 할 것이다. 이러한 관점에서 크로체의 《사적 유물론(Materialismo storico)》(1917)에 대한 새로운 서문을 놓고 벌어진 에이나우디(Einaudi)와 크로체 사이의 논쟁을 살펴볼 필요가 있다. 영국 고전경제학의 영향을 받은 경제사의 문헌적 내용을 고려하였던 에이나우디에 의해 제기된 문제의 필요성은 다음과 이런 의미에서 충분한 타당성을 갖는다고 할 것이다. 그것은 크로체의 서문에 의하면 실천철학으로부터 피상적인 영향을 받은 것 때문에 경제주의가 발생되었다고 주장하였다. 그러므로 에이나우디가 일종의 경제주의적인 퇴행을 비판했을 때(그 비판이란 것이 사실은 매우 부정확한 것이었다), 그것은 에이나우디가 자기 자신에게 해를 끼치는 행위를 한 것에 불과한 것이다. 자유교역 이데올로기와 이론적 생디칼리슴의 연결은 특히 이탈리아에서 두드러지는데, 이는 란칠로(Lanzillo)와 같은 생디칼리스트들이 보여 준 파레토에 대한 학문적인 숭배에서 확인할 수 있다. 그러나 자유교역 이데올로기와 이론적 생디칼리슴이라는 두 가지 학문적인 경향의 의미는 매우 다르다. 전자는 지배적이고 지도적인 사회집단과 관계되는 반면, 후자는 하위집단과 관계되었다. 이 하위집단은 자기 자신의 힘과 가능성과 발전할 수 있는 방식에 대한 자각이 아직 없으며 따라서 원시적 단계에서 어떻게 벗어날 것인가도 알지 못하는 그런 집단이다. 자유교역운동은 이론적인 오류를 기초로 구축되었는데, 그 오류의 실제적인 기원을 확인하는 것은 어렵지 않은 것이다. 다시 말해 정치사회와 시민사회의 구별 위에 자유교역운동의 구축이 설정되는데, 이는 정치사회와 시민사회가 마치 유기적인 구별에 따라 도입되어 방법론적으로 구별하여 제시한다는 의미이다. 이렇게 하여 경제적 활동은 시민사회에 속하는 것이기에 국가는 경제활동을 규제하기 위해 개입해서는 안 된다고 주장하고 있다. 그러나 유효한 현실에서 시민사회와 국가는 동일한 것이기에, "자유방임주의" 역시 법적이고 강제적인 수단을 통해 도입되고 유지되는 국가적 특징을 갖는 "규제"의 한 형태라는 것을 분명히 알아야한다. 그것은 자신의 목표에 대하여 알려는 의지가 있는 사실이며, 단지 경제적 사실들에 대한 자생적이고 자율적인 표현은 아니다. 따라서자유방임주의란 국가의 지도적 인물을 바꾸려고 하는(정치적으로 승리한다고 할 때) 하나의 정치적 강령이며, 국가 자체의 경제적 강령이다. 다시 말해 국민소득의 분배를 변화시키기 위해 계획된 정치적 강령인 것이다.

이론적 생디칼리슴의 경우와는 다르다. 이론적 생디칼리슴은 하위집단과 관계되는데, 그 하위집단은 바로 이 이론으로 인해 지배집단이된다. 또는 시민사회에서의 윤리적-정치적 헤게모니 그리고 경제적-조합주의적 국면을 벗어나서 국가에서 지배집단으로 발전하는 길을차단당하였다. 자유방임주의와 관련하여 본다면, 자유방임주의는 지배집단의 한 분파와 관련된 경우이다. 다시 말해 자유방임주의는 국가의 구조가 아니라 단지 통치 방향이나 정책의 수정만을 바라며, 통상규제의 법률을 개혁하고자 하지만 산업을 간접적으로 규제하는 법률의 개정을 원하는 그런 지배 분파와 관련된 것이다(특히 시장이 협소하고제한된 나라에서는 보호무역주의라는 것이 산업의 기업 활동의 자유를 제한하고, 독과점 체제의 탄생을 정당한 방식이 아닌 방법으로 부추긴다는 것을 부정할 수 없기때문이다). 이때 문제가 되는 것은 지배계급 정당들 사이에서 정부 권력이 교체하는 것일 뿐, 새로운 정치사회의 창설과 조직은 아니며 새로운 유형의 시민사회의 창설과 조직은 더더욱 아니라는 사실이다. 이론적 생디칼리슴 운동의 경우에는 문제가 더욱 복잡하게 나타난다. 이론적 생디칼리슴 운동에서는 하위집단의 독립성과 자율성이 나타난 것이라고 이야기하지만, 실제로는 독립성과 자율성은 지배계급의 지적 헤게모니에 희생당하였다고 표현된다는 점을 부정하지 않는다. 왜냐하면 정확하게 말하자면 이론적 생디칼리슴은 단지 자유방임 자유주의의 한 측면에 지나지 않으며, 실천철학으로부터 몇 가지 사장된 따라서 진부하고 일상적인 주장들을 통해 스스로를 정당화한 것에 지나지 않기 때문이다. 이러한 "희생"이 어째서 그리고 어떻게 발생한 것일까? 하위집단이 지배집단으로 변형되는 것을 배제하는 것은, 문제가 전혀 예상할 수 없을 정도라는 것이기 때문이거나[점진적 사회주의, 드망(De Man), 노동주의의 주목할 만한 부분], 문제가 부적절하고 비효율적인 형태로 제기되기 때문이거나(일반적인 사회민주주의적인 조류), 아니면 지배집단들의 권력체제로부터 노동조합의 경제와 완벽한 평등주의로 직접적으로 비약할 수 있다고 믿기 때문이다.

정치적이고 지적인 정신, 행동, 의지의 표현에 대해 경제주의가 보여 주는 태도는 다소 이상한 것이다. 그것은 정치적이고 지적인 정신, 행동, 의지의 표현들이 경제적 요구의 유기적인 발산에 의한 것이 아니라거나, 경제적 요구에 따른 하나밖에 없는 효과적인 표현이라고 한다면 더더욱 그러하다. 그리하여 헤게모니 문제를 구체적으로 구축하는 것을 헤게모니 집단을 종속시키는 사실로서 해석하는 것은 부적절하다. 헤게모니에 대한 사실은 헤게모니가 실행되어야 할 집단의 경향들과 이해관계들에 대해 고려해야 한다는 것은 의심의 여지가 없다는 것이다. 그것은 어떤 타협적인 균형을 형성하는 것이며, 다시 말해 지도적인 집단이 경제적-조합주의적 질서에 대한 약간의 희생을 해야 한다는 것이지만, 그렇다고 그러한 희생과 타협이 지배 헤게모니의 본질을 다시 고려하거나 재편할 수는 없는 것이다. 이는 만약 헤게모니가 윤리적-정치적이라면, 그것은 또한 경제적이지 않을 수 없다. 더욱이 지배집단이 헤게모니의 기초를 경제 활동에 대한 결정적인 핵심 사항과 정책에서 수행해야 할 결정적 기능으로 수립하지 않을 수 없기 때문에 더더욱 경제적일 수밖에 없는 것이다.

경제주의는 자유방임주의나 이론적 생디칼리슴 외에도 여러 가지 형태를 통해 나타난다. 여기에는 선거불참여주의의 형태들도 속한다 [1870년 이후 이탈리아 성직자들의 선거불참여주의가 전형적인 예인데, 이러한 현상은 1900년부터 1919년에 이탈리아 인민당이 창당될 때까지 계속되었다가 이후 약화되었다. 성직자들은 실제의 이탈리아와 법률적인 이탈리아를 구별했는데 이것은 경제적인 세계와 정치적이고 법률적인 세계의 구별이 재생산된 것으로 볼 수 있다. 그리고 준(準)불참여주의나 25퍼센트 불참여주의 등도 이러한 의미에서 불참여주의의 다양한 형태이다. "상황이 나빠지는 만큼 더욱 좋아질 가능성도 높다"는 공식도 이와 같은 불참여주의와 연관되어 있으며, 몇몇 하원의원 분파가 보여준 이른바 의회의 "비타협"이라고 부르는 공식 역시 이와 관계가 있다. 경제주의가 정치 행동과 정치정당에 대해 언제나 반대하는 것은 아니지만, 경제주의는 일종의 노동조합과 비슷한 순수 교육 조직체로 고려될 수도 있다].

경제주의에 대한 연구와, 구조와 상부구조 사이의 관계에 대한 이해에서 하나의 참고점이 될 수 있는 구절이 《철학의 빈곤(Miseria della filosofia)》에 언급되어 있다. 여기에는 사회집단의 발전에서 하나의 중요한 단계는 노동조합의 개개 구성원이 더는 자기 자신의 경제적 이익을 위해서만 투쟁하는 것이 아니라 조직 자체의 방어와 발전을 위해 싸우는 단계라고 이야기하고 있다(정확한 주장을 보시오:《철학의 빈곤》은 실천철학 형성에 있어 기초적인 계기이다.《철학의 빈곤》은《포이어바흐에 관한 테제》의 전개를 위한 책으로 간주될 수 있으며, 이에 반해《신성가족(*Sacra Famiglia*)》은 프루동에게 특히 프랑스 유물론에 헌사하는 구절들로 보이며 불분명한 중간 국면이자 우연적인 기원을 갖는 것으로 볼 수 있다. 프랑스 유물론에 대한 구절은 문화사의 한 장에 불과하며, 자주 해석되었고 문화사로서 높이 평가되었던 것처럼 이론적인 것을 다루지는 않았다. 프루동에 반대하는《철학의 빈곤》에 담긴 비판 내용과 헤겔의 변증법에 대한 그의 해석은 조베르티(Gioberti)[49]와 일반적인 이탈리아 온건 자유주의자들의 헤겔주의에까지 확산되었다. 동질적이지 않은 정치-역사적 국면을 대표함에도 불구하고 오히려 바로 그러한 이유 때문에 프루동-조베르티의 동시 비교는 아주 흥미롭고 다양한 의미를 품고 있다). 그리고 경제는 오직 "최종적인 분석"에서만 역사의 원천이라는 엥겔스의 주장과 함께 살펴보아야 하며(이것은 실천철학에 관한 그의 두 편지에 실린 글이며, 이 편지들은 이탈리아어로도 발간되었다),《정치경제학 비판(*Critica dell'Economia politica*)》서문의 한 구절과 직접적으로 연관되어 있어야 한다. 이 구절에는 인간이 이데올로기 영역 안에서 볼 수 있는 갈등, 즉 경제 세계에서 확인할 수 있는 이념적 갈등을 인식할 수 있다고 적혀 있다.

이 노트의 여러 곳에서 실천철학이 실제로 인정되는 것보다 훨씬 더 확산되어 있다고 주장한다. 이러한 주장은 마치 로리아(Loria)[50] 교수가 자신의 개념을 다소 불안정하게 지칭하는 것처럼 역사적 경제주의가 널리 확산되어 있다는 것을 뜻하는 것이라면, 따라서 문화적 환경이 실천철학이 투쟁을 시작했던 때와는 전혀 다르게 변하였다는 것을 뜻하는 것이라면, 올바른 주장이다. 크로체의 용어로 이야기한다면,

"자유의 종교"라는 틀 속에 내포한 가장 큰 유형의 이단(異端)이 마치 정통 종교와 마찬가지로 퇴락을 겪어, 마치 "미신"과 같이 확산되었다. 다시 말해 그 이단이 자유방임주의와 결합하여 경제주의를 낳았다고 할 것이다. 그러나 만약 정통 종교가 매우 위축되는 사이 이단적인 미신이나 사이비 종교는 더 높은 형태와 수준의 종교로 부활하거나 발전시키지는 못하더라도 정통 종교를 지속적으로 위협할 수 있게 된다. 다시 말해 미신의 잔재들은 쉽게 청산되지 않으리라는 점을 살펴보아야 할 것이다.

역사적 경제주의의 몇 가지 특징은 다음과 같다. 1) 역사적 연관에 대한 연구에서 "우연적인 변동의 것"으로부터 "상대적으로 영속적인 것"을 구별하지 않는다. 이것은 경제적 행위와 거래에서 직접적이고 "수전노처럼 돈만 좇는다는" 의미에서 개인적이며 소집단의 이익을 의미한다. 이는 다시 말해 모든 내적 관계와 관련된 경제 계급의 형성들에 대해서는 고려하지 않지만, 범죄를 형성하는 조건과 내용에 의해 규정된 범죄 구성의 형태들과 일치할 때 나타나는 야비하고도 고리대금업적인 이익의 형태를 띤다. 2) 경제 발전이 노동의 도구들로 기술적인 변화들로 순차적으로 발생한다는 교리(원칙). 로리아 교수는 1912년 《현대 평론(Rassegna Contemporanea)》에 실린 〈비행기의 사회적 영향〉에 관한 글에서 이 교리(원칙)의 눈부신 서술을 했다. 3) 경제적이고 역사적인 발전은 몇 가지 중요한 생산요소의 변화들에 직접적으로 의존한다는 원칙(교의), 그리고 새로운 연료 등과 같은 일차적인 물질의 발견이 그 원료에 맞는 기계의 설계와 조립 과정에서 새로운 방식의 생산 방식을 가져왔다. 최근 석유를 소재로 하는 많은 글이 나왔는데, 1929년《새 선집(Nuova Antologia)》에 실린 안토니오 라비오사(Antonio Laviosa)

의 글이 전형적인 예다. 새로운 연료와 동력 에너지의 발견은 확실히 매우 중요하다. 왜냐하면 그것은 개별 국가들의 위상과 지위를 바꿔 놓을 수 있기 때문이다. 그러나 그것이 역사적 동력을 결정짓지는 못 한다.

어떤 이들은 사적 유물론을 공격하였다고 믿지만, 실제로 그들이 공 격한 것은 역사적 경제주의인 경우가 자주 있다. 예컨대 1930년 10월 10일자 파리의 《아브니르(*Avenir*)》에 실린 글[이 글은 다시 1930년 10월 21 일자 《외신주평(*Rassegna Settimana della Stampa Estera*), pp. 203-204》에 재수록 되었다]이 그러한 예이다. 이 글은 다음과 같은 전형적인 유형을 보여 주고 있다: "우리는 아주 오래전부터 특히 전쟁이 끝난 후, 민중을 지 배한 것이 이익의 문제였으며 이것이 세계를 전진시키고 있다고 이야 기해 왔다. 이러한 명제를 만들어 낸 이들은 마르크스주의자들인데, 그들 "사적 유물론"이라는 다소 이론적인 냄새의 제목을 붙였다. 순수 마르크스주의에서는 대중으로 파악되는 인간은 압력에 복종하지 않지 만 경제적 필요성에 복종한다. 정치는 일종의 열정이다. 애국 역시 열 정이다. 이와 같은 요구된 두 생각은 역사에서 외형적인 기능을 하는 것에 지나지 않는다. 왜냐하면 현실에서 인민의 삶은 수세기에 걸쳐 변화하고 끊임없이 새로워지는 물질적인 질서에 대한 원인들의 상호 작용으로 설명할 수 있기 때문이다. 모든 것은 경제이다(경제가 모든 것 을 결정한다). 많은 "부르주아" 철학자와 경제학자는 이러한 구호를 수 없이 반복했다. 그들은 우리에게 고도의 국제정치를 곡물이나 기름 또 는 고무의 유통가격으로 설명할 수 있다고 자랑한다. 그들은 모든 외 교는 전적으로 관세와 비용에 대한 가격 문제에 의해 통제된다는 것 을 우리에게 증명하기 위해 자신들의 모든 힘과 노력을 쏟아붓는다.

이러한 설명은 매우 존중되었다. 이러한 설명은 약간의 과학적인 외형을 지녔으며, 최상의 우아함으로 넘어가고자 하는 일종의 우월한 회의주의로부터 진행되는 것이다. 외교 정책에서 열정이나 국민적인 차원에서 감정적인 대응을 하는 일은 이제 집어치우자! 그러한 것은 상식적인 사람들에게나 좋은 것이다. 정신이 위대한 선각자들은 모든 것이 차변과 대변(소비의 원칙이라고 할 수 있는)에 의해 지배된다는 사실을 안다. 이제 이것은 절대적인 사이비 진리가 되었다. 사람들이 오직 이익만을 고려하여 행동한다는 사실은 전적으로 잘못된 생각이지만, 사람들이 다른 무엇보다도 위신에 대한 열렬한 욕망과 믿음에 따라 기술된 생각에 복종한다는 것은 전적으로 진실한 것이다. 이 점을 이해하지 못하는 자는 아무것도 이해하지 못한다."

이 글의 후속 편에선[《위신의 추종자들(*La mania del prestigio*)》이라는 제목이 붙은] 독일과 이탈리아의 정치를 예로 든다. 두 나라의 정치는 물질적 이익에 의해 조종되는 것이 아니라 "위신"의 정치였다고 주장한다. 한마디로 이 글은 실천철학에 반하는 가장 진부한 논쟁이 대부분을 차지하고 있다. 하지만 그 논쟁은 실질적으로 로리아 교수와 같은 유형의 조잡한 경제주의였다. 게다가 주제 면에서도 저자의 논리는 매우 빈약하다. 그는 "열정"이 경제적 이해의 동의어에 불과할 수 있으며, 정치적 활동을 열정적인 과장과 경련의 영속적인 상태라고 주장하는 것이 어렵다는 사실을 이해하지 못한다. 바로 프랑스 정치를 체계적이고 일관된 "이성"으로 표현하고 있다. 다시 말해 모든 열정적인 감정의 요소를 순화하여 이성으로 승화시켜 나타내고 있다.

경제주의적 미신의 가장 확고한 형태로 나타나는 실천철학은 지식인 집단의 최상층부에서 문화적 팽창력의 상당 부분을 허비했다. 즉

머리를 과도하게 쓰지 않으면서도 모든 것을 다 아는 것처럼 보이기를 바라는 그다지 수준이 높지 않은 지식인 집단이나 일반 대중 사이에서 실천철학의 동력을 허비했다는 것이다. 엥겔스가 자신의 저서에서 서술했듯이, 많은 사람이 그다지 많은 비용을 들이지 않고 거의 힘들이지 않고 전체 역사와 모든 정치적이고 철학적인 지혜를 몇 개의 공식으로 압축해 주머니 속에 넣고 다닐 수 있다면 얼마나 편리할까 하고 생각한다. 인간은 이념의 영역에서 기본적으로 갈등을 통해 나타나는 의식의 차이를 통해 인식할 수 있다는 테제가 심리학적이고 도덕적인 성격의 주장이 아니라 구조적이며 인식론적인 성격의 것이라는 사실을 잊어버렸기 때문에, 사람들은 정치를, 따라서 역사도 마치 끊임없는 속임수 거래(mache de dupes)이자 마술 놀이와 손재주의 정신 형태라고 여기게 되었다. 그러나 "비판적" 활동은 화장술의 폭로이자, 추문을 불러일으키고, 저명인사의 비밀스런 사생활을 들추어 보는 것으로 격하시킨다.

"경제주의" 역시 해석상의 객관적인 원리(객관적-과학적)라는 추정과 설정이라는 점에서, 직접적인 경제적 이해와 관련된 원리를 추정하고 설정하여 진행되는 연구는 "반(反)명제"를 주장하는 사람들에게도 제기할 수 있는 주장들이 적용된다고 볼 수 있다. 그런 측면에서 본다면 경제주의 역시 기존의 "명제"를 주장하는 사람들에 대해서도 역사의 모든 측면이 유효해야 한다는 사실을 잊어버린다. 게다가 그들은 실천철학의 또 다른 전제까지도 잊어버린다. 그 전제는 바로 "대중적인 믿음" 혹은 그와 비슷한 민중의 관념인데 그 자체가 물질적인 힘의 유용성을 갖는다는 사실을 잊어버린다.

그래서 "비열하고도 유태인적인" 이익에 대한 탐구라는 의미에서 해석상의 오류는 자주 조야하고 다소 우스운 상태이다. 그렇게 하여 오류는 시원적 교리의 위신에 대하여 부정적으로 작용한다. 따라서 경제주의를 공격하는 것이 역사 기술 이론에서뿐만이 아니라 특히 정치의 이론과 실천에서도 수행되는 것이 필요하다. 이 분야에서 투쟁은 헤게모니 개념이 발전되면서 도입되어 수행될 수 있고 또 그렇게 수행되어야 한다. 투쟁은 실제로 정치정당의 이론 발전 안에서, 그리고 특정한 정당들의 주기(삶)에 대한 실질적인 발전 안에서 도입되어 수행되어 왔다(영구혁명론이라고 하는 이론에 대한 투쟁-민주적이고 혁명적인 독재개념이 혁명 개념에 대체되어 사용되었는데-에서 입헌주의적인 이데올로기에 대해 열렬히 지지를 보내는 이유와 중요성을 연구해야 한다). 어떤 정치적 운동들이 점차로 발전해 나가면서 진행되는 평가에 대한 연구를 할 수 있을 것이다. 아마도 이 경우 가장 먼저 연계해 볼 수 있는 정치적 운동의 하나가 불랑제주의자들의 운동과 같은 유형(대략 1865년부터 90년까지)이나 드레퓌스 재판 또는 12월 2일의 쿠데타까지도 들 수 있을 것이다(12월 2일 사건을 다룬 전통적인 관련 연구서의 분석과 여기에 어떤 상대적인 중요성이 직접적인 경제적 요소를 움직이게 하는지를 알아보기 위해 연구하면서, 이와 동시에 어떤 위치를 "이념들"에 대한 구체적 연구에 대하여 부여할 것인가를 고려해야만 할 것이다). 이러한 사건과 관련하여(비교하여) 경제주의는 다음과 같은 질문을 상정한다. "상정된 문제에 있어서 직접적으로 이니셔티브를 제안할 수 있을까?"라는 질문을 하고, 너무나 단순하게 일련의 추론을 나열하면서 답을 제시한다. 직접적으로 지배집단의 어떤 분파에는 이것이 매우 유익하다. 이러한 선택이 틀리지 않기 위해 그러한 분파에는 진보적인 기능과 경제적 힘들의 총합에 대해 통제할 수 있는 그러한 일이 분명히 발생한다. 그렇게 하면 틀리거나 오류를 발생시키지 않을 것이 확실하다. 왜냐하면 만약 제안했던(검토했던) 운동이 권력을 잡게 된다면, 조만간 지배집단의 진보적 분파가 새로운 정부를 통제할 것이고, 이어 그 운동이 그 정부를 도구로 삼아 국가기구를 자신의 편의를 위해 사용하려고 할 것이기 때문이다. 따라서 오류 발생 가능성이 없는 일이란 매우 양호하고 효율적인 것이다. 그것은 이론적인 의미가 없을 뿐만 아니라 정치적인 함축이나 실제적인 효용도 거의 없다. 일반적으로 그것은 도덕적인 설교와 지루한 인격론 외에는 특별히 문제될 것이 없다.

불랑제주의 유형의 운동이 발생했을 때, 분석은 현실적으로 다음과 같은 지침(개요)에 의해 도입된다. 1) 운동에 가입하고 있는 대중의 사회적인 내용 2) 이 대중이 변형되어 가고 있는 세력들의 균형 상태에서 어떤 기능을 하고 있으며, 새로운 운동의 탄생을 대중에게 어떻게 보여 줄 수 있을까? 3) 지도자들이 제시하고 있는 요구들과 지도자들이 획득하는 동의에 대한 요구들은 정치적으로나 사회적으로 어떤 의미를 갖는 것일까? 그리고 그것은 어떤 효과적인 필요성에 상응하는 것일까? 4) 제기된 목적에 순응하는 운동 수단들에 대한 검토 5) 오직 최종적인 분석에서 도덕적으로가 아닌 정치적인 형태로 표시되며, 그러한 운동은 필연적으로 변형되고 그 운동을 추종한 대중이 기대한 것과는 전혀 다른 목적을 위해 사용될 수도 있으리라는 가정이 예측되어야 한다. 그러나 이러한 가정은 사전에 확인시켜 주게 되는데, 이때는 아무런 구체적 요소가 존재하지 않을 때이며(다시 말해 어떤 비밀스런 학설의 "과학적" 분석의 결과가 아니라 상식적인 의미에서 분명하게 확인할 수 있는 증거가 나타나는 그런 경우에서), 그러한 가설을 지지하기 위한 어떠한 요소도 없으며, 그렇게 하여 그 가설에 대한 분석은 표리부동, 불성실 혹은

(운동의 추종자들에 대한) 순진성과 어리석음에 대한 도덕적 비난으로 나타난다. 정치적 투쟁은 그렇게 하여 요술램프를 든 악마가 알고 있듯이, 투쟁이 길게 늘어지리라는 것을 알고 있는 한편의 이들과 자신의 지도자들에게 기만당하면서도 너무나 우둔하여 그러한 사실을 믿으려고 하지 않는 한편의 자들 사이에서 벌어지는 일련의 개인적인 일들이 되어 버린다. 나아가 그러한 운동들이 권력을 잡기 전까지는 그 운동이 실패할 수도 있다는 것을 얼마든지 생각할 수 있는 일이다. 그리고 어떤 운동은 실제로 실패했다[불랑제주의 운동은 그 자체로도 실패했고, 이어 드레퓌스 운동이 일어나면서 결정적으로 분쇄되었다. 조르주 발루아(Giorgio Valois)의 운동도 그랬고, 가이다(Gayda) 장군의 운동도 그랬다]. 따라서 연구는 운동들의 강점과 약점을 확인하여 밝히는 쪽으로 진행되어야 한다. "경제주의적" 가설은 힘의 직접적인 요소를 확인하며, 다시 말해 어떤 직접적이거나 혹은 간접적인 금융 지원의 존재(운동을 지지하는 대형 신문은 또한 일종의 간접적인 금융 지원의 형태이다)를 표명하고, 그것으로써 만족해 버린다. 하지만 이 경우에도 세력관계에 대한 다양한 분석은 오직 헤게모니와 윤리-정치적 관계의 영역으로 넘어가야만 하는 것이다.

참조: 노트 4권(XIII), pp. 70 bis-74.

제19항. 국가들 사이의 힘의 크기

국가들 간 힘의 순위를 측정하기 위한 요소들은 다음과 같은 것들이다: 1) 영토의 확장과 크기 2) 경제력의 크기 3) 군사력의 크기. 하나의 국가가 거대한 힘을 가졌다는 사실을 표현하는 방식은 다른 국가의 활동에 자율적인 방향을 전달하여 그러한 행동에 영향을 미칠 수 있는 가능성에 따라 정해진다. 이것은 다른 국가들이 영향과 방향을 일으킨다는 것을 의미한다. 거대한 힘은 헤게모니의 힘이며, 그것은 동맹 체계를 지도하거나 우두머리가 된다는 것이며, 최대 혹은 최소의 팽창에 대한 의도를 파악하고 있다는 것을 말한다. 군사력은 영토적인 확장의 가치와 경제적 크기의 가치를 결정지을 수 있다(당연하게 적절한 인구가 증가함으로써). 영토적인 요소에서 구체적으로 고려할 요소는 지정학적인 위치이다. 경제적인 힘의 요소에서 구별해야 할 것은 재정적인 능력으로부터 산업과 농업의 생산능력을 분리하여 구별해야 한다. "측정 불가능한" 요소는 모든 계기와 순간마다 세계에서 차지하고 있는 한 지역의 "이데올로기적인" 위치인데, 그 요소는 역사의 진보적인 힘으로 대표됨으로써 이야기할 수 있는 것이다(예를 들면 1789년 프랑스혁명과 나폴레옹 지배 시기 동안의 프랑스를 거론할 수 있을 것이다).

이러한 요소들은 전쟁이 발발할 가능성이 있을 때 측정하거나 계산할 수 있다. 이러한 요소들을 모두 소유한다는 것은(예측이 가능하다는 한계 속에서도 전쟁의 승리가 확실하다고 전망할 수 있음에도) 거대한 힘을 가진 국가로서 외교적인 압력을 행사할 수 있다는 사실을 의미한다. 다시 말해 전투에 참가하거나 전투 없이도 전쟁의 승리자가 되는 결과를 일정 부분 얻어 낼 수 있다는 것을 의미하는 것이다.

참조: 노트 4권(XIII), p. 38 bis.

제20항. 실천철학과 마키아벨리

샤를 베누스트의 《마키아벨리즘》 서문의 첫 번째 부분("전진하라 마키아벨리") 참조: "마키아벨리즘과 마키아벨리즘이 있다. 이는 진정한 마키아벨리즘과 거짓의 마키아벨리즘을 의미하는 것이다. 전자는 마키아벨리의 마키아벨리즘을 말하며, 후자는 마키아벨리의 아류들, 그중에서도 특히 마키아벨리에 반대하는 적들에 의해 만들어진 마키아벨리즘을 말한다. 여기서 우리는 세 가지 유형의 마키아벨리즘을 볼 수 있는데, 하나는 마키아벨리의 마키아벨리즘이고, 두 번째는 마키아벨리주의자들의 마키아벨리즘이며, 세 번째는 마키아벨리를 반대하는 이들의 마키아벨리즘이다. 여기에 네 번째 마키아벨리즘을 추가할 수 있는데, 그것은 마키아벨리의 글을 단 한 줄도 읽어 보지 않은 자들이 주장하는 마키아벨리즘이다. 그들은 단지 마키아벨리에게서 유래한 동사나 형용사 및 부사를 사용하여 글을 쓸 뿐이다. 그러므로 마키아벨리는 자신의 사후에 논의되는 글에 대한 책임을 짊어져야 할 필요는 없는 것이다. 이제 조금 명료해졌네요, 베누스트 씨!

정치학과 역사학에 실천철학을 도입함으로써 이룩된 기본적인 혁신은 고정적이며 불변한 추상적인 "인간 본성"(이 개념은 분명 종교적·초월론적인 사고에서 비롯된 것이다)은 존재하지 않으며, 인간 본성은 오히려 역사적으로 규정된 사회관계들의 집합이라는 사실을 증명했다는 것이다. 따라서 인간 본성이란 어느 한계 안에서는 문헌학과 비판이라는 방법을 통해 수용 가능한 것이라는 역사적 사실이라는 점을 증명한 것이다. 결국 정치학은 발전 과정에 있는 유기체와 같이 구체적인 내용과 논리적인 형식 모두에서(그리고 논리적인 정치학의 공식화에서도) 인식되어야만 하는 것이다. 마키아벨리에 의해 제기된 정치학의 문제 설정 방식[곧 그의 저술 속에 함축된 것으로, 정치는 도덕과 종교와는 다른 독자적 원칙과 법칙을 지닌 자율적인 활동이라는 주장. 이러한 마키아벨리 입장은 상당히 큰 철학적 범주(또는 한계)를 갖는다. 왜냐하면 그것이 도덕과 종교에 대한 개념을 새롭게 하기 때문이다. 즉 세계에 대한 개념을 혁신한다는 것을 암묵적으로 의미하기 때문이다]은 여전히 오늘날까지도 논의되고 반박을 불러일으키고 있으며, "상식"이 되는 데에까지 이르지 못하였다. 이것은 무엇을 의미하는가? 이것은 마키아벨리의 사상과 원칙에 태생적으로 포함되어 있는 지적이고 도덕적인 혁명이 아직 일어나지 않았으며, 국민적 문화의 "공적인" 형태로서 아직은 "분명하게" 실현되지 않았다는 것을 의미하는 것이 아닌가? 아니면 단순한 의미 있는 현실정치를 의미하며, 지배자와 피지배자 사이의 간격을 지칭하는 데 사용되는 것뿐이다. 또한 그것은 두 개의 문화(지배하는 자의 문화와 지배받는 자의 문화)가 존재한다는 것을 보여 줄 뿐이며, 가톨릭과 같은 지배계급은 일정 부분 일반 민중으로부터 유리되어서는 안 된다는 필요성과 민중이 마키아벨리는 단지 악마의 화신일 뿐이라는 것을 믿게 해야 한다는 필요성에서 두 문화를 사용하는 것은 아닌가?

그렇게 하여 이제 당대에 마키아벨리가 제시했던 문제 그리고 그가 자신의 저서들, 특히 《군주론》에서 제안하려던 목적들은 무엇이었을까 하는 문제와 당면하게 된다. 마키아벨리의 사상과 원칙은 그저 자신이 살았던 시대의 "문헌적인" 자료만은 아니었으며, 몇몇 고독한 사상가의 전유물로 선구자들 사이에서 회람되는 비밀스런 책도 아니었다. 마키아벨리는 중세나 인문주의 시대에 볼 수 있었던 체계적으로 저술하는 저자 스타일은 아니었다. 오히려 그와는 전혀 다른 행동하는 인간이었으며, 행동을 촉구하는 스타일이었다. 정당의 "강령" 스타일이었다. 포스콜로가 내린 "도덕주의적"인 해석은 분명 잘못된 것이다. 무엇보다 마키아벨리가 현실의 무언가를 규명했으며, 일종의 실질적인 것을 이론화했다는 것은 사실이기 때문이다. 그러나 그러한 규명의 목적은 무엇이었을까? 도덕적인 목적이었을까 아니면 정치적인 목적이었을까? 사람들은 정치적 활동에 마키아벨리의 규칙과 주장들은

"적용될 수 있지만 회자되어서는 안 된다"고 이야기한다. 위대한 정치가들은 마키아벨리에 대해 나쁘게 이야기하고, 마키아벨리를 반대한다고 선언하면서 정치를 시작한다고 이야기하는데, 그들은 바로 "성스럽게" 마키아벨리의 규칙과 주장들을 적용할 수 있도록 하기 위해서라고 말한다. 마키아벨리는 엉성한 마키아벨리주의자가 아니었으며, 속류 마키아벨리주의가 반대하라고 가르치는 동안, "책략을 알고 있고" 어리석게도 책략을 가르치려고 하는 이들 중의 하나가 아니었던가? 크로체의 주장, 마키아벨리즘은 과학이며 마치 신사들과 산적들 모두가 검술(펜싱)을 사용하여 자기방어와 다른 사람을 죽이는 일에 검술이 쓰일 수 있는 것처럼, 보수 반동주의자나 민주주의자가 모두 활용할 수 있는 것이라는 주장은 너무나 추상적이다. 그런 의미에서 보자면 포스콜로의 판단에 대해 파악할 필요가 있다. 마키아벨리 스스로가 이야기하듯이, 그가 썼던 글들은 적용 가능한 것이며, 역사적으로 위대한 인물들에 의해 항상 적용 가능했다고 이야기하고 있다. 그러므로 그가 이미 잘 아는 사람들을 위해 글을 쓴 것으로 보이지는 않으며, 그의 스타일 역시 무관심하게 과학적 논리나 풀어내는 단순한 스타일도 아니었다. 또한 그가 정치학 분야에서 자신만의 논리를 갖게 된 것이 철학적 사유를 통한 것이라고 생각할 수는 없다. 다시 말해 오늘날에도 그의 논리에서 심한 반대와 모순이 발견된다면, 그가 논쟁하고 제기했던 특별한 문제에 대해 마키아벨의 시대에서는 그러한 주제나 문제가 받아들여진다는 것은 거의 기적에 가까운 것이었을 것이다. 따라서 마키아벨리는 "무지한 이"에 대하여 자주 고민하였는데, 그것은 "무지한 이"에 대한 정치적 교육을 한다는 것을 의미했으며, 독재자들을 증오하는 이들에 대한 부정적인 교육(포스콜로가 의도했던 것과 같이)이 아닌 긍정적인 교육이었다. 그것이 비록 독재자들의 방식일지라도 특정한 목적을 원하였기 때문에, 필요한 특정한 방식을 인식하고 있는 이에 대한 긍정적인 정치교육이었다. 집단 안에서 누군가를 통치하는 전통을 가진 인간 사회 속에서 태어난 사람은 거의 대부분 왕조적이거나 세습적인 이해관계가 지배하는 가족 환경에 둘러싸여 종합적인 교육체계 안에서 거의 자동적으로 정치적 현실주의라는 특징을 획득하고 있다. 그렇다면 누가 "무지한 사람"일까? 그것은 카스트루치오(Castruccio)나 발렌티노(Valentino)와 같은 사람이라기보다는 사보나롤라(Savonarola)와 피에르 소데리니(Pier Soderini) 같은 사람들을 탄생시킨 민주주의와 이탈리아 "국민" 그리고 "민중"이며, 당대의 혁명적 계급을 의미한다. 마키아벨리는 분명 이러한 세력들을 다음을 통해 설득하고자 했다. 그것은 자신이 원하는 것이 무엇이며, 어떻게 그것을 얻을 수 있을지를 아는 "지도자"를 가질 필요가 있다는 것과, 비록 그러한 행동들이 당대의 일반화된 이데올로기-종교를 의미-와 갈등하거나 또는 갈등하는 것처럼 보인다 할지라도 열광적으로 그 지도자를 받아들일 필요가 있다는 사실로 말이다.

마키아벨리의 이런 정치학에 대한 입장은 실천철학에서 다시 반복된다. 투쟁 중인 양쪽 모두에 사용될 수 있는 정치 이론과 기술을 발전시켜 나갈 때, 다시 "반(反)마키아벨리적"일 필요가 있다. 그것이 비록 특히 "무지했던 사람"의 편에서 사용됨으로써 끝난다고 생각할지라도 말이다. 왜냐하면 그 편에 역사적으로 진보적인 세력이 존재하여야 한다고 생각하고, 실제로 그럼으로써 곧바로 결과를 얻을 수 있기 때문이다. 그것은 새로운 세력들이 자신들의 독립적인 성격에 대해 의식할 수 없을지라도 전통적인 이데올로기에 기초한 통일을 분쇄하는 그런 결과에 대한 것이다. 마키아벨리즘은 마치 실천철학이 그렇게 해 왔던 것처럼 보수적인 지배집단들의 전통적인 정치의 기술을 개선하는 데에도 사용되어 왔다. 그러나 이것으로 인해 마키아벨리즘이 본질적으로 갖고 있는 혁명적 성격이 감춰질 수 있는 것은 아니다. 예수회(Jesuit)의 반마키아벨리즘으로부터 파스콸레 빌라리(Pasquale Villari)의 신앙심이 깊다고 주장하는 이에 이르기까지 오늘날에도 모든 반마키아벨리즘을 논리적으로나 이론적으로 설명할 수 있는 것도 바로 이런 이유이다.

참조: 노트 4권 (XIII), pp. 49 bis-50 bis.

제21항. "신(新)군주"의 지속

"신(新)군주"의 지속. 신군주라는 주인공은 현대라는 시기에서 개인적인 영웅일 수는 없다. 그러나 정당은 그렇지 않다. 다시 말해 개별 국가들의 내부 관계에 따라 때때로 등장하는 그러한 규정된 정당은 새로운 유형의 국가를 창건한다는 사실을 의미한다(그리고 당연하고 역사적으로 이러한 목적에 따라 창당되는 정당). 전체주의 국가와 같이 어떻게 왕실 기관의 전통적인 기능을 체제 안에서 상정하는가의 문제는 실제로 규정된 정당에 의해 결정된다. 오히려 그러한 기능에서 벗어남으로써 전체주의 국가가 될 수 있는 것이다. 비록 모든 정당은 사회집단의 표현이며 오직 하나의 사회집단의 표현이지만, 어떤 주어진 조건하에서는 다수의 정당이 하나의 사회집단을 대표하기도 한다. 다시 말해 다수의 정당이 자신들의 집단 이익과 다른 집단들의 이익 사이에서 균형과 중재의 역할을 수행함으로써, 대표적인 집단의 발전은, 만약 지나치게 적대적이거나 결정적으로 반대하는 집단들이 아니라면, 동맹한 집단들의 도움과 동의를 얻어 진행된다는 점에서도 그러하다. "군림하지만 통치하지는 않는" 군주 또는 공화국의 대통령이라는 입헌적인 공식은 이러한 중재 기능의 법률적 표현이다. 이것은 왕 또는 대통령의 본질을 "폭로"하지 않고자 하는 입헌주의적인 정당들의 걱정과 고민의 법률적인 표현이다. 이러한 공식에는 정부의 행위에 대한 국가수반의 책임성을 주장하는 것이 아니라 정부의 각료들에게 귀속된다는 주장을 하게 되는데, 이는 국가의 통일에 대한, 국가 행위에 대한 피통치자의 동의 개념의 보호라는 일반적인 원칙의 판례 연구에 해당한다. 이 원칙은 정당과 정부의 각료 누구에게나 동일하게 적용되는 것이다.

전체주의적 정당에서는 이러한 공식의 의미가 사라지고, 그에 따라 그러한 공식의 의미 속에서 기능하던 제도들의 중요성도 감소하게 된다. 그러나 동일한 기능 자체는 당에 의해 합체되는데, 이러한 기능은 바로 "국가"라는 추상적인 개념을 찬양하고, "공평하고 공정한 힘"이 적극적이고도 효율적으로 작동하는 기능이라는 인상을 주기 위해 여러 가지 수단을 찾게 되는 것이다.

참조: 노트 4권(XIII), pp. 50 bis−51.

제23항. 유기적 위기의 시대에서 정치정당의 구조가 갖는 몇 가지 양상(세력관계와 상황에 대한 《옥중수고》와 연결하여 볼 것)

사회집단들의 역사적 삶의 어떤 시점이 되면 그들은 자신들의 전통적인 정당들로부터 멀어진다. 다시 말하여 주어진 조직화된 형태의 정당이라고 할 수 있는 전통적인 정당들은 정당을 구성하고, 대표하며, 지도해 온 기존 인물들로는 더는 자신들의 계급적인 정체성을(또는 계급 중의 어떤 분파를 표현함으로써 나타날 수 있는 집단의식) 인정받을 수 없기 때문에 멀어진다. 이러한 위기가 확인되면 즉각적인 상황은 미묘하고도 위험스럽게 된다. 왜냐하면 그 상황에서 힘에 의한 해결의 장이 열리거나, 카리스마적이거나 신의 섭리를 받은 인간들로 대표되는 어둠에 싸인 힘을 갖춘 이들의 활동 가능성이 커지기 때문이다. 대표자와 피대표자 사이에서 벌어지는 이와 같은 대조적인 상황들이 어떻게 형성되는지 잘 알 수가 없다. 그리고 그러한 상황은 정당의 영역(정확히 말하여 정당 조직의 의미, 의회의 선거 부문, 신문사 등을 비롯한 언론사 등의)으로부터 국가의 조직들 전체에 영향을 받게 된다. 이러한 일들이 관료제(민간적이고 군사적인), 재정 부문 고위직, 가톨릭 그리고 일반적으로 말하면 여론의 흐름으로부터 상대적으로 독립적인 모든 국가 기구의 세력을 상대적으로 강화시키면서 어떻게 형성되는 것일까? 국가마다 그 내용은 동일할지언정 그 과정은 다르다. 그 동일한 내용은 바로 지배계급의 헤게모니 위기이다. 이 위기가 발생하는 것은 지배계급이 대규모의 정치적 과업에 실패하였기 때문인데, 그 과업을 위하여 폭넓은 대중의 동의를 요구하거나 또는 강제적으로 대중의 동의를 일방적으로 상정하였던 그런 과제(예를 들면 전쟁과 같은)이기 때문이다. 또는 많은 대중(특히 농민과 프티부르주아 지식인들)이 갑자기 수동적인 정치적 상태에서 능동적인 상태로 넘어가서, 그들이 가지고 있는 비조직화된 형태를 통해 지속적으로 혁명을 요구하고, 혁명의 필요성을 제기하기 때문이다. "권위의 위기"라고 이야기하는 것은 실제로는 바로 헤게모니의 위기이거나 총체적인 의미에서 국가의 일반적 위기를 뜻한다.

위기는 즉각적인 위험 상황을 만들어 낸다. 왜냐하면 인구의 다양한 계층이 모두 똑같이 신속하게 방향을 결정하여 제시한다거나 동일한 속도로 재조직할 수 있는 능력은 없기 때문이다. 훈련된 소속 당원의 수가 많은 전통적인 지배계급은 인물과 강령을 바꾸면서 하위계급들에서 일어나는 것보다 훨씬 빠른 속도로 자신들의 통제에서 벗어났던 통제력을 빠르게 흡수한다. 아마도 그 과정에서 전통적 지배계급은 희생을 치를 수도 있을 것이며, 또 선동적인 약속을 내걸음으로써 불확실한 미래를 드러낼 수도 있을 것이다. 그러나 그 계급은 일시적으로 권력을 유지하고 강화하며, 권력을 통해 반대자들을 분쇄하고 그다지 많지 않고 숙련되지 않았을 수밖에 없는 상대의 방향성과 지도자들을 흐트러트리기 위해 권력을 사용할 것이다. 전체 계급이 요구하는 필요성을 채택하고 대표하는 통일 정당의 깃발 아래 많은 정당의 친위대와 부대들이 하나로 모이는 일은 비록 그 속도가 매우 빠르다고(조용했던 시기와 비교한다면 진짜 번갯불처럼 빠른) 할지라도 아주 유기적이면서 정상적인 현상이 될 것이다. 그것은 기존에 산적한 문제들을 해결할 수 있는 유일한 해결 능력을 통해 얻어진 통합적인 방향성을 가진 하나의 사회집단 모두의 화해와 융합을 대표하는 것이며, 치명적인 위기로부터 벗어날 수 있다는 사실을 보여 준다. 그러나 위기가 이러한 유기적인 해결책을 발견하지 못하고 카리스마 넘치는 지도자를 통해 해결한다면, 그것은 정태적인 균형이 존재하는 것이다(요인은 여러 가지겠지만 그중 가장 결정적인 요인은 진보 세력들의 미성숙이다). 그 균형 속에서 진보적인 집단도 보수적인 집단도 승리를 쟁취할 수 있을 만큼의 힘이 없으며, 보수적인 집단조차도 자신들을 통제하고 지도할 주인을 필요로 하였다는 것을 의미한다.(참조:《루이 보나파르트의 브뤼메르 18일》)

이러한 현상의 질서는 정치정당의 문제와 아주 중요하게 연결되어 있다. 다시 말해 정당이 타성(惰性)에 젖은 정신과 미라처럼 박제화되고 시대착오적인 것이 되는 경향에 대항할 수 있는 능력이 있는가의 문제이다. 정당들이란 자신들의 계급에 대해 역사적으로 중요한 순간에 상황을 타개하기 위하여 스스로를 조직화하여 태어난다. 그러나 정당들이 새로운 임무와 새로운 시대를 만났을 때 항상 언제나 스스로를 그에 적응시킬 수 있는 것은 아니다. 게다가 특정한 지역 혹은 국제적인 영역에서 전반적인 세력관계의 변화(또 그에 따른 그들 자신의 계급에 대한 상대적 위치 변화)에 따라 스스로를 발전시켜 나갈 수 있는 것도 아니다. 정당의 이와 같은 발전을 분석할 때에는 다음과 같은 사항을 구별할 필요가 있다. 사회집단, 정당 당원으로서 대중, 관료와 정당의 주류 계층을 구분할 필요가 있는 것이다. 이들 중에서 관료제는 가장 위험하고도 소심하면서 보수적인 세력이다. 만약 관료제가 촘촘하고 강력한 조직, 혼자 힘으로 지탱하고 대중으로부터 독립적으로 격리된 것으로 느낄 만큼의 조직을 구축하게 된다면, 정당은 시대착오적인 것으로 끝날 것이다. 따라서 정당은 첨예한 위기의 순간이 닥칠 때 정당의 사회적 내용을 잊어버린 채 허공에 매달린 상태가 될 것이다. 히틀러주의가 팽창한 결과 독일의 많은 정당에 어떤 일이 일어났는지를 생각해 보라. 프랑스의 정당들만 봐도 알 수 있는 일이다. 그들은 모두 미라처럼 박제화되었고 시대착오적이었으며, 과거 프랑스 역사의 여러 단계에서 반복되었던 역사-정치적 문서들에서나 볼 수 있는 시대에 뒤떨어진 용어를 지금도 계속 되풀이하고 있다. 프랑스 정당들의 위기는 독일 정당들이 맞았던 위기보다 더 파국적일 수 있다.

보통 이러한 현상의 질서를 검토하는 과정에서 사람들은 관료적 요소(특히 시민적이고 군사적인)에 적절한 위상을 부여하는 일을 간과하기 쉽다. 더욱이 그러한 분석에 활동 중인 군사적이고 관료적인 요소만을 포함시켜야만 하는 것이 아니라, 특정한 국가적 구조 속에서 관료들이 전통적으로 충원되었던 사회계층들도 포함되어야만 한다. 어떤 정치운동은 비록 군대가 공개적으로 참여하지 않아도 군사적인 성격을 띨 수 있으며, 정부 또한 정부 구성에서 군대가 개입하지 않더라도 군사적 정부일 수 있다. 더군다나 흔히 이야기하듯이 다른 정치적 분파나 권력과는 무관하게 표면적으로는 중립성을 지키고 우월하게 보이지 않는다는 측면에서 공무원들과 군인들 간의 동질성을 유지하기 위해서라도 어떤 결정적인 상황에서는 군대를 "드러내지" 않는 것, 군대가 입헌주의의 경계에서 벗어나지 않게 하는 것, 다시 말해 정치계에 군인들을 끌어들이지 않는 것이 필요하다. 그러나 새로운 상황을 규정하고 그 상황을 지배하는 것은 군대, 더 정확히 말하면 군대를 지휘하는 참모본부와 장교단이다. 그렇지만 헌법상 군대가 정치 행위를 하는 것이 금지되었다는 것은 사실이 아니다. 헌법상 군대의 의무는 바로 헌법을 수호하는 것이다. 다시 말해 헌법에 언급된 국가기관과 함께 국가의 법적 형태를 수호하는 것이다. 따라서 중립성이라고 이야기하는 것은 단지 반동적인 세력에 대한 지지를 의미할 뿐이다. 그러나 그러한 경우에도 군대 내에서 나라의 불안정이 재생산되지 않도록 막기 위해서 문제를 상정할 필요가 있다. 따라서 군사적 도구의 해체를 위해 참모본부의 결정권을 없애야 할 것이다. 물론 이러한 모든 관찰 요소가 분명히 절대적인 것은 아니며, 역사의 다양한 국면과 국가의 다양성에 따라 상당히 폭넓은 차이가 있다.

연구해야 할 첫 번째 문제는 이것이다. 어떤 국가에 시민적이고 군사적이며 관료적인 경력이 경제적 생활과 정치적 자기주장(권력에의 효율적인 참여, 비록 그 방식이 간접적이고 "공포"에 의한 것이라 할지라도) 분야에서 매우 중요한 요소로 자리 잡으면서 넓게 확산된 하나의 사회계층이

존재하는가? 현대 유럽의 역사에서 이 계층은 농촌의 중소 부르주아
라고 할 수 있는데, 이 계층의 크기는 공업 생산력의 발전 정도와 농업
개혁의 여부에 따라 나라마다 다소 다르다. 물론 관료 경력(민간 부문과
군사 부문)이 이러한 사회계층의 독점물은 아니다. 그러나 무엇보다 관
료 경력은 이 계층이 수행하는 사회적 기능과 그 기능이 결정하고 선
호하는 심리적 경향에 특히 잘 어울린다. 이 두 가지 요소는 사회집
단 전체에 특정한 동질성과 지도할 수 있는 에너지를 부여한다. 그리
하여 정치적 가치와 때로는 사회유기체 전체 속에서의 결정적인 기능
을 부여한다. 이 요소들은 비록 대단히 작은 인간 집단에 대해서라도
직접적으로 명령하는 데 익숙하며, "경제적으로"가 아니라 "정치적으
로" 지휘하는 데 익숙하다. 다시 말해 그들의 지휘 기술은 "사물들"을
배열하는 것과 "사람과 사물"을 유기적으로 배열하는 것에는 익숙하
지 않다. 이는 마치 공업 생산에서 요구되는 것인데, 왜냐하면 이 집단
은 언어에서와 같은 근대적인 의미에서 경제적 기능을 담당하지 않았
기 때문이다. 이 집단이 소득을 얻는 것은 그들이 법적으로 국가 토지
의 일부에 대한 소유자이기 때문이며, 따라서 그들의 기능이라는 것이
농민들이 추구하는 사회적 위상과 여건 개선의 시도에 "정치적으로"
반대하는 데 있다. 이는 농민의 상대적인 모든 유형의 지위 향상은 자
신들의 사회적 지위에 파국적인 영향을 미칠 것이기 때문이다. 농민의
일상적인 빈곤과 긴 노동시간 그리고 이에서 비롯되는 동물 같은 삶은
이 집단의 정체성을 나타내기 위한 필수적인 사항이다. 노동자와 농민
의 자발적 조직에 대한 모든 최소한의 시도와 공식적인 종교의 한계에
서 탈피한 모든 농민의 문화운동에 중소 농민부르주아 집단이 극렬하
게 반대하고 저지하는 것은 바로 그러한 이유 때문인 것이다. 하지만

이 사회집단은 영토적으로 분산됨으로써 그리고 그와 같은 분산성과 긴밀히 연결되어 있는 "비(非)동질성"이라는 점에서 그들 집단의 한계와 궁극적인 허약함을 발견할 수 있다. 이는 다음과 같은 특징들로 다시 설명할 수 있다. 그것은 불안정성, 추종하는 이데올로기 체계의 다의성(혹은 다변성), 때때로 추종하는 이데올로기의 동일한 기괴성 등이다. 이 집단의 의지는 목표에 대한 결정적인 성향을 보이지만, 의지가 정치적으로나 조직적으로 중앙조직화하기까지는 보통 오랜 과정이 요구되며, 또한 지체되는 것이 일반적이다. 그러나 이 집단의 특정한 의지가 상류계급의 의지와 당면한 이익과 동일할 때에는 그 진행 과정이 가속화된다. 단순히 속도만 빨라지는 것이 아니라, 그때에는 이 계층이 지닌 "군사적 힘"도 곧바로 모습을 드러낸다. 또한 그 군사적 힘은 대대로 조직되어 상류계급에게 법이라고 하는 형태를 띠고, 이러한 점 때문에 비록 그 법이 갖는 내용적인 것이 중요해서라기보다는 해결의 "형식"이라고 하는 상황까지 발전한다. 하위계급들의 경우 도시-농촌 사이의 관계에서 관찰할 수 있었던 것과 똑같은 법률과 법칙이 여기서 작용하였음을 볼 수 있다. 도시에서의 권력은 자동적으로 농촌에서도 권력이 된다. 그러나 농촌에서는 갈등이 곧바로 예리하고 "개인적인" 형태로 전환되는데, 이는 경제적 이익의 결여와 위에서부터 아래로 가해지는 압력의 무게가 더 커지는 법률의 규정으로 인한 것이기 때문이다. 그렇게 하여 농촌에서는 이에 대한 반격이 아주 신속하고 단호하게 진행되어야 하는 것이다. 이 집단은 자신들의 문제 근원이 도시와 도시의 권력에 있음을 알고 이해한다. 그래서 도시의 상류계급에게 문제 해결을 논의해야 "한다고" 이해한다. 이는 문제가 곪아서 환부가 더는 깊어지지 않도록 하기 위한 것이다. 비록 그것이 도시 상류계급에게 효력을 발휘해서 즉각적으로 해결되거나 편안하지 않게 되더라도, 이러한 방식은 해결 비용이 너무 들거나, 아니면 장기적으로 보아 위험할 수 있다. (이러한 계급들은 더 장기적인 발전 사이클을 내다보는데, 거기에는 단지 "물질적"인 이익만이 아니라 장기적인 관점에서 조정이 가능할 수 있는 전략을 구상한다.) 이 집단의 기능을 지도적인 것으로 이해해야 하는 것은 이러한 의미이며, 절대적인 의미에서가 아니다.

이 집단에 대한 영향관계는 우파의 보수주의적인 지식인들의 이데올로기 활동에서 볼 수 있다. 특히 가에타노 모스카(Gaetano Mosca)의 책 《정부의 이론과 의회주의 정부(*Teorica dei governi e governo parlamentare*)》(1883년 첫 번째 판과 1925년 두 번째 판)는 이러한 점에서 전향적인 참고문헌이다. 1883년 이후부터 모스카는 도시와 농촌의 접촉 가능성으로 인해 상당히 겁을 먹고 있었다. 모스카는 자신의 방어적인 입장(반격의 가능성) 때문에 1883년보다 하위계급의 정치적 공학을 훨씬 더 잘 이해하고 있었다(그러나 실제로는 이러한 이해도 한계를 드러냈는데, 몇십 년이 지난 후에도 이러한 하위계급의 대표자들이 여전히 도시계급 출신이라는 점을 이해하지 못했다).

이 문제와 관련하여 이러한 사회집단의 "군사적" 성격이 어떤 것인가에 대하여 주의해야 한다. 그러한 성격은 전통적으로 특정한 존재 조건에 대한 자생적인 반응이었으며, 이제는 의식적으로 교육되며 조직적으로 사전에 형성된다는 점을 주목할 필요가 있다. 여러 부대와 병과 출신의 퇴역군인들과 예비군들 그리고 특히 장교 출신으로 구성된 다양한 협회와 단체를 결성하고 유지하기 위한 체계적인 노력 역시 이러한 의식적인 운동에서 다시 나타난다. 결국 이러한 단체들은 참모본부와 연결되어 있으며, 군대를 동원하거나 출동 명령이 내려지면 정규 군대의 동원 없이도 이들을 동원할 수 있다. 이렇게 하여 일한 단체들은 "사적" 세력들에 의한 정치적인 변질로부터 박제화되고 세력이 강화되며 경계 태세를 유지하는 특징을 계속 견지할 수 있으며, 단체들의 "사기"를 재건하고 지탱하면서 자신들의 "사기"에 영향을 받지 않을 수 없는 "사적" 세력들이 되는 것이다. 이는 "코사크(cosacco)"형 운동이라고 할 수 있다. 이는 마치 차르(Zar) 체제의 코사크에 대해 일어난 것처럼 민족성의 경계에 따라 배치되는 형태가 아니라, 사회집단의 "전선"을 따라 배치된다.

그러므로 국가적인 삶에서 군사적 영향력의 요소라는 것은 단지 군사 기술적인 요소의 비중과 영향만을 의미하는 것이 아니라, 군사적 기술 요소(특히 하위 장교들의 경우)가 시원적으로 분출하고 있는 사회계층의 영향력과 비중까지를 의미한다. 이 일련의 관찰은 흔히 카이사르주의(caesarism) 또는 보나파르티즘(bonapartism)이라고 부르는 정치적으로 결정된 형태를 더 심도 있게 분석하기 위해서는 없어서는 안 될 것들이다. 이는 기술적인 군사 요소 자체가 더 분명하고 뚜렷한 모습으로 부각되는 정치적 형태와 구분하기 위해서는 없어서 안 될 요소들이다. 스페인과 그리스는 두 개의 전형적인 사례를 제공하는데, 두 국가 사이에는 유사한 특징도 있고 전혀 다른 특징도 존재한다. 스페인의 경우 몇 가지 특이한 점을 고려해야 할 필요성이 있다. 그것은 영토의 거대함, 농민 인구의 밀도가 낮은 점이라는 특수성이다. 스페인에서는 대토지 소유의 귀족과 농민 사이에 농촌 부르주아가 많지 않으며, 따라서 하나의 자체 세력으로서의 하급 장교단의 중요성이 낮은 편이다 [반면에 기술 병과 출신의 장교(포병과 중화기 부문 장교)들은 이에 반하는 세력으로 일정한 중요성을 띄고 있다. 이들은 도시 부르주아 출신으로 장군들에게 반대하였고 독자적인 정책을 수립하고자 시도하였던 세력이다]. 따라서 군사정부는 "대(大)"장군들의 정부이다. 농민대중의 수동성은 시민과 군대임에도 동일하다. 만약 군대에서 정치적 분열이 일어난다면, 그것은 수평적인 측면에서라기보다는 수직적인 뜻에서의 분열이다. 다시 말해 그것은 군대의 상층부 사이의 경쟁으로 인해 발생하는 것일 뿐이다. 군대는 투쟁하는 지도자들 사이에서 단지 추종하는 지도자를 따라 분열할 뿐이다. 군사정부는 두 개의 입헌정부 사이에 위치한 중간 단계의 하나이다. 군사적 요소는 질서 유지를 위한 영속적 유지 형태이며, 그것은 "법통성"이 위기에 처할 때에는 "공공연한 방식"으로 작동하는 정치세력이다. 그리스에서도 이와 동일한 과정이 발생하였다. 두 국가의 차이점은 그리스의 영토가 많은 섬으로 흩어져 있으며, 그리스는 대부분의 인구가 언제나 바다를 지향하고 있고, 따라서 군사적 책략과 음모가 더 쉬웠다는 사실이다. 그리스 농민은 스페인에서와 마찬가지로 수동적이다. 그러나 전체 인구라는 맥락에서 볼 때 그리스 민중은 배를 타는 선원이며 정치적 삶의 중심에서 항상 널리 떨어져 있음에도 불구하고 에너지가 넘치고 적극적인 편이다. 일반적인 수동성은 다르게 분석되어야 하며, 문제에 대한 해결 방법도 동일하게 적용할 수는 없다(몇 년 전 그리스에서 발생한 사건에서 실각한 정권의 한 각료가 총에 맞아 암살되었던 것은 아마도 피를 통해 교훈을 주고자 했던, 에너지가 넘치고 적극적인 이러한 요소를 갖춘 집단의 분노가 폭발하여 발생한 것으로 설명될 수 있을 것이다). 그러나 특히 주의해야 할 점은 그리스에서나 스페인에서도 군사정부의 경험을 보면 이 두 국가 모두 영속적이고 형식상으로 항상 유기적인 정치적이고 사회적인 이념을 창출한 적이 없다는 점이다(이에 반해 보나파르티즘적인 형태의 강대국에서는 그러한 이념이 만들어졌다). 그러나 두 국가의 일반적 역사 조건들은 동일하다. 다시 말해 두 국가 모두 갈등하는 도시세력들 간의 균형이 이루어졌으며, 그것이 "정상적인" 민주주의의 유희인 의회주의를 방해한다는 것이다. 그러나 이 균형에 대한 농촌의 영향력은 서로 다르게 나타났다. 스페인과 같은 나라들에서는 전체적으로 수동적인 농촌 지역이 토지를 기반으로 하는 귀족 출신 장군들에게 지속적으로 위협을 받음으로써 새로운 정치 지형을 구축하고자 군대를 정치적으로 활용하도록 용인하였다. 다른 나라들에서 농촌은 수동적이지 않으며, 농민운동은 도시의 운동과 정치적으로 일치하지 않는다. 군대는 중립을 지켜야 한다(물론 일정한 정도까지만). 그렇지 않은 경우 군대가 수평적으로 분열될 수 있기 때문이다. 따라서 여기서는 군대 대신에 군사-관료 계급이 행동으로 들어간다. 이 계급은 군사적 수단을 통하여 농촌에서의 운동(더 직접적으로 위험한 운동)을 억누른다. 이러한 투쟁 과정에서 이 계층은 일종의 정치적으로나 이념적으로 통일성을 확보하며, 도시의 중간계급들(이탈리아에서 통용되는 중간계급으로, 농촌 출신이지만 지금은 도시에서 거주하는 학생들로 인하여 더 강화된) 속에서 동맹계급을 발견한다. 이 계급은 더 상위에 있는 계급들에게 자신의 정치적 방식을 설정하며, 상위계급들에게 여러 차례에 걸친 양보를 강요하여 자기 계급에게 유리하게 결정된 입법을 허용하게 한다. 결국 이 계급은 어느 정도까지 자신들의 이해관계를 국가에 침투시키는 데 성공하며, 일부의 지도적인 인물을 교체하는 데에도 성공한다. 이때 일반적인 무장 해제 속에서 스스로는 계속해서 무장하고, 자신들의 무장 세력과 상류계급이 이해관계를 반영하고 유지하기 위해 동원된 군대 사이에서 치열한 갈등(내란과 같은)이 생길 위험이 있다는 예상을 하게 됨으로써 자신의 이해를 국가 내로 침투시키는 데 성공한다.

이러한 관찰은 엄격한 도식으로 파악될 성질의 것이 아니지만, 역사적이고 정치적인 해석이 실용적인 기준에 지나지 않는다. 현실의 사건을 구체적으로 분석할 때에는 각각의 역사적 형태는 개별화되며, 각각의 형태 하나하나가 모두 거의 "유일하고 독특한" 것이라고 말할 수 있다. 카이사르는 나폴레옹 1세가 대표했던 것과는 아주 다른 틀의 현실 상황을 종합화한 형태를 대표한다. 이는 마치 프리모 데 리베라(Primo De Rivera)가 치브코비크(Zivkovic)의 상황과는 전혀 다른 것과 동일하다.

주어진 상황에 존재하는 세력관계 체계의 세 번째 수준 또는 계기를 분석하는 데에는 군사학에서 "전략적 국면(strategic conjuncture)"이라고 부르는 개념(이 개념을 더 정확히 말하자면 투쟁 지역에서의 전략적 준비의 수준이라고 할 수 있는)이 유용하게 사용될 수 있다. "전략적 국면"의 가장 중요한 요인은 지도적 인물의 질적인 조건과 제일선이라고 부를 수 있는 활동 세력(돌격을 위한 최전선의 세력을 포함하는 개념)의 질적인 조건이다. 전략적 준비 수준이 잘된 경우에는 적군의 세력에 비해 열세에 있는(하위에 있는) "표면적인" 세력(양적인 면에서)에게 승리가 돌아갈 수도 있다. 전략적 준비는 이른바 "계량할 수 없는 요인들"을 영(아무것도 없는)으로 축소시키려는 경향을 갖는다. 다시 말해 전통적으로 불활성적이며 수동적인 세력들이 갑작스럽게 주어진 여러 상황에서도 순간적으로 일어나는 즉각적인 반작용을 말하는 것이다. 유리한 전략적 국면 준비를 위한 여러 요소 중에는 국민군의 기술적인 조직 체계와 더불어 군사적 사회계층의 존재와 조직에 대한 관찰 속에서 고려할 수 있는 요소들을 꼭 상정해야 할 것이다.

다른 요소들은 1932년 5월 19일 전쟁부 장관 가체라(Gazzera) 장군이 상원에서 연설한 것을 통해 몇 가지 시사점을 얻을 수 있다(5월 20일자《코리에라 델라 세라(Corriere della Sera)》를 보라). "파시즘 체제 덕분에 우리 군대의 규율 있는 체제는 오늘날 모든 국민과 국가 전체를 위해서도 적절하고 유효한 지도 규범이 되었습니다. 우리 군대는 지금껏 정연하고도 엄격한 규율을 지켜 왔으며 지금도 지키고 있습니다. 군대는 전쟁을 위해 만들어진 것이며, 언제나 전쟁에 대비해야 하고, 평화 시의 규율은 전쟁 시의 규율과 똑같아야 하며, 군대의 정신적인 토대는 전시에서보다는 평화 시에 구축해야 한다는 원칙을 우리는 끊임없이 확인하였습니다. 우리의 규율은 지도자들과 추종자들 사이에 맺어진 결합정신에 기초하기에, 이 정신은 선택되고 결과로 만들어진 체제의 자생적인 결과물입니다. 이 체제는 길고도 힘든 전쟁을 훌륭하게 견뎌내었고, 종국에는 최종적인 승리를 거두었는데, 이탈리아 민중 전체에게 그와 같이 훌륭한 규율의 전통을 확산시킬 수 있었던 것은 파시스트 정권의 공헌입니다. 전략적 개념과 전술적 행동이 어떠한 결과를 낼 수 있는 것인가는 개인적인 규율의 여부와 수준에 달려 있습니다. 전쟁은 우리에게 평화 시 해야 할 준비와 전쟁 시 닥칠 현실 사이에 깊은 심연이 가로놓였다는 것을 가르쳐 주었습니다. 어떤 것을 준비하였다 하더라도 초기의 군사 행동은 교전 당사자 모두에게 새로운 문제를 제기하여 양쪽 모두를 놀라게 한다는 사실은 분명합니다. 그렇다고 하여 선험적인(a priori) 개념은 아무 쓸모도 없다든가, 과거의 전쟁으로부터는 아무것도 배울 것이 없다든가 하는 결론을 내려서는 안 됩니다. 실제로 과거의 전쟁들로부터 현재 이야기하고 있는 많은 전쟁이론을 만들어 낸 것이며, 이러한 이론들은 지적인 훈련으로 이해되어야 할 것입니다. 이론은 모든 사람이 이해할 수 있게 해 주고 그 자체도 이해하기 쉬운 것으로, 불협화음이 없고 동일한 형태의 언어로 된 이성의 방법들을 장려하는 수단으로 이해할 수 있습니다. 때로는 이론적 통일이 도식주의로 빠질 위험에 처하기도 하지만, 전술적으로 빠르게 적응시켜 변화시키면서 그에 신속하게 적절한 반응을 한다면 하나의 개혁으로 전환시킬 수 있습니다. (이러한 변화는 기술적인 발전 때문에 일어나기도 한다). 따라서 그러한 규칙들의 체계는 많은 사람이 믿듯이 정태적이거나 전통적인 것이 아닙니다. 전통은 오직 하나의 세력에서 생겨나며, 규칙들은 끊임없이 새롭게 태어나는 재생의 과정에 있습니다. 물론 그것은 단순히 변화를 위해서라기보다는 규칙들을 현실에 맞추기 위한 것입니다. ["전략적 국면의 준비"의 한 사례가 처칠의《회고록》에서도 발견된다. 그는 거기서 유틀란트(Yütland) 전투에 대해 언급하고 있다.]

비타협이라고 하는 이론들의 전형적인 예로서 경제주의의 한 구절에 추가되어야 할 요소는 타협이라고 부르는 것에 대한 원칙의 경직된 반감(혐오)의 요소라고 할 수 있다. 이는 "위험에 대한 공포"라고 부를 수 있는 부차적인 반감의 표현으로 볼 수 있는 것이다. 왜냐하면 타협에 대한 원칙의 반감은 분명히 협소하게는 경제주의와 연결되어 있다는 점은 분명하다. 이러한 반감에 기초한 개념은 역사 발전에도 자연의 법칙과 동일한 특징의 객관적인 법칙이 존재하고 있다는 변치 않는 신념에 다름 아니다. 이는 종교에서 볼 수 있는 특징과 유사한 예정론적인 목적론에 대한 믿음이 뒷받침하고 있기 때문이다. 유리한 조건들은 반드시 확인되어야 하며, 이 조건들로부터 다소 신비한 방식으로 지속적으로 반복하여 현상들이 발생하는 사건들이 만들어질 것이기 때문이다. 계획에 따라 이러한 상황들을 사전에 처리하고자 하는 인위적인 모든 시도와 노력은 쓸데없는 짓일 뿐만 아니라 매우 해가 되는 것이다. 그런데 이러한 숙명론적인 신념과 더불어 무기 조정자의 덕성에 맹목적이고도 무분별하게 "계속해서" 의지하려는 경향도 존재한다. 그러나 이 경향은 논리와 일관성이 전혀 없는 것인데, 이는 의지의 개입이 파괴에는 유용하지만 재건(파괴의 순간에 이미 시작된 과정)에는 무용하다고 생각되기 때문이다. 여기서 파괴는 파괴-재건이라는 개념으로서 기계적으로 인식되었다. 그러한 사고방식에는 "시간"이라는 요인이 고려되지 않았으며, 따라서 결국은 "경제"조차 고려되지 않았다. 이는 대중의 이데올로기적 요인은 언제나 대중의 경제적 현상에 뒤처져 있는 것으로 이해되지 않는다는 의미에서 인식되는 것이다. 따라서 어떤 순간에서는 경제적 요인으로 인해 발생되었던 자동적인 추진력이 약화되며 구속되기도 하거나 혹은 전통적인 이데올로기적 요소들에 의해 일시적으로 와해될 수도 있다는 것으로 이해되지 않는다는 것이다. 그럼으로써 대중의 경제적 상황과 조건에서 비롯된 당면한 요구를 "이해시키기" 위해 전통적인 지도자들의 지도 방침과 반대될 수도 있는 의식적이고도 사전에 계획된 투쟁이 있어야 한다는 것이 이해되지 않았다. 적절한 정책적인 발안은 항상 전통적인 정책의 속박으로부터 경제적 추진력을 자유롭게 하기 위해서 필요하다. 다시 말해 일정한 세력이 정책적인 방향을 바꾸기 위해서 새롭고 동질적인 경제적-정치적 역사 블록이 내부적 모순 없이 성공적으로 형성되려면 그 블록에 흡수되는 것이 필요하다는 것이다. 그리고 두 개의 "비슷한" 세력은 오직 일련의 타협이거나 아니면 무력이라는 강제력을 통해서만이 하나의 새로운 유기체로 합체될 수 있으며, 이는 두 세력을 하나의 동맹 계획으로 동맹하게 하거나 아니면 하나를 강제적으로 다른 하나에 종속시킴으로써만 이루어질 수 있는 것이다. 따라서 문제는 그중 하나가 이를 위해 필요한 강제력을 지녔는가와 그러한 강제력을 사용하는 것이 "생산적"인가 하는 점이다. 만약 제3의 세력과의 싸움에서 승리하기 위해 두 세력의 연합이 필요하다면, 무력과 강제에 의존한다는 것은 (비록 그것이 가능하다 할지라도) 단지 방법론적인 가설에 불과하며, 타협만이 유일한 구체적 가능성이다. 이는 강제력이 적들에게 행사될 수 있어야 하며, 신속하게 적들과 동일체가 되려고 하면서 "선의"와 열정이 필요하게 되는 자신들과 반대편에서 행사되어서는 안 된다.

참조: 노트 4권(XIII), p. 39; 노트 7권(VII), p. 41 bis; 노트 4권(XIII), pp. 36-38 bis; 노트 9권(XIV), pp. 21-22, 30-31.

제25항. 마키아벨리의 "이중성"과 "단순함"

이 글은 아돌포 옥실리아(Adolfo Oxilia) 글 〈희극 속의 마키아벨리〉[《문화(*Cultura*)》 1933년 10-11월 호]를 참조할 것. 마키아벨리의 낭만주의-자유주의적 해석[루소의 《사회계약설》 III, 6; 포스콜로의 《무덤》; 마치니의 마키아벨리에 관한 짧은 평론 《마키아벨리(*Machiavelli*)》]. 마치니는 다음과 같이 썼다: "너희의 원칙이라는 것들이 얼마나 허약하고 비겁한 것인지 너희를 지배하게 될 것이다. 잘 생각할 필요가 있다." 루소는 마키아벨리에게서 "위대한 공화국"을 보았다. 마키아벨리의 공화국은 자신의 시대에 자유를 위한 사랑을 다하고, 위대한 인민을 위해 통치자인 군주에게 줄 수 있는 교훈을 제시하려는 마키아벨리의 도덕적인 위엄을 찬양했다. 그러나 그러한 활동이 다소 위축이 되면서 소극적이던 마키아벨리 시대는 그러한 마키아벨리의 주장과 도덕적 위엄을 격하시켰다."고 썼다. 필리포 부르지오(Filippo Bruzio)는 그러한 해석이 마키아벨리즘을 도덕적으로 정당화하는 대신에 실제로는 "틀 속에 갇힌 마키아벨리즘"이라는 전망일 뿐이라고 설명하고 있다. 이런 이유로《군주론》의 저자는 기만적인 충고를 주려는 것뿐이 아니라 오히려 기만을 통해 (국가와 사회를) 바꾸려고 하는 그들 스스로를 파괴하려 하였던 것이다.

마키아벨리에 대한 "민주주의적"인 이러한 해석은 폴로(Polo) 추기경과 알베리코 젠틸레(Alberico Gentile)에게까지 거슬러 올라갈 것이다 [아마도 빌라리(Villari)와 톰마시니(Tommasini)의 책에서 마키아벨리에 대해 언급한 부분을 볼 것]. 그러나 저자가(폴로 추기경과 젠틸레) 보기에는 다른 무엇보다도《시의 비교(*Ragguagli del Parnaso*)》에서 언급한 트라이아노 보칼리니(Traiano Boccalini)의 인용 구절이 다른 "위대한 정치학 학자들"보다도 훨씬 의미심장한 것이라고 생각한다. 그리고 모든 것을 "놀이를 알고 있는 사람은 놀이를 배우지 않는다."는 평범한 속담으로 축약하려는 것이다. 현재의 "반마키아벨리적인" 경향은 기본적인 정치술의 이러한 원칙에 대한 이론적인 표현에 지나지 않는 것이다. 그것은 몇몇 사항이 실천되지만 이야기되지 않는 것을 의미한다.

바로 이러한 주장으로부터 더 흥미로운 문제가 탄생한 것이다. 어째서 마키아벨리는《군주론》을 비밀스럽거나 보존하고픈 "비망록"으로 그리고 하나의 원칙에 대해 충고를 하는 방식에 대한 "지침서"로 저술한 것이 아니라, 모든 이에게 입수될 수 있도록 하지 않으면 안 되었을까? 그다지 흥미롭지 않은 "과학"에 대한 저서(《군주론》을 의미)를 쓰기위해서 어떻게 크로체의 강조점으로부터 위의 저자들은 이 주장을 추론할 수 있을 것인가? 그것은 시대의 정신에 반하는 것들로 시대착오적인 것으로 보인다. "단순함"이라는 측면에서 이야기한다면 마키아벨리가 행동하는 인간이 아닌 한 사람의 이론가로 비쳐질 것인가? 다소 과장되고 "말하기 좋아하는" "단순함"이라는 가정은 납득할 수 없을 것 같다. 시대를 다시 구축해야 할 필요가 있으며, 마키아벨리가 그 시대에서 보았던 필요성에 대하여 재구축할 필요가 있다. 실제로 비록 《군주론》이 정확한 서술을 한 저서라 할지라도 이 책은 어느 누구를 위해서도 그리고 모든 사람을 위해서 쓰인 책이 아니라고 감히 이야기할 수 있을 것으로 보인다. 이 책은 "신의 섭리를 지닌 인간"이라는 하나의 가설을 위해 쓴 것이다. 이 가설은 마치 무(無)로부터 왕가의 전통을 갖추지 않은 채 아주 뛰어난 군사적인 재능을 보여 줌으로써 성공적으로 정치권력을 발휘했던 발렌티노 혹은 다른 용병대장들을 묘사하고 있다. 그것은 그들을 표현할 수 있는 "신의 섭리를 지닌 인간"을 의미한다. 《군주론》의 결론은 인민대중에 대한 모든 책 역시 정당화하는데, 이들 인민대중은 실제로는 목적을 달성하기 위해 사용할 수단들을 망각한다. 만약 이 목적이 역사적으로 진보적이라면, 다시 말해 당대의 기본적인 문제들을 해결하고 아주 평온하게 이동하고 작업하며 노동할 수 있는 하나의 질서를 구축할 수도 있는 그런 목적을 망각하는 것이다. 마키아벨리를 해석할 때 절대왕정이 당대에는 민중의 집합체의 한 형태라는 사실과 절대왕정이 귀족들과 사제 계급들에 반대하는 부르주아들에 의해 지지받았다는 사실을 망각하고 있다[옥실리아는 17, 18세기에 있었던 마키아벨리에 대한 민주주의적 해석(마키아벨리가 주장한 민주주의에 대한 해석을 의미)이 파리니(Parini)의 《하루(Giorno)》에 의해 더 명백해지고 강화되었다는 가정을 강조한다. 《하루》 속에는 "풍자적인 개인교사인 마키아벨리와 같은 "젊은 군주"(다른 시대라면 인간에 대한 기준과 자질에서 다른)가 《군주론》의 비극적인 개인교사가 되었을 것이다."고 썼다].

제27항. 카이사르주의(Caesarism)

카이사르(시저), 나폴레옹 1세, 나폴레옹 3세, 크롬웰 등 위대한 "영웅적" 인물들이 축적되어 있는 역사적인 사건들의 목록을 편집할 것. 카이사르주의란 투쟁하는 세력들이 파국적인 방식으로 서로 균형을 이루는 상황을 표현하는 것이라고 말할 수 있다. 다시 말해 세력들 간의 투쟁이 계속되면 결국 상호 파괴로써 종식될 수밖에 없게끔 상호 균형을 맞추는 상황을 말한다. 진보적인 세력 A와 반동적인 세력 B가 투쟁할 때에는 진보적인 세력 A가 반동적인 세력 B를 패배시킨다거나, 그와 반대로 B가 A를 패배시키는 경우도 있겠지만, A도 B도 모두 상대를 패배시키지 못할 경우도 있으며, 그럴 경우에는 A와 B는 서로 간에 모두 상당한 수준의 피해와 손해를 보게 되고, 제3의 세력 C가 외부에서 개입해 들어와 A와 B라는 양 세력의 남은 모든 세력을 패배시켜 정복할 수도 있다. 바로 이탈리아에서 대(大)로렌초(Lorenzo)가 사망한 이후에 이러한 상황이 벌어졌는데, 이는 마치 야만족의 침입으로 고대 세계에서 발생한 것과 같다.

그러나 카이사르주의는(비록 그것이 어떤 위대한 인물에게 전적으로 위임하여 세력 간의 균형을 깨고 파국적인 결말을 예상할 수 있는 특징을 지닌 역사-정치적 상황의 "중재적인" 해결책을 표현하는 것일지라도) 항상 동일한 역사적 의미를 뜻하지는 않는다. 카이사르주의에는 진보적인 카이사르주의와 퇴행적인 카이사르주의가 있으며, 그리고 모든 형태의 카이사르주의에 대한 정확한 의미는 궁극적으로는 사회학적인 도식이나 법치에 의해서가 아니라 구체적인 역사를 통해서만 재구축될 수 있다. 카이사르주의는 진보적인 세력이 승리하는 데에 자신의 개입이 도움이 될 때는 비록 그것이 어떤 타협들과 승리에 대한 제한적인 성격을 가질지라도 그것은 분명히 진보적이다. 이에 반해 카이사르주의는 퇴행적인 세력이 승리하는 데에 자신의 개입이 도움이 될 때는 비록 그것이 어떤 타협들과 승리에 대한 제한적인 성격을 가질지라도, 그리고 이 경우 역시 어떤 타협적인 성격과 제한성을 가질지라도(물론 이때의 타협과 제한성은 전자의 경우와는 그 가치나 정도 그리고 의미가 다르다) 퇴행적인 성격을 갖는다. 카이사르와 나폴레옹 1세는 진보적 카이사르주의의 경우이고 나폴레옹 3세와 비스마르크는 반동적 카이사르주의의 사례이다. 중요한 점은 "혁명-복고"의 변증법에서 혁명이 우세하냐 아니면 복고가 우세하냐의 문제를 파악하는 것이다. 왜냐하면 역사 운동에서 운동의 방향을 뒤로 돌리는 일은 결코 일어나지 않으며, 따라서 "완전한" 복고라는 일은 존재할 수 없기 때문이다. 게다가 카이사르주의는 하나의 논쟁적-이데올로기적 공식이며, 역사 해석의 기준은 아니다. 카이사르주의적인 해결은 카이사르가 없어도 할 수 있는데, 이는 "영웅적이며" 대표적인 인물 없이도 가능할 수 있다는 것이다. 의회 제도도 그러한 타협적인 해결책을 위한 메커니즘을 제공한다. 맥도널드(Mac Donald)의 "노동당" 정부도 어느 정도까지는 그러한 유형의 해결책이었으며, 카이사르주의의 정도는 보수주의 다수파와 맥도널드가 수장이 되어 결합된 정부가 형성되었을 때에 더 증대되었다. 마찬가지로 이탈리아 역시 1922년 10월부터 이탈리아 인민당의 분리와 그 이후 여러 단계를 지나 1925년 1월 3일까지, 그리고 다음에는 1926년 11월 8일까지의 기간 동안에 여러 단계의 카이사르주의가 계속 이어지다가 더욱 순수하고 영속적인 형태의 카이사르주의(비록 그것이 정태적이고 부동의 형태가 아닐지라도)까지 계속되었던 정치적-역사적 과정이 있었다. 모든 연립 정부는 카이사르주의의 첫 번째 단계이며, 다만 그것이 그 이상의 의

미 있는 단계로 발전해 나갈 수 있을 수도 있으며 아닐 수도 있다는 점
이 다를 뿐이다. (물론 세속적인 의견으로는 그 반대로 연립정부야말로 카이사르
주의에 대항하는 가장 "견고한 방벽"일 수 있겠지만 말이다.) 거대한 경제적-노
동조합적 특징과 정치정당의 연합이 존재하는 현대세계에서 카이사르
주의 현상의 체제는 나폴레옹 3세에 이르기까지의 시기와는 전혀 다
르게 나타났다. 나폴레옹 3세에 이르기까지의 시기에는 정규적 군사
력 또는 상비군들이 카이사르주의의 등장에서 결정적인 요소였고, 카
이사르주의는 그야말로 말 그대로의 쿠데타 혹은 군사적 행동으로 증
명되었다. 현대세계에서 시민들과 소규모 집단들을 마음대로 처리할
수 있는 셀 수 없이 많은 재정 수단으로 인해 노동조합과 정치세력들
은 문제 해결을 복잡하게 만들었다. 정당과 경제적 조합의 조직원들은
카이사르나 브뤼메르 18일과 같은 유형의 거대하고 웅장한 외형으로
군사적 행동이 없이도 매수당하거나 협박당할 수도 있다. 이른바 "영
구혁명"이라는 자코뱅-48년의 공식과 관련하여 검증되었던 상황과
동일한 상황이 이 분야에서도 재생산된다. 현대의 정치적 기술은 1848
년이 지난 후 완전하게 변화했다. 정당과 노동조합의 결합 체제, 국가
와 "사적인" 영역에서의 광대한 관료층의 형성[정당과 노동조합의 정치적
이고 사(私)적인 성격을 가진]이라는 의회 제도의 팽창과 광의의 의미에서
경찰력의 조직화 과정에서 등장하게 된 변형들, 다시 말해 범죄를 없
애고 감소시키기 위한 목적으로 제공되는 국가 서비스의 일환뿐만이
아니라 지배계급들의 정치적이고 경제적인 지배를 보호하기 위하여
국가와 사적인 개인들이 조직한 모든 세력까지도 변형되는 정치적 기
술의 변화를 수반하였다. 이러한 의미에서는 모든 "정치적" 정당들과
다른 경제적 혹은 다른 유형의 조직들도 정치적 경찰 조직(다시 말해 수

사기관적이면서 예방적인 성격을 지닌 기구로서의 조직체들)으로 간주되어야만 한다.

　세력 A와 B가 파국적인 전망을 보이는 갈등 상태에 있다는 일반적인 도식, 다시 말해 카이사르주의가 탄생 혹은 탄생할 수도 있음으로 인해 유기적인 평형 상태를 구축 혹은 재구축하고자 하는 투쟁 속에서 나타나는 그런 도식은 바로 일반적인 가설일 뿐이며, 사회학적 도식 (정치기술에서는 매우 편리하고 유용한 그런 도식)이다. 하지만 가설은 몇 가지 기본적인 요소를 더 분명히 함으로써 한층 더 구체적인 것으로 만들 수 있으며, 구체적인 역사의 현실에 훨씬 더 가까이 접근할 수 있다. 그것은 바로 지금까지는 A와 B에 대해서 말할 때 단지 그중 하나는 추상적으로 진보적인 세력이며 다른 하나는 추상적으로 반동적인 세력이라고만 하였다. 그러나 어떤 유형이 진보적인 세력인지 반동적인 세력인가를 더 정확하게 구분할 수 있으면, 그렇게 하면 세력 결정 여부를 판단하는 상당한 근사치를 획득할 수 있다. 카이사르와 나폴레옹 1세의 경우에는 A와 B가 서로 충분히 편을 가르고 적대적인 상황에 있었음에도 분자(分子) 과정(구성원이 모두 해체되는 과정을 의미)을 거친 이후 상호 간의 융합과 동화가 "절대적으로" 불가능했던 것은 아니었다고 할 수 있다. 실제로 어느 정도 수준에서는(무엇보다 근본적인 유기적 투쟁의 정지에 대한 역사적-정치적 목표에 다다르는, 즉 파국적 국면을 벗어난 수준에 이르는 상황에 도달할 정도까지는 충분한) 그와 같은 상황이 발생하였다. 이것이 위의 가설을 구체적 현실에 더 가까이 접근시킬 수 있는 분명한 요소의 하나이다. 또 다른 요소는 다음과 같은 것이다. 그것은 파국적 국면이 전통적인 지배세력이 당연히(절대로) 극복할 수 없는 기존의 유기적 결함 때문이 아니라 "일시적인" 정치적 결함으로 인해 초래된 것일 수도 있다는 점이다. 나폴레옹 3세의 경우를 통해 이를 증명할 수 있다. 프랑스에서 1815년부터 48년까지 지배세력은 네 개의 정치적으로(당파적) 분리된 진영으로 분열되었는데, 여기서 네 개의 진영이란 정통주의분파, 오를레앙파, 보나파르트주의파와 자코뱅-공화주의분파였다. 이들 세력 내부의 당파 싸움은 경쟁세력 B(진보적인)가 "조숙한" 형태로 등장할 수 있게 했다. 그러나 무엇보다 기존 사회 형태는 이후의 역사가 충분하게 증명하였듯이 아직 그것이 가진 발전의 가능성을 전부 소진시켰던 것은 아니었다. 나폴레옹 3세가 잠재적이고 내재적인 이러한 가능성을 대표하였다(나폴레옹 3세의 방식에 의한다면 자신이 갖고 있는 인간적인 수준에 맞추어 그다지 위대하지 않게 보이는 그런 유형). 따라서 그의 카이사르주의는 독특한 색채를 띤다. 그것은 비록 카이사르와 나폴레옹 1세와 같은 유형의 카이사르주의는 아니었지만, 명백하게 진보적인 성격의 카이사르주의였다. 소위 양적-질적 특징을 가진 카이사르와 나폴레옹 1세의 카이사르주의는 그것 자체가 하나의 유형을 가진 국가로부터 다른 유형의 국가로 이행하는 역사적 국면을 대표하는 것이다. 그 이행은 과정에서 수많은 혁신이 이루어져 결국 완전한 혁명(국가 전복)이 되어 버린 이행을 대표하는 이행을 의미한다. 이에 반하여 나폴레옹 3세의 카이사르주의는 유일하면서도 양적으로 제한된 것이었고, 그 과정에서 앞서 이야기한 한 유형의 국가로부터 다른 유형의 국가로 이행되지 않았으며 단지 중단 없는 진행 과정에 따른 동일한 유형의 "진화"만이 존재했을 뿐이었다.

현대세계에서 카이사르주의 현상은 진보적인 유형의 카이사르주의를 대표하는 카이사르-나폴레옹 1세의 유형과는 전혀 다른 현상이며, 나폴레옹 3세와 같은 유형들과도 다르다. 현대세계에서 파국적 전망을 보이는 균형이 비록 고난하고 유혈적인 과정 이후에 등장하는 것일지라도 궁극적으로 서로 융합하고 통일할 수 있는 세력들 사이에서 증명되는 것이 아니라, 역사적으로 건전하지 않은 반대세력에서 오히려 카이사르의 형태가 등장하면서 특히 대립이 첨예해지는 세력 사이에서 증명된다. 그러나 무엇보다 카이사르주의는 현대세계에서도 세계정치경제의 구조 속에서 국가들이 차지하는 상대적인 비중과 국가들의 크기 등에 따라서 그것이 적든 많든지 간에 어느 정도 존재의 여지가 있다. 왜냐하면 하나의 사회 형태는 최상위 수준으로 발전하고 조직적으로 체계화할 수 있는 여지의 가능성을 "항상" 가지고 있다. 특히 반대의 진보적인 세력이 갖는(이는 그 세력의 특이한 주기와 방법 및 특성으로 인해 나타나는) 상대적 허약성에 대해 계산할 수 있기 때문이며, 유지할 필요가 있는 그러한 상대적 허약성 역시 예측할 수 있기 때문이다. 따라서 이 점이 현대 카이사르주의가 군사적 체계라기보다는 경찰에 의한 체계라고 이야기하는 이유이다.

참조: 노트 9권(XIV), pp. 95-98.

노트 14권

제33항. 마키아벨리-《군주론》의 해석

다른 노트에서 이미 쓰고 있듯이 《군주론》의 해석은 책의 중심으로 최후 마무리 글로 상정되어 행해져야(혹은 행할 수 있어야) 한다. 이는 《군주론》의 이른바 "풍자적이고 혁명적인" 해석 속에 나타난 "현실적인" 양이 얼마나 되는가를 다시 주목할 필요가 있다. 따라서 포스콜로에게서 나타나지 않는 것으로서《군주론》에 대한 특이한 해석에 대해 이야기해야만 할 것인데, 다시 말해 마키아벨리에게 늘 따라붙는 민주주의적이고 혁명적인 정치사상가의 의미에 대한 답을 듣고자 하는 의도를 가진 해석에 대해서는 생각해 볼 필요가 있다. 이에 대해서는 크로체의 해석이 더 정당하게 보인다[크로체의 저서《바로크 역사(Storia del Barocco)》속에서 나타난]. 여기에서 그는 포스콜리의《무덤들》에 대한 서평에서 다음과 같이 답하였다. "왕권을 '조련하려는' 등의, 그리고 더 일관성 있고 현명한 군주의 권력이 되게 하려는 동일한 사실로 인해 마키아벨리는 왕위 계승이라는 전통을 파괴하고 신화를 무너뜨렸으며, 무엇이 진정으로 이러한 권력인가 등의 사실을 보여 주었다."고 답하였다. 다시 말해 과학으로서 정치학은 지배자와 피지배자 양자 모두 이해하기 위해서 지배자에게나 피지배자 모두에게 유용하다는 것이다.

이에 반하여 보칼리니(Boccalini)의《시의 비교》에 나타난《군주론》의 문제는《무덤들》에 나타난 것과는 전혀 다른 방식으로 등장한다는 점이다. 그러나 여기에서 한 가지 의문점이 있다. 그것은 누가 보칼리니를 풍자하고자 한단 말인가? 마키아벨리인가 혹은 마키아벨리의 반대자들인가? 보칼리니로부터 상정된 문제는 다음과 같다. "마키아벨리의 반대자들은 마키아벨리가 처벌을 받을 만한 인간이라고 비난한다. 왜냐하면 그는 군주들이 지배하는 것으로 그리고 그렇게 하는 것으로 표현함으로써 민중을 가르치고 있기 때문이다. 그는 "개의 이빨을 양에게 이식하려" 하였고, 통치하는 일을 더욱 어렵게 만들었으며, 그럼으로써 피지배자들로 하여금 쓸모없는 지배자들이 얼마나 많이 존재했고, 절대군주에 대한 환상을 깨버리게 하였다는 것을 알 수 있게 하였다." 따라서 보칼리니의 모든 정치학적인 주장과 설정을 검토할 필요가 있다. 이러한 비유에서 저자가 보기에 그는 반마키아벨리주의자적인 풍자를 하고 있는 것이다. 그러나 그의 반마키아벨리주의적인 것은 다른 반마키아벨리주의자들과는 다른데, 이는 그가 실제로 마키아벨리가 썼던 글들을 통해 반마키아벨리적인 주장을 하지 않고 있다는 점이다. 다시 말해 그는 반마키아벨리주의자가 아닌데, 왜냐하면 마키아벨리가 오류를 범했던 것이 아니라 마키아벨리가 썼던 "행동하고 말만 하지 않는다."는 표현 때문에 반마키아벨리주의자가 아닌 것이다. 아니 좀 더 정확한 사실을 들자면 그는 비판적으로 설명하거나 체계적으로 비판하지도 않았기 때문이다. 오히려 마키아벨리는 그가 지배기술에 대한 비밀을 폭로하였기 때문에 미움을 받은 것이 더 정확한 표현이다.

문제는 오늘날에도 여전히 상정되고 있다. 현대 정당들의 생성과 소멸의 경험은 매우 교훈적이다. 그가 얼마나 여러 번 지배자의 잘못을 비판적으로 보여 주기 위해 비난하는 것을 보았던가? "그는 지배자들에게 잘못을 범하지 않도록 하려고 그 잘못들이 얼마나 지배자들을 교화시킬 수 있으며, 더는 잘못을 저지르지 않도록 지배자들에게 계속하여 잘못으로부터 얻을 수 있는 교훈을 보여 주려고 하였다." 다시 말해 "그들에게 좋은 경험이 되게 하는 것"을 의미한다. 이러한 개념은 "상황이 안 좋은 만큼 더 많은 기회와 개선의 가능성이 존재한다."는 격언과 긴밀하게 연결되어 있다. 반대자들이 이야기하는 "놀이를 하다"의 공포는 아주 우스꽝스러운 것의 하나이며, 어리석은 자들의 반대자를 항상 고려하는 우매한 개념과 긴밀하게 연결되어 있다. 이는 또한 역사적-정치적인 "필요성"에 대한 불이해와 긴밀하게 연결되어 있는데, 이 점 때문에 "몇몇 잘못은 사실이 된다."와 잘못들을 비판하는 일은 자신들을 위해서도 매우 유용한 일이다.

《군주론》을 쓰는 과정에서 마키아벨리의 의도는 매우 복잡했으며, "민주주의적인" 해석에 따른 것이 아니라는 의미에서 "가장 민주주의적인" 것이라고 말한 것으로 보인다. 다시 말해 마키아벨리에게는 국민적인 통일국가의 필요성이 너무나 강했기에 이와 같은 매우 고귀한 목적을 달성하기 위하여 적절하고 유일한 수단들을 사용하는 것을 모두가 받아들일 수 있을 것이라고 생각했다. 따라서 마키아벨리가 민중을 교육하려는 의도를 가졌지만, 그것은 일반적으로 이러한 표현에서 왔다는 것을 의미하지는 않았거나 아니면 적어도 그에게 어떤 민주주의적인 경향들을 부여했다는 의미에서는 아니었다. 마키아벨리가 "민중을 교육하다"라는 말의 진정한 의미를 살리기 위해서는 유일한 정치만이 존재할 수 있다는 사실을 인지하고, 민중을 납득시킬 때만이 진정한 의미를 부여할 수 있다. 그러한 현실적인 정치는 원하는 목적을 달성하기 위해 그리하여 자신의 주위를 압박하고 목적을 달성하기 위해 현실적인 수단을 사용하는 유형의 군주를 복종시킬 필요가 있다. 왜냐하면 목적을 원하는 이는 단지 목적을 달성하기 위해 적절한 수단만을 원하기 때문이다. 마키아벨리의 입장은 그러한 의미에서 보자면 실천철학의 정치적이고 이론적인 입장과 근접한 것이라고 할 수 있을 것이다. 실천철학의 정치와 이론은 대중의 그리고 민중적인 "현실주의"를 구축하여 확산시키려고 노력하는 것이며, 아울러 여러 시대에 걸쳐 순응하여 나타났던 "제수이즘(gesuitismo)"의 형태에 대항하여 투쟁하여야 했다. 마키아벨리의 "민주주의"는 자신이 살던 시대에 적합한 하나의 유형, 다시 말해 절대왕정에 대한 인민대중의 적극적인 동의였다. 그런 의미에서 민주주의는 중세 무정부주의 상태와 시뇨리(영주들)의 시대 그리고 사제들의 권력을 파괴하고 제한하는 의미에서 등장한 것이자 국민적인 커다란 영토국가들의 창설자로서 적극적으로 동의하는 것이다. 절대왕정은 부르주아와 중앙집권화되고 국민적이며 상비적인 군대의 지지 없이는 실시할 수 없는 그런 기능을 의미한다.

노트 15권

<u>제4항. 마키아벨리-정치의 요소</u>

가장 근본적인 것들이라고 할 수 있는 초기 요소들은 가장 잊기 쉬운 것이라는 사실을 이야기할 필요가 있다. 다른 말로 하면 그것들은 계속해서 무한정 되새긴다면 진정으로 정치 그리고 다른 모든 집단적인 행동의 핵심적인 내용이 된다는 점이다. 첫 번째 요소는 진정으로 지배자와 피지배자 그리고 지도자와 피지도자가 존재한다는 사실이다. 모든 정치학과 정치의 기술은 이와 같은 원시적이고도 부동의(어떤 일반적 조건하에서는) 사실에 기초하여 구성한다. 이러한 사실에 대한 기원이 어떤 것인가의 문제는 별개로, 이후에 따로 연구하여야 할 문제일 것이지만(적어도 이러한 의미에서 어떤 방식을 적용하여 몇몇 확인되는 조건을 변화시킬 것인가의 문제와 이를 통해 이러한 사실을 최소화하고 소멸시킬 수 있는 방법을 어떻게든 연구할 수 있을 것이며 또 연구해야 할 것이다), 지배자와 피지배자 그리고 지도자와 피지도자가 존재한다는 사실이 여전히 남는다는 사실에는 변함이 없다. 이러한 사실이 주어진다는 것은 어떻게 하면 가장 효율적으로(주어진 목적에 따라) 지도할 수 있을 것인가 그리하여 이를 위해서는 지도자가 어떤 식으로 준비하는 것이 가장 최선일

것인가(정치학과 정치기술의 첫 번째 단계는 더 정확히 말하자면 바로 이 부분인 것이다)를 검토해야 할 것이다. 그리고 다른 한편 피지도자 또는 피지배자의 복종을 확보하고자 할 때 취해야 할 최저한의 저항을 가져올 만한 노선이나 가장 합리적인 노선을 어떻게 알 것인가의 문제가 검토되어야 한다.

지도자를 형성한다는 것에는 한 가지 근본적인 전제가 존재한다. 그것은 지배자와 피지배자가 언제까지나 존재하여야 한다는 것을 원하는 것일까? 아니면 이러한 분할의 존재 필요성이 사라질 수 있는 조건을 창출하고자 하는 것을 원하는 것일까? 다시 말해 인류의 영구적인 분할이라는 기본적인 전제로부터 출발할 것인지, 아니면 이러한 분할이 특정 조건들에 반응하려고 하는 하나의 역사적 사실일 뿐이라는 사실을 믿을 것인가? 무엇보다 지배자와 피지배자의 분할이 궁극적으로 사회집단들 사이의 분할에까지 그 기원을 두고 있다고 보지만 현재 있는 그대로의 사실에 근거하여 본다면 사실상 한 집단 내부에서도 마찬가지로 나타난다는 것이며, 그 집단은 사회적으로 동질적인 집단일 경우에도 동일하다는 사실을 분명하게 염두에 두어야 한다. 어떤 의미에서는 이러한 분할이 노동의 분업으로 인해 창출된 것이며, 그것은 단지 기술적인 사실에 지나지 않는다고 말할 수 있을지도 모른다. 그리고 모든 것을 오직 "기술" 그리고 "기술적" 필요라는 측면에서만 보는 사람들은 근본적인 문제를 상정하지 않기 위해 다양한 동기와 원인의 이러한 공존에 대하여 지적하고 있다.

동일한 집단 내에서도 지배자와 피지배자의 분할이 존재하기 때문에 일정한 원칙을 확정하여 엄격하게 준수할 필요가 있다. 그것은 가장 심각한 "오류"와 가장 범죄적인 것이 발생하는 무능력이지만 너무나 교정하기 힘든 그런 무능력이 나타날 수 있는 동일한 집단 영역에서 지배와 피지배의 분할이 존재할 수 있기 때문이다. 다시 말해 동일한 집단으로부터 원칙을 상정한다면 복종은 자동적으로 존재하는 것이며, "필요성"이나 합리성에 대한 설명 없이도 무조건적인 것이라는 생각이 일반화되어 발생한다고 믿는다(어떤 사람은 복종이라는 것이 요청받지 않더라도 "생길" 것이며, 그 복종이 따라야 할 길을 제시하지 않아도 생길 것이라 믿고, 가장 최근의 경우에는 그러한 믿음에 따라 행동하기도 한다). 그렇기에 지도자들로부터 "카도르니즘(Cadornism)"을 뿌리 뽑는 것이 너무나 어렵다. 다시 말해 지도자가 어떤 일을 하는 것이 정당하고 타당하다고 생각하기 때문에 어떤 일을 할 것이라는 믿음, 그리고 그 일이 제대로 되지 않았을 때에는 "그 일을 하게 해야 했는데 그렇게 하지 못한" 사람에게 그 "잘못에 대한 책임"을 전가하는 그런 태도와 습성을 뿌리 뽑는 것은 매우 어려운 일이다. 마찬가지 이유로 안이한 태도로 인해 발생하는 불필요한 희생을 피하려고 하는 일을 간과하는 범죄적인 관습 역시 뿌리 뽑는 것이 매우 힘들다. 하지만 집단적인(정치적) 재난은 대부분 불필요한 희생을 피하기 위해 노력하지 않음으로써 혹은 분명히 다른 사람의 희생을 고려하지 않고 그들의 생명을 걸고 내기를 하기 때문에 발생한다는 것을 상식적으로 알 수 있게 해 준다. 전선에서 돌아온 장교들의 이야기를 듣는 누구나 느끼는 것은, 실제로 병사들이 필요할 때에는 자신들의 목숨까지도 기꺼이 희생했지만 반면에 자신들이 경시되었다는 것을 느낄 때는 명령 수행조차 거부했다고 말하는 것을 들을 수 있다. 예를 들면 병사들은 보급품의 수송이 불가능하다는 사실이 돌이킬 수 없는 것임을 알았을 때에는 보급품이나 식량 없이도 며칠을 견뎌 냈지만, 단 한 끼의 식사라도 태만이나 관료주의의 폐해로 인해 건너뛰었을 때에는 꼭 반발하였다.

이러한 원리는 희생을 요구하는 모든 행동으로까지 확대된다. 따라서 어떠한 재난 이후에는 항상 무엇보다도 먼저 지도자들의 책임을 가장 엄격하게(그리고 가장 협소한 의미에서) 추궁하여야 할 필요가 있다(예를 들면 여러 구역으로 이루어진 전선이 있고, 각 구역마다 지도자들이 있다. 이때 어떤 패배에 대해 한 구역의 지도자들이 다른 구역의 지도자들보다 더 많은 책임이 있을 수는 있지만, 그것은 순전히 정도의 문제일 뿐이고 모든 지도자마다 패배에 대한 책임에서 예외가 될 수는 없는 것이다).

지도자와 피지도자 그리고 지배자와 피지배자가 존재한다는 원칙을 설정한다면, 정당들이 지금까지 지도자와 지도력을 공고하게 발전시키기 위해 적용한 가장 효율적인 방법이 바로 그러한 설정이었다는 것은 사실이다["정당들"은 여러 가지 명칭 아래, 심지어 반(反)정당 또는 "정당의 부정"이라고까지 할 수 있는 이름으로 소개될 수 있다. 하지만 실제로는 이른바 "개인주의자"라는 사람들조차 정당인이며, 그들은 하느님의 은총이나 정당을 추종하는 이들의 어리석음으로 인해 "당의 지도자들"이 되고 싶어 하는 것일 뿐이다].

"국가정신"이라는 표현 속에 들어 있는 일반적 개념의 발전에 대해 생각해 보자. 이 표현은 매우 정확하고 역사적으로 한정적인 의미를 지닌다. 하지만 다음과 같은 질문이 제기되었다. 다시 말해 개인주의의 자의적인 표현이 아닌 모든 중요한 운동에도 "국가정신"이라고 부르는 것과 유사하거나 동일한 것이 존재하는 것이 어느 정도 정당한 것일까? 그렇다면 "국가정신"은 과거를 지향하는 것으로, 혹은 전통을 지향하거나 아니면 도래할 미래를 지향하는 "연속성"을 전제한다고 상정할 수 있다. 다시 말해 그것은 모든 행동의 총체적인 과정의 계기이며, 이미 시작되었으며 앞으로도 계속될 과정의 계기일 것이라는 사실을 전제한다. 이러한 과정에 대한 책임과 이러한 과정에서 행위자가 된다는 책임이라는 사실이다. 그것은 마치 이들이 "물질적이며" 실질적인 외형을 지니면서 모습이 드러난 채로 생각하면서 행동하고 작동하는 것처럼 느껴진다 할지라도, 실제로 물질적으로 "알려지지 않고 드러나지 않은" 세력과 연대하였다는 책임은 어떠한 경우에 있어서 "국가정신"이라고 부를 수 있다. 이러한 책임의 "지속"에 대한 자각은 구체적이어야 하고 추상적이어서는 안 된다는 점은 분명하다. 다시 말해 어떤 의미에서 그러한 자각은 일정한 (시간의) 한계를 넘어서서는 절대 안 되는 것이다. 그 가장 작은 한계들은 이전의 한 세대와 앞으로의 한 세대라고 설정할 것이다. 이 시간은 결코 짧은 기간이 아니다. 왜냐하면 그 세대라는 것을 오늘을 기준으로 이전 30년과 이후 30년이라는 시간으로 계산할 수 있기 때문이다. 그러나 역사적인 의미에서 유기적으로 보자면 적어도 과거에 대해서는 쉽게 이해할 수 있을 것이다. 만약 우리가 지금 매우 연로한 노인과 굳건하게 연대하고 있다고 느낀다면, 그 노인이 현재 우리 가운데에 존재하고 있는 살아 있는 "과거"를 대표하며, 우리가 알아야 하고 의지해야 할 과거이며 현재의 요소들 중의 하나이고, 앞으로 도래할 미래의 전제라는 사실을 알아야 할 필요가 있다. 또한 그 노인이 우리가 책임져야 할 세대인 이제 막 태어나 자라나는 아이들과도 연대되어 있다는 것을 느껴야 한다(일정한 경향을 따르는 "전통"에 대한 "숭배"는 성격이 다른 것이다. 그것은 하나의 선택이자 한정적인 목적을 암시한다. 다시 말해 하나의 이데올로기 기초를 의미한다). 그렇지 않으면 만약 그렇게 이해되는 "국가정신"이 누구에게나 있는 것이라면, 매번(혹은 자주) 국가정신의 왜곡과 일탈에 대항하여 싸울 필요가 있는 것이다. "행동을 위한 행동"과 투쟁을 위한 투쟁 등과 특히 거칠고 소아적인 개인주의들은 어쨌든 일시적인 충동들을 만족시킬 만한 하나의 변덕에 지나지 않는다[실제로 중요한 점은 항상 이탈리아적인 "비(非)정치주의"의 문제이다. 이탈리아적인 비정치주의는 이러한 여러 가지 재미있고도 기괴한 형식을 띠고 나타난다].

개인주의는 단지 야만적인 비정치주의에 지나지 않는다. 분파주의도 비정치주의이지만, 자세히 관찰해 보면 그것은 실제로 "국가정신"의 기본 요소라 할 수 있는 정당에 대한 정신이 부족한 "후견인주의"의 한 형태이다. 정당정신이 "국가정신"의 기본 요소라는 표명은 우리가 갖추어야 할 결정적으로 중요한 주장 중의 하나이다. 이에 반하여 "개인주의"는 "외부인들에게나 환영받을 만한" 요소로서 마치 동물원에 갇힌 야수들의 행동과 같은 야만적 요소일 뿐이다.

주

1. 이에 대한 더 자세한 내용은 진원숙,《마키아벨리와 국가이성》, 신서원(1996), pp. 141-147.
2. *Il Principe*, p. 105.
3. Niccolo Machiavelli, *Il Principe*, (Fabbri Editori, Milano, 1995), cap. XV, p. 105. Kenneth W. Thompson, "Niccolò Machiavelli(1469-1527)", *Fathers of International Thought: The Legacy of Political Theory*, (Louisiana State University Press, 1994), p. 35.
4. 루이 알튀세르,《마키아벨리의 가면》, 김정한·오덕근 옮김(이후, 2001), p. 43.
5. L. Russo, *Machiavelli*, Laterza, Roma-Bari, 1994, pp. 167-175.
6. 이에 대한 마키아벨리의 글은 여러 곳에서 등장하고 있지만, 운명을 극복해야 하는 의지의 문제라는 의미에서 다음의 글이 가장 적절하다고 생각한다. "인간은 운명의 구도에 따라 부딪혀 나갈 수는 있지만 그것을 파괴할 수는 없다. 그렇다고 완배한 것처럼 체념할 필요는 없다. 왜냐하면 인간은 운명의 목적을 알지 못하고 운명 또한 구부러진 미지의 길을 따라 움직이므로, 인간은 어떠한 운명이나 어떠한 고난에 처해 있든지 항상 희망을 품어야 하고 절망해서는 안 되기 때문이다."《로마사 논고》, 강정인 옮김, 2권 제29장 393쪽.
7. *Il Principe*, p. 148.
8. 김홍명, "마끼아벨리와 피렌쩨 문제",《자본제시대의 사상》, (창작과비평사, 1993), p. 47.

9. *Il Principe*, ivi, cap. XXV, p. 148.

10. *Il Principe*, ivi, cap. XXV, p. 152.

11. 또한 더 나아가 악(惡)이란 필요할 경우에만 사용하는 것이 아니라, 마키아벨리는 '인간들은 자원이 희소한 세계에서 권력과 영광을 위해 투쟁한다는 점에서 필수적인 것이라고 주장한다.'고 생각했다고 보았다. Dante Germino, "Machiavelli", *Machiavelli to Marx : Modern Western Political Thought*, (The University of Chicago and London, 1972), p. 27.

12. 플라므나츠, "마키아벨리", 《정치사상사》, 김홍명 옮김(풀빛, 1986), p. 88.

13. 조지 세이빈·토마스 솔슨, "마키아벨리", 《정치사상사 I 》, 성유보·차남희 옮김(한길사, 1997), p. 531-532.

14. 마키아벨리에게 있어 "정의의 토대는 불의이다. 도덕성의 토대는 부도덕이다. 정권의 정당성의 토대는 부당성이나 혁명이다. 자유의 토대는 독재이다. 태초에는 폭력이 있었지 화합이나 사랑이 있었던 것은 아니다." 레오 스트라우스, "마키아벨리", 《서양정치철학사 I 》, 김영수 외 옮김(인간사랑, 1992), p. 453.

15. 이와 관련한 여러 사상가의 서술을 살펴보자. 버어키는 마키아벨리의 주요 관심사를 안보 및 국가의 수립으로 보았고[버어키, 《정치사상사》, 우성대 옮김(백산서당, 1987), p. 187-188], 세이빈과 솔슨은 '정치권력 자체의 보존 및 증대'로(세이빈 외, 같은 책, p. 523) 보았으며, 스티븐 포드는 '마키아벨리에게 있어 국가의 생존만이 정치적 행위의 본성적인 목적으로 다른 목적들의 추구는 배제된다.'고 주장하며[Steven Forde, "Crassical Realism", *Traditions of International Ethics*, edited by Terry Nardin and David R. Mapel, (Cambridge University Press, 1992), p. 66], 케네스 톰슨은 '마키아벨리에게 국가는 자신의 보존 이상의 더 고귀한 목적이나 정신적인 목표를 가지고 있지 않다'고 주장한다.(Kenneth W. Thompson, ivi, p. 66.)

16. "스스로를 보존하려는 군주는 선하기만 해서도 안 되며 필요에 따라서 선인도 악인도 될 줄 알아야 한다"(《군주론》 제15장).

17. 《로마사 논고》, 1권 제12장 124쪽.

18. "종교에 대한 그의 적대감은 이탈리아 통일의 노정에 장애물인 교회에 집중되었다." Thompson, ivi, p. 65.

19. 이와 관련한 여러 사상가의 서술을 살펴보면, 로베르토 리돌피는 "마키아벨리는 종교를 국가, 즉 인간을 위한 수단으로 보기를 원하고 있다."[로베르토 리돌피, 《마키아벨리 평전》, 곽차섭 옮김(아카넷, 2000), p. 30]고 말하고, 버어키는 마키아벨리가 '종교를 통해 국민을 경건하게 만들 수 있기 때문에 통치자들은 자국 내에 종교가 창설되는 것을 적극적으로 지원해야 한다.'고 주장했다고 서술한다.

20. 이 책에서 언급한 글들은 다음의 책에서 인용된 것이다. Niccolo Machiavelli, *Il*

Principe, Fabbri Editori, Milano, 1995., 마키아벨리, 《마키아벨리와 군주론》, 김영국 엮음(서울대학교 출판부, 1995).

21. 강정인과 같은 이는 디에츠(Dietz)의 주장을 빌려 《군주론》에 대하여 다음의 4가지로 해석하고 있다. 첫째, 《군주론》을 마키아벨리 정치사상의 일탈로 보는 입장이다. 두 번째, 마키아벨리가 《군주론》을 집필할 당시에도 여전히 공화주의자로서 메디치 가문의 지배에 반대했고, 공화주의적 관념을 옹호했다는 해석이다. 셋째, 《군주론》에서 옹호되는 군주정을 공화정으로 이행하기 위한 준비 단계로 보는 입장이다. 넷째, 《군주론》의 집필 의도 자체를 공화주의적인 것으로 평가하는 것으로 두 번째 해석과의 차이는 《군주론》 자체를 당시 군주의 잔인성과 기만성을 폭로하기 위한 것이었다는 점이다. 《로마사 논고》, p. 22-23.

22. 마키아벨리 시대는 마키아벨리 저작들이 금서 목록에 올랐을 정도로 반기독교적이자 반성직자적이었기에 당연히 논의가 진행되지는 않았지만, 일반적으로 《군주론》을 부정적 의미에서 절대군주를 위한 교과서로 이해하였다. 그러나 16세기에 들어서면서 보댕(Bodin)을 비롯한 일단의 정치사상가들은 마키아벨리의 공화주의적 측면을 중시하고 마키아벨리를 공화론자로 평가하는 경향이 발생하기 시작했다. 이후 젠틸리를 필두로 루소를 비롯한 계몽주의 사상가들에 의해 확산되었으며, 스피노자에 의해서는 전통적인 부정적 평가를 탈피하여 새로운 모습으로 마키아벨리를 평가하는 시대를 열었다. 볼테르나 기타 계몽주의 사상가들에게 우호적 평가를 받던 마키아벨리의 모습은 헤르더(Herder)에 와서는 《군주론》이 시대적 산물로서 정치서일 뿐이라는 견해로 발전되었으며, 헤겔 역시 이와 유사한 입장을 보였다. 그 외에도 현대로 내려오면서 메팅리(Mattiongly)나 바론(Baron) 같은 이들은 《군주론》을 공화주의 옹호를 위한 반독재 풍자서라고 해석하고 있다. 상기한 바와 같은 이탈리아 외부에서의 평가에 반해 이탈리아 국내적으로 마키아벨리의 논쟁은 '국가이성' 문제와 관련하여 전개되는데, 마키아벨리가 부도덕의 대명사로 오소리오(Osorio J.)와 폴리티(A. Politi) 등에 의해 부정적 평가를 받으면서 시작된 국가의 문제는 더 확장된 개념으로 '국가이성(Ragion di Stato)'이라는 표현으로 정착하게 되었고, 이를 가장 먼저 이론화한 것이 바로 보테로(Botero)였다. 이후 프라케타(G. Frachetta)를 시작으로 이미라토(S. Ammirato), 스폰토네(C. Spontone), 보나벤투라(F. Bonaventura), 카노니에리(P. A. Canonieri), 주콜로(L. Zuccolo), 세탈라(L. Settala), 키아라몬티(S. Chiaramonti) 등으로 이어졌다. 또한 좀 더 다른 방향에서 마키아벨리를 해석하는 이탈리아 학자들이 등장하였는데, 이들 중 대표적인 이로 16세기의 보칼리니(T. Boccalini), 17세기의 말베치(V. Malvezzi)와 아체토(T. Acetto), 18세기에는 비코(G. Vico) 등이 있었고, 19세기에는 알피에리나 쿠오코(Cuocco), 데 상티스(De Santis) 등이 마키아벨리에 대해 새로운 해석의 기준을 제공했으며, 20세기에 들어서면 크로체와 그람시가 자신의 사상적 기준에 의해 마

키아벨리를 해석한다. 이에 대한 더 자세한 내용을 보려면 다음의 책을 참조하시오. 진
원숙, 《마키아벨리와 국가이성》, (신서원, 1996), p. 255-286., 곽차섭, 《마키아벨리즘과
근대국가의 이념》, (현상과인식, 1996), 65-137쪽과 189-256쪽., Federico Chabod,
Scritti su Machiavelli, (Reprints Einaudi, Torino, 1984), pp. 99-135., L. Russo,
Machiavelli, Laterza, Roma-Bari, 1994, pp. 234-270.

23. 예컨대 메디치가를 위해 《군주론》을 썼다는 입장에서 보자. 일단 헌정사에서 분명히
밝혔듯이, 메디치가의 줄리아노(Giuliano)에게 헌정하려다가 다시 로렌초 데 메디치
(Lorenzo De Medici)에게 헌정하고 있다. 그리고 26장에서 피렌체의 구원과 천년왕국
을 기원하며 경제적 궁핍을 해소하기 위한 방책을 구하고 메디치가에 봉사하는 관리가
되고자 애쓰고 있다는 점 등을 강조하고 있다. 이에 반해 반대적 입장에서는 8장과 18
장의 역설적 예를 들고 있으며, 단지 초반의 공화주의적 기조를 메디치 왕가의 복귀라
는 역사적 사건으로 유보하였다고 보는 것이다. 《마키아벨리와 국가이성》, 261-282쪽
참조.

24. 사실 '근대성'에 대한 해석은 논란이 많은 주제이다. 여기서 이에 대해 자세히 논의하
기는 어렵지만, 이 책에서 이야기하는 '근대'라는 개념은 정치학적 측면에서 이야기하
는 근대 개념을 기준으로 한다. 후기 르네상스에서 나타나기 시작한 절대왕정의 개념
과 주권논쟁으로 특징 지워지는 국가론, 그리고 이어서 등장하는 국민군과 관료제 등
을 바탕으로 하는 국민국가라는 측면에서 이야기할 수 있는 것이다.

25. *Il Principe,* ivi., cap. I, VI, VIII, XII, XIV, XIX, XX 참조.

26. *Il Principe,* ivi., cap. VI, pp. 61-65.

27. *Il Principe,* ivi., cap. XXIV, pp. 142-144.

28. *Il Principe,* ivi., cap. VII, pp. 65-74.

29. 김종법, "발리에서 다시 태어난 그람시", 《정치비평》(제14호, 2005년 상반기; 한국정치
연구회), p. 81.

30. 실제로 '국가이성'이라는 용어는 마키아벨리가 사망한 뒤 20년이 지난 뒤에 공식적으
로 등장하고, 보테로(Botero)라는 이탈리아 정치사상사에 의해 하나의 이론과 개념으
로 발전된다. 그로 인해 서양의 근대국가론을 본격적으로 전개하게 되었고, 절대군주
와 국민국가 시대를 여는 출발점이 되었다.

31. 단눈치오(1863-1938)는 19세기 말과 20세기 초 이탈리아에 확산되었던 데카덴티즘
(decadentism, 퇴락주의 혹은 퇴폐주의로 번역할 수 있는 문예 사조)의 대표적인 문인.
이탈리아 우파 민족주의 운동을 이끌기도 하였으며, 1차 대전 이후 의용대를 이끌고
피우메를 점령하면서 이탈리아 국민들의 추앙을 받기도 했던 인물이다.

32. 이는 아직까지도 풀리지 않는 의혹이다. 무솔리니 자신도 이에 대한 성공 여부를 확신
하지 못해 밀라노에서 사태 추이를 지켜볼 정도로 성공 가능성이 거의 없었던 역사적

사건의 하나였다. 후세 역사가들은 만약 파시스트들의 로마 진군을 왕과 정부가 진압했다면 이탈리아는 무솔리니가 지배하지 못했을 뿐만 아니라 파시스트 국가라는 오명에서 벗어날 수 있었을 것이라고 이야기한다.

33. 조반니 젠틸레(Giovanni Gentile, 1875-1944)는 이탈리아 파시즘의 철학을 완성시킨 인물. 무솔리니 정부에서 교육부 장관을 맡으면서 전체적인 파시즘의 방향 정립에 힘을 쓴 인물이다.

34. 이하 리소르지멘토에 대한 주요 내용은 다음의 책 참조. 김종법, 《현대 이탈리아 정치 사회》(바오출판사, 2012).

35. 이탈리아의 경우 오랜 기간 사회주의적 사상적 전통이 있어 왔다. 실제로 저서나 연구 등을 통해 표출되었다. 캄파넬리(Campagnella)의 유토피아(Utopia) 사상이라든지 17세기부터 여러 사상가는 이러한 공상주의적 사상을 집중적으로 연구하였다.

36. 이탈리아에서 '국민'이라는 용어와 '민족'이라는 용어의 선택 문제는 상당히 난해하다. 역사적 사건에 근거한다면 이탈리아 민족 또는 이탈리아 민족주의는 고대 로마제국에서 르네상스 시기까지는 어느 정도 개념적으로 허용될 수 있는 부분이 있지만, 근대 특히 리소르지멘토 이후 시기의 이탈리아 역사에서 'nazione'란 단어를 '민족'으로 'nazionalismo'를 '민족주의'로 보기에는 다소 무리가 있다. 첫째는 무엇보다 이탈리아가 다민족국가라는 사실에 있고, 역사적으로 민족이라는 개념에 의해 통합된 적은 한번도 없다는 사실이다. 지역별로 민족에 근거한 지역정부나 왕정은 존재했지만, 통일된 민족국가가 나타났던 때는 한 번도 없다고 할 수 있기 때문이다. 물론 그 의미상의 사용에서 어느 때에는 nazione나 nazionalismo를 민족이나 민족주의로 사용할 수도 있지만, 이 경우 역시 명확한 조건이 제시되지 않는다면 사용상의 오류 가능성을 피하기 어렵다. 이 책에서는 가능한 한 '민족'이라는 단어는 사용하지 않고 '국민'과 '국민주의'라는 용어를 사용하도록 하겠다. 그리고 국민주의라는 용어의 사용이 부적절한 경우에만 '민족주의'라는 용어를 대신하여 사용하겠다.

37. 치스파다나 공화국은 1796년부터 1797년까지 이탈리아 파다니아 평원을 중심으로 한 북부 지방에 존재했던 프랑스 제1공화국의 괴뢰 정권이었다.

38. 1797년부터 1802년까지 수립되었던 베네토와 그 주변 지역이 중심이 되었던 이탈리아 지역 공화정이다. 프랑스의 식민정부와 유사한 형태였다.

39. 프랑스혁명 이후 1799년 나폴리 지방을 중심으로 통합된 지방 공화정부. 하지만 몇 개월 지속되지 못했다.

40. 1801년부터 1807년까지 토스카나 지방의 대부분을 영토로 하여 건설되었던 이탈리아 지역 정부의 하나이다. 피렌체가 수도였던 왕정 국가였다.

41. 파시즘에 대한 예리한 통찰력을 볼 수 있는 대표적인 글이다.

42. A. Gramsci, 1978. Socialismo e Fascismo(L'Ordine Nuovo 921-1922), (Torino:

Einaudi, 297~299)

43. 이명박 정부에 대한 평가는 시기적으로 부적절한 측면이 있다. 하지만 적어도 다음과 같은 측면에서 박정희 체제의 특징이 있다고 볼 수 있겠다. 언론 통제, 냉전 이데올로기에 바탕을 둔 남북관계 설정, 표현의 자유를 인정하지 않는 사상의 자유에 대한 억압, 한반도의 긴장 완화보다는 긴장 국면의 지속성, 국민의 삶의 질을 향상시키기 위한 국가 경영보다는 '성장과 개발'이라는 원칙 아래 외형적이고 소수 기업에 집중된 경제 권력을 국가 발전과 성장의 동력으로 삼으려 했다는 점, 아울러 미래지향적인 국가산업과 국가 경쟁력 강화보다는 토건과 건설업에 기반을 둔 80년대 밀어붙이기식 국가 발전 전략 등이다. 더군다나 2012년 박근혜의 당선은 박정희에 대한 분석 틀이나 기준을 더욱 명확하게 해 줄 가능성이 매우 크다고 볼 수 있다.

44. 49bis로 표현되는 이 글은 그람시의 MS 편에 수록되어 있다. 이 글을 덧붙인 이유는 마키아벨리에 대한 논의가 너무나 많이 진행되면서, 마키아벨리에 대한 곡해와 자의적 해석이 마키아벨리 사상의 올바른 모습을 보지 못하게 하는 점 등을 지적하기 위해서이다. 그람시 입장에서 본다면 마키아벨리는 세속적이고 정치권력에만 매몰되어 있는 속물적인 권력의 화신이라기보다는 당대의 이탈리아를 위한 선구자이자 필수적인 자코뱅의 사례였다.

45. 노트 13의 §20. 항에서는 더 발전된 논의를 전개하고 있으며, 이는 다음 항에서 다시 번역하였다.

46. 이 부분에서 그람시는 아마도 정당으로 발전시키려면 조직적이고 뒤따르는 후속 조치들을 마련하지 않으면 안 된다는 점을 강조하기 위하여 부연 설명차 이 문장을 선택한 것으로 보인다. 이 문장은 다의적으로 해석할 수 있지만, 해석의 다양성을 일정 부분 유예하기 위해 원전 그대로의 의미를 살린다. 그 의미는 초기부터 당의 강령을 통한 건설적인 정당 창당 제안으로 이 책에서는 제기하고 있다.

47. 노트 7권(VII)에서 그람시가 이탈리아어로 번역한 《포이어바흐에 관한 테제》의 한 구절이다.

48. 여기서 그람시가 참조한 글은 파올로 트레베스가 쓴 〈프란체스코 구이차르디니의 정치적 현실주의〉(Nuova Rivista Storica: Nov/Dec. 1930)다. 이어지는 〈국가의 경제적이고 조합주의적인 국면〉을 통해서도 설명하고 있다.

49. 사르데냐 왕국 수상으로, 대표적인 온건파 자유주의자였다. 1848년 수상에 올라 5년간 이끌었다. 이탈리아 통일의 기초를 다진 인물 중 하나다.

50. 이탈리아의 경제학자로 "역사적 경제주의"라는 개념으로 당대 이탈리아에서 명망을 누렸던 학자다. 그러나 그람시는 로리아를 마르크스주의를 기괴하게 변형시킨 이론가로 비평했다.

참고문헌

곽차섭, 《마키아벨리즘과 근대국가의 이념》, (현상과인식, 1996).

김홍명, 〈마끼아벨리와 피렌쩨 문제〉, 《자본제시대의 사상》, (창작과비평사, 1993).

레오 스트라우스 외, 〈마키아벨리〉, 《서양정치철학사 I 》, 김영수 외 옮김(인간사랑, 1992).

로베르토 리돌피, 《마키아벨리 평전》, 곽차섭 옮김(아카넷, 2000).

루이 알튀세르, 《마키아벨리의 가면》, 김정한·오덕근 옮김(이후, 2001).

루이지 살바토렐리, 《이탈리아 민족부흥운동사》, 곽차섭 옮김(한길사, 1997).

마키아벨리, 《로마사 논고》, 강정인·안선재 옮김(한길사, 2003).

마키아벨리, 《마키아벨리와 군주론》, 김영국 엮음(서울대학교 출판부, 1995).

마키아벨리 홉스, 《군주론/리바이어던》, 임명방·한승조 옮김(삼성출판사, 1997).

마틴 카노이, 《국가와 정치이론》, 이재석 외 옮김, (한울, 1992).

박상섭, 〈현실주의: 막스 베버에서 신현실주의까지〉, 《현대국제정치학》, (나남, 1992).

시오노 나나미, 《나의 친구 마키아벨리》, 오정환 옮김(한길사, 2001).

시오노 나나미, 《마키아벨리 어록》, 오정환 옮김(한길사, 2000).

조지 세이빈 외, 〈마키아벨리〉, 《정치사상사 I 》, 성유보·차남희 옮김(한길사, 1997).

진원숙, 《마키아벨리와 국가이성》, (신서원, 1996).

퀸틴 스키너 외, 《마키아벨리의 이해》, 강정인 옮김(문학과지성사, 1993).

M. 포사이스 외, 〈마키아벨리:《군주론》〉, 《서양정치사상입문》, 부남철 옮김(한울, 1993).

플라므나츠, 〈마키아벨리〉,《정치사상사》, 김홍명 옮김(풀빛, 1986).

Dante Germino, "Machiavelli", *Machiavelli to Marx : Modern Western Political Thought*, (The University of Chicago and London, 1972).

Federico Chabod, *Scritti su Machiavelli*, (Reprints Einaudi, Torino, 1984).

G. M. Bravo e C. Malandrino, *Profilo di storia del pendsiero politico*, (Torino, NIS, 1996).

Gramsci, A., *Quaderni del carcere*, (Torino, Einaudi, 1975).

Kenneth W. Thompson, "Niccolò Machiavelli(1469-1527)", *Fathers of International Thought: The Legacy of Political Theory*, (Louisiana State University Press, 1994).

L. Russo, *Machiavelli*, Laterza, (Roma-Bari, 1994).

Machiavelli, *Discorsi sopra la prima deca di Tito Livio*, in Tutte le opere, (a cura di Mario Martelli, Sansoni, Firenze 1971).

Machiavelli, *Il Principe*, (Fabbri Editori, Milano, 1995).

Richard Tuck, *The Rights of War and Peace: political Thought and the International order From Grotius to Kant*, (Oxford University Press, 1999).

Steven Forde, "Classical Realism", *Traditions of International Ethics*, edited by Terry Nardin and David R. Mapel, (Cambridge University Press, 1992).

그람시의 군주론

그람시, 마키아벨리를 읽다

초판 1쇄 발행 | 2015년 1월 30일

지은이   김종법
책임편집   여미숙
디자인   김수정, 김한기

펴낸곳   바다출판사
발행인   김인호
주소   서울시 마포구 어울마당로5길 17(서교동, 5층)
전화   322-3885(편집), 322-3575(마케팅)
팩스   322-3858
E-mail   badabooks@daum.net
홈페이지   www.badabooks.co.kr
출판등록일 1996년 5월 8일
등록번호   제10-1288호

ISBN 978-89-5561-752-8 03300

※ 이 책은 한국출판문화산업진흥원의 2014년 〈우수 출판콘텐츠 제작 지원〉 사업 당선작입니다.